Münchener Universitätsschriften
Reihe der Juristischen Fakultät

Herausgegeben
im Auftrag der Juristischen Fakultät
von
Andreas Heldrich, Peter Lerche, Claus Roxin
Band 79

Beweismaß und Beweislast im Asylrecht

von

JULIA DÜRIG

C.H.BECK'SCHE VERLAGSBUCHHANDLUNG
MÜNCHEN 1990

CIP-Titelaufnahme der Deutschen Bibliothek

Dürig, Julia:
Beweismaß und Beweislast im Asylrecht / Julia Dürig. –
München : Beck, 1990
  (Münchener Universitätsschriften : Reihe der Juristischen
  Fakultät ; Bd. 79)
  Zugl.: München, Univ., Diss.
  ISBN 3 406 34389 9
  NE: Universität ‹München›: Münchener Universitäts-
  schriften / Reihe der Juristischen Fakultät

ISBN 3 406 34389 9

© 1990 C.H.Beck'sche Verlagsbuchhandlung (Oscar Beck), München
Auf Empfehlung der Juristischen Fakultät
der Ludwig-Maximilians-Universität München
gedruckt mit Unterstützung der Münchener Universitätsschriften
Satz und Druck: C.H.Beck'sche Buchdruckerei, Nördlingen

Meinen Eltern

Vorwort

Die vorliegende Arbeit wurde von der Juristischen Fakultät der Ludwig-Maximilians-Universität als Dissertation angenommen. Das Manuskript wurde im Frühjahr 1988 abgeschlossen. Rechtsprechung und Literatur konnten daher grundsätzlich nur berücksichtigt werden, soweit sie bis 31. 12. 1987 veröffentlicht wurden. Bis zum August 1989 erschienene Rechtsprechung und Literatur wurde soweit wie möglich in die Fußnoten eingearbeitet.

Die Arbeit wurde von Herrn Prof. Dr. Peter Lerche betreut, dem ich für vielfältige Unterstützung und Ermutigung meinen herzlichsten Dank aussprechen möchte. Mein besonderer Dank gilt auch Herrn Prof. Dr. Dr. Dietrich Pirson, der die Entstehung der Arbeit großzügig förderte und die Zweitkorrektur übernahm. Schließlich bin ich Herrn Prof. Dr. Andreas Heldrich für die Aufnahme der Arbeit in die Reihe der Münchener Universitätschriften sehr zu Dank verpflichtet.

Inhaltsverzeichnis

Einleitung	1
Erstes Kapitel: Problemstellung	3
I. Der Begriff der politischen Verfolgung	3
1. Die Rechtsprechung des Bundesverwaltungsgerichts	3
2. Die Rechtsprechung des Bundesverfassungsgerichts	4
3. Stellungnahme	5
II. Die Problematik der Sachverhaltsaufklärung	5
1. Die praktischen Aufklärungsschwierigkeiten	6
2. Beweisprobleme durch Auslegung	8
III. Die beweisrechtlichen Lösungsmöglichkeiten	9
1. Begriffsklärung	9
2. Das Verhältnis von Beweismaß und Beweislast	10

Erster Teil
Beweiswürdigung, insbesondere Beweismaß im Asylrecht

Zweites Kapitel: Die Grundlagen	13
I. Die Wahrscheinlichkeitsbegriffe	13
II. Der juristische Wahrscheinlichkeitsbegriff	15
III. Der juristische Wahrscheinlichkeitsbegriff und das Beweismaß	17
Drittes Kapitel: Das Beweismaß für im Ausland entstandene Asylgründe	20
A. Die Rechtsprechung	20
I. Der Beweis des ersten Anscheins	20
1. Die frühe Rechtsprechung des Bundesverwaltungsgerichts	20
2. Stellungnahme	20
II. Die Glaubhaftmachung	22
1. Die Glaubhaftmachung in Rechtsprechung und Literatur	22
2. Die Glaubhaftmachung als Beweismaß	23
III. Die Überzeugung von der Wahrheit	26
1. Die neuere Rechtsprechung des Bundesverwaltungsgerichts	26
2. Stellungnahme	27
B. Eigener Lösungsvorschlag	30
I. Die rechtliche Zulässigkeit des Beweismaßes der überwiegenden Wahrscheinlichkeit	30
1. Nochmals: Klarstellung des Begriffs der Glaubhaftmachung	30
2. Glaubhaftmachung als Gesetzesverstoß?	31
II. Grundrechtsschutz und Verfahren	33
1. Asylrecht und Verfahren	33

  a) Der Grundrechtscharakter des Asylrechts 33
  b) Das Anerkennungsverfahren 33
 2. Grundrechtsschutz durch Verfahren 36
  a) Zur Rechtsprechung des Bundesverfassungsgerichts 36
  b) Die Konsequenzen für das Beweismaß 39
III. Der Untersuchungsgrundsatz als Beweiserleichterung? 41
 1. Die Grundlagen 41
 2. Die faktischen Grenzen des Untersuchungsgrundsatzes 41
 3. Die rechtliche Begrenzung des Untersuchungsgrundsatzes 42
  a) Untersuchungsgrundsatz und Mitwirkungspflichten 42
  b) Die Rechtsprechung zur Mitwirkungspflicht des Asylbewerbers 44
  c) Ergebnis 46
IV. Erfahrungssätze und Vermutungen 47
 1. Systematisierung und Erscheinungsformen der Erfahrungssätze im Asylrecht ... 47
  a) Grundlagen 47
  b) „Erfahrungen und typische Geschehensabläufe" 49
  c) Die Regelvermutungen 50
  d) Der „Wahrscheinlichkeitsbeweis" 52
 2. Wirkungsweise und Funktion von Erfahrungssätzen 52
  a) Beweislastumkehr 52
  b) Erfahrungssätze als Beweismaßreduktion 53
  c) Beweiswürdigung 54
 3. Stellungnahme 55
  a) Der Rückgriff auf Erfahrungen als Normalfall 55
  b) Das Problem der Legitimation 55
  c) Die Auswirkungen auf die Sachverhaltsermittlung 58
  d) Ergebnis 59
V. Der Sachvortrag des Asylbewerbers als Beweiserleichterung? 59
 1. Die Rechtsprechung des Bundesverwaltungsgerichts 59
 2. Der Grundsatz der freien Beweiswürdigung 60
 3. Die Anforderungen an die Glaubwürdigkeit 61
 4. Stellungnahme 62

C. Ergebnis 62

Viertes Kapitel: Das Beweismaß für im Inland entstandene Asylgründe 64

I. Grundsätzliches 64
 1. Der Begriff 64
 2. Das Beweismaß 64
II. Die gewillkürten Nachfluchtgründe 65
 1. Die Rechtsprechung 65
 2. Analyse 66
  a) Der „besonders strenge" Maßstab hinsichtlich der Darlegungslast 67
  b) Die „besonders strengen" Anforderungen hinsichtlich des Beweises 67
III. Ergebnis 68

Fünftes Kapitel: Beweismaß und Gefahrenprognose 69

I. Das Verhältnis von Beweismaß und materiellem Recht 69
 1. Identität von Beweismaß und materieller Rechtsauslegung? 69

Inhaltsverzeichnis

  2. Gemeinsamkeiten und Unterschiede von Beweismaß und materieller Rechtsauslegung 70
  3. Ergebnis 74
 II. Der Wahrscheinlichkeitsgrad 74
  1. Die „beachtliche" Wahrscheinlichkeit 74
  2. Die Wiederholungsverfolgung 79

Zweiter Teil
Die Beweislast im Asylrecht

Sechstes Kapitel: Grundlagen und Bedeutung der Beweislast 81

 I. Methodische Grundfragen 81
 II. Beweislastentscheidung durch konstitutive Anerkennungsentscheidung? 82
  1. Die These vom Prozeß als Rechtserzeugung 82
  2. Konstitutive Wirkung des Anerkennungsverfahrens? 82
  3. Ergebnis 83
 III. Die These von der Nichtanwendbarkeit der Norm 83
  1. Das Rechtsanwendungsmodell Rosenbergs 83
  2. Kritik 84
  3. Ergebnis 84
 IV. Beweislastentscheidung durch das materielle öffentliche Recht? 85
  1. Das non liquet als Element des Tatbestands 85
  2. Die verbleibende Bedeutung der Beweislast 86
  3. Ergebnis 87
 V. Ersetzung der Beweislast durch das Beweismaß? 88
  1. Die Wechselwirkung von Beweislast und Beweismaß 88
  2. Die Lehren von der Verdrängung der Beweislast durch das Beweismaß 88
 VI. Ergebnis 90

Siebtes Kapitel: Die Verteilung der Beweislast im Asylverfahrensgesetz und in der Rechtsprechungspraxis 91

 I. Die Beweislastregeln im Asylverfahrensgesetz 91
  1. Die gesetzlichen Vermutungen 91
   a) Die Wirkungsweise gesetzlicher Vermutungen 91
   b) Die Vermutungen des Asylverfahrensgesetzes 92
  2. Ergebnis 94
 II. Die Rechtsprechungspraxis 94
  1. Asylfälle ohne Vorverfolgung 94
  2. Die Wiederholungsverfolgung 95
  3. Ergebnis 96

Achtes Kapitel: Die Kriterien der Beweislastverteilung 97

 I. Beweislastverteilung nach prozessualen Gesichtspunkten 97
  1. Allgemeines 97
  2. Asylrechtliche Stellungnahme 99
 II. Beweislastverteilung nach Wahrscheinlichkeit 99
  1. Die konkrete Wahrscheinlichkeit 99

XII Inhaltsverzeichnis

    2. Die abstrakte Wahrscheinlichkeit 100
    3. Wahrscheinlichkeit als Element der Beweiswürdigung 101
  III. Beweislastverteilung nach Gefahrenbereichen und Einflußsphären 102
    1. Grundsatz 102
    2. Stellungnahme im Hinblick auf das Asylrecht 102
    3. Ergebnis 104
  IV. Das Regel-Ausnahme-Argument 104
    1. Grundsatz 104
    2. Asylrechtliche Stellungnahme 105
  V. Die „in dubio pro"-Regeln 105
    1. In dubio pro libertate 105
    2. Stellungnahme 106
    3. Weitere „in dubio pro"-Regeln 107
      a) in dubio pro auctoritate 107
      b) in dubio pro „asyle" 107
  VI. Beweislastverteilung nach legislatorischen Qualifikationskompetenzen 108
  VII. Die folgenorientierte Güterabwägung 110
    1. Grundsatz 110
    2. Stellungnahme 111
      a) Die Vorzüge der folgenorientierten Abwägung 111
      b) Bedenken 112
    3. Ergebnis 116
  VIII. Die Normentheorie 116
    1. Die Begründung der Normentheorie 116
      a) Grundsatz 116
      b) Die Kritik an der Normentheorie 118
      c) Die öffentlich-rechtlichen Modifikationen 120
        (1) Das Prinzip von der Erhaltung des Status quo 120
        (2) Übertragung auf das öffentliche Recht 122
        (3) Die Übereinstimmung mit dem Verfassungsrecht 123
        (4) Ergebnis 124
    2. Die Anwendung der Normentheorie auf das Asylrecht 125
      a) Der asylrechtliche Status 125
        (1) Das Asylrecht als status negativus 125
        (2) Das Asylrecht als status positivus 126
        (3) Das Asylrecht als mitwirkungsabhängiges Grundrecht 127
      b) Stellungnahme: Die Sonderstellung des Asylrechts 127
      c) Die Lösung der Beweislastfrage nach der Normentheorie 131

Neuntes Kapitel: Gesamtergebnis unter Berücksichtigung des Beweismaßes 133

  I. Gesamtwürdigung 133
  II. Die Gesamtabwägung unter Berücksichtigung des Beweismaßes 135
  III. Ergebnis 137

Zehntes Kapitel: Die Beweislastverteilung bei ausgewählten Sonderfragen des Asylrechts .. 139

  A. Die Vorverfolgung 139
    I. Die Beweislastkriterien der Rechtsprechung im Fall der Vorverfolgung 139
    II. Anwendung verschiedener Beweislastkriterien im Asylrecht? 139
    III. Ergebnis 142

B. Die anderweitige Verfolgungssicherheit 143
   I. Die materielle Beweislast für die anderweitige Verfolgungssicherheit 143
      1. Das Verhältnis von anderweitiger Verfolgungssicherheit und dem Tatbestand der politischen Verfolgung 143
      2. Die Beweislastverteilung 144
   II. Die gesetzlichen Vermutungen 145
      1. Die beweisrechtliche Schutzlücke 145
      2. Die anderweitige Verfolgungssicherheit 146
         a) Verfassungsmäßigkeit? 146
         b) Die Widerlegung der Vermutungen 148
         c) Würdigung und Ergebnis 149

C. Die interne Fluchtalternative 150
   I. Das Verhältnis von politischer Verfolgung und inländischer Fluchtalternative 150
   II. Die Beweislast 152

D. Die selbstgeschaffenen Nachfluchtgründe 152
   I. Die Regelung des § 1a AsylVfG 152
   II. Die Rechtsprechung des Bundesverfassungsgerichts 153
   III. Ergebnis 155

E. Die Rücknahme der Asylanerkennung 155

F. Die Schranken des Asylrechts 156

G. Die Verwirkung 158

Zusammenfassung in Thesen 159

Literaturverzeichnis 165

Einleitung

Wenn der kaum noch übersehbaren Fülle der asylrechtlichen Literatur eine weitere Abhandlung hinzugefügt werden soll, bedarf dies einer Begründung:
Nach Art. 16 II 2 GG genießen politisch Verfolgte Asylrecht. Die Asylberechtigung wird nach geltender Rechtslage in einem Anerkennungsverfahren geprüft (§§ 6 ff AsylVfG). Damit stellt sich in jedem Fall, in dem sich ein Ausländer den deutschen Behörden als Flüchtling zu erkennen gibt, das Problem des Nachweises der politischen Verfolgung. Die Beweisfrage stellt sich daher als die eigentliche Schnittstelle zwischen der materiell-rechtlichen Asylrechtsverbürgung und deren Verwirklichung im vorgeschalteten Asylverfahren dar. Trotz seiner entscheidungserheblichen Bedeutung fand dieses Problemfeld erst in jüngerer Zeit die nötige Beachtung.[1] Auch in den umfangreichen Neukommentierungen des Asylverfahrensgesetzes bleibt jedoch angesichts der Vielzahl der asylrechtlichen Einzelprobleme für eine grundlegende systematische Bearbeitung der Thematik in der Regel kein Raum. Dies liegt nicht zuletzt daran, daß schon die dogmatischen Grundlagen der Beweislast und des Beweismaßes noch ungeklärt sind oder neuerdings wieder verstärkt in Frage gestellt werden. Die vorliegende Untersuchung versucht daher, zunächst die methodischen und dogmatischen Grundfragen des Beweismaßes und der Beweislast zu klären, soweit die theoretische Grundlegung sich konkret auf die Entscheidung der asylspezifischen Beweisprobleme auswirkt. Dabei wird besonderes Gewicht darauf gelegt, die neueren Erkenntnisse des in der dogmatischen Durchdringung dem öffentlichen Recht insoweit überlegenen Zivilprozesses zu berücksichtigen, diese aber anhand der verfassungsrechtlichen Wertungen, insbesondere der Grundentscheidung für ein Grundrecht auf Asyl, zu überprüfen und gegebenenfalls zu modifizieren.
Die Schwierigkeit der Darstellung liegt in der theoretischen und praktischen Wechselwirkung, die die beweisrechtlichen Phänomene verbindet. Da aber die materielle Beweislast erst dann entscheidungserheblich wird, wenn der Beweis gescheitert ist, werden zunächst die Anforderungen an den Beweis der politischen Verfolgung untersucht, wobei der Schwerpunkt auf dem nach den verschiedenen Asylgründen differenziert anzulegenden Beweismaß liegen wird. Dabei wird insbesondere die Frage gestellt, ob eine Herabstufung der Beweisstärke aus verfassungsrechtlichen Gründen geboten ist oder durch andere beweisrechtliche Hilfsmittel im Rahmen der konkreten Beweiswürdigung ersetzt werden kann.

---

[1] Die Kommentierung von Rothkegel, in: GK-AsylVfG, Vorbem. zu § 1 und der Aufsatz von Bertrams, DVBl 87, 1181 erschienen erst nach weitgehender Fertigstellung des Manuskripts.

Die Höhe der Anforderungen an die Beweisstärke wird die Bedeutung der materiellen Beweislast bestimmen. Es werden die verschiedenen Kriterien der Beweislastverteilung auf ihre Geeignetheit für das Asylrecht untersucht und zum Beweismaß in Beziehung gesetzt. Das so gefundene Ergebnis wird auf besondere asylrechtliche Problemstellungen angewandt und mit den vereinzelten Aussagen des Asylverfahrensgesetzes zur Beweislast verglichen.

Erstes Kapitel. Problemstellung

I. Der Begriff der politischen Verfolgung

1. Die Rechtsprechung des Bundesverwaltungsgerichts

Den Begriff der politischen Verfolgung definiert das Bundesverwaltungsgericht in Anlehnung an Art. 1 A Nr. 2 des Genfer UN-Abkommens über die Rechtsstellung der Flüchtlinge (Genfer Konvention – GK –). Nach dieser Regelung ist Flüchtling jede Person, die aus begründeter Furcht vor Verfolgung wegen ihrer Rasse, Religion, Nationalität, Zugehörigkeit zu einer bestimmten sozialen Gruppe oder wegen ihrer politischen Überzeugung sich außerhalb des Landes befindet, dessen Staatsangehörigkeit sie besitzt, und den Schutz dieses Landes nicht in Anspruch nehmen kann oder wegen dieser Befürchtungen nicht in Anspruch nehmen will.

Der Verfolgungstatbestand liegt nach der Rechtsprechung vor bei Rechtsgutverletzungen von einer gewissen Intensität, insbesondere Eingriffen in Leben und Gesundheit und Beschränkungen der persönlichen Freiheit.[1] Politisch ist diese Verfolgung, wenn sie aus den in Art. 1 A Nr. 2 GK genannten Gründen erfolgt, wobei diese kasuistische Aufzählung „bei sachgerechtem Verständnis" alle denkbaren Fälle von politischer Verfolgung umfassen soll.[2] Maßgeblich ist allein die politische Motivation des Verfolgerstaates. Es ist nicht erforderlich, daß der Verfolgte die mißbilligten persönlichen Merkmale tatsächlich besitzt.[3] Andererseits sind selbst schwere Eingriffe in Leib und Leben asylrechtlich unerheblich, wenn sie nicht *gerade* wegen der Rasse, Religion, Nationalität, politischen Überzeugung oder sozialen Zugehörigkeit erfolgen.[4]

Damit der asylrechtliche Schutz nicht regelmäßig zu spät kommt, brauchen die Verfolgungsmaßnahmen nicht schon in die Wege geleitet zu sein. Vielmehr wird auf eine, auf absehbare Zeit ausgerichtete *Zukunftsprognose* abgestellt. Für die Asylberechtigung ist allein maßgeblich, ob dem Asylbewerber im Fall einer Rückkehr in den Herkunftsstaat bei verständiger Würdigung der gesamten Umstände *mit be-*

---

[1] BVerwG, Urt. v. 15. 5. 83, BVerwGE 67, 184 (186) = Buchholz 402.25 § 1 AsylVfG Nr. 7 = NVwZ 83, 674 und st. Rspr.

[2] BVerwG, Urt. v. 7. 10. 75, BVerwGE 49, 202 (204 f); Urt. v. 29. 11. 77, BVerwGE 55, 82 (84) = Buchholz 402.24 § 28 AuslG Nr. 11 = DVBl 78, 883 m. Anm. Wollenschläger; das BVerwG hat diese Aufzählung nunmehr ausdrücklich als nicht abschließend bezeichnet: Urt. v. 15. 3. 88, BVerwGE 79, 143 = NVwZ 88, 832 = InfAuslR 88, 230 = Buchholz 402.25 § 1 AsylVfG Nr. 83.

[3] BVerwG, Urt. v. 29. 11. 77, BVerwGE 55, 82 (86); Urt. v. 24. 4. 79, Buchholz 402.24 § 28 AuslG Nr. 13; Urt. v. 28. 2. 84, Buchholz 402.25 § 1 AsylVfG Nr. 19.

[4] BVerwG, Urt. v. 7. 10. 85, BVerwGE 67, 184 (188); Urt. v. 2. 1. 80, Buchholz 402.24 § 28 AuslG Nr. 17.

achtlicher Wahrscheinlichkeit politische Verfolgung *droht*, so daß ihm eine Rückkehr nicht *zumutbar* ist.[5] Obwohl dies noch unter dem Stichwort der „begründeten Verfolgungsfurcht" erörtert wird, ist damit der Begriff der politischen Verfolgung gegenüber der Genfer Konvention objektiviert worden: Zwar verlangt der Aspekt der Zumutbarkeit die Berücksichtigung der individuellen Verfolgungsbetroffenheit, diese erfolgt jedoch aus der Sicht eines verständigen Beobachters.[6]

Konsequenterweise erkannte das Bundesverwaltungsgericht früher auch sog. Nachfluchtgründe an, insbesondere den Beitritt zu einer Emigrantenorganisation. Da maßgeblich die zukünftige Verfolgungsgefahr über die Zumutbarkeit der Rückkehr in den Heimatstaat entscheidet, spielte es grundsätzlich keine Rolle, ob die Verfolgungmaßnahmen schon Anlaß zur Flucht waren oder erst nach der Einreise in die Bundesrepublik Deutschland entstanden waren.[7]

2. Die Rechtsprechung des Bundesverfassungsgerichts

a) Das Bundesverfassungsgericht hatte bisher nur Akzente gesetzt, ohne eine eigenständige Definition der politischen Verfolgung zu entwickeln. Es betonte, dieser Begriff sei „nicht eng" auszulegen und weder mit dem des politischen Verbrechers nach § 3 DAG[8] noch mit dem Flüchtlingsbegriff im Sinne der Genfer Konvention identisch.[9] Nach Ansicht des Gerichts werden Voraussetzungen und Umfang des politischen Asyls wesentlich von der Unverletzlichkeit der Menschenwürde bestimmt. Es gibt keine Beschränkung auf bestimmte asylwürdige Rechtsgüter. Außer den Gefahren für Leib, Leben und persönliche Freiheit gehören auch Beeinträchtigungen der Rechte auf freie Religionsausübung und ungehinderte berufliche und wirtschaftliche Betätigung zum asylrechtlich geschützten Bereich, jedoch nur, wenn diese nach Intensität und Schwere die Menschenwürde verletzen und über das hinausgehen, was die Bewohner aufgrund des im Heimatstaat herrschenden Systems allgemein hinzunehmen haben.[10]

b) Trotz dieser weiten Auslegung des Asylrechts hat das Bundesverfassungsgericht in einer neueren Entscheidung zu den Nachfluchtgründen den Begriff der politischen Verfolgung tatbestandlich eingeschränkt. Gegen die ständige Rechtsprechung des Bundesverwaltungsgerichts hält es einen kausalen Zusammenhang zwischen Verfolgung und Flucht für erforderlich. Die sog. selbstgeschaffenen Nach-

---

[5] BVerwG, Urt. v. 18. 10. 83, BVerwGE 68, 106 (109); Urt. v. 24. 4. 79, Buchholz 402.24 § 28 AuslG Nr. 13; Urt. v. 26. 3. 85, Buchholz 402.25 § 1 AsylVfG Nr. 31; Urt. v. 3. 12. 85, Buchholz 402.25 § 1 AsylVfG Nr. 42.

[6] Vgl. Randelzhofer, in: Maunz/Dürig, Komm. z. GG., Art. 16 II 2 Rdnr. 51 m. w. N.; kritisch Köfner/Nikolaus, Grundlagen des Asylrechts, Bd. 1 S. 201 ff.

[7] BVerwG, Urt. v. 1. 7. 75, Buchholz 402.24 § 28 AuslG Nr. 9 und st. Rspr.

[8] Abgelöst durch das Gesetz über internationale Rechtshilfe in Strafsachen (IRG) v. 23. 12. 82, BGBl I, 2071.

[9] BVerfG, B. v. 4. 2. 59, BVerfGE 9, 174 (180).

[10] BVerfG, B. v. 2. 7. 80, BVerfGE 54, 341 (357 f.).

fluchtgründe sollen nur in Ausnahmefällen asylerheblich sein, nämlich dann, wenn sie Ausdruck und Fortführung einer schon im Herkunftsstaat erkennbar betätigten politischen Überzeugung sind.[11] Asylgründe, die der Asylbwerber nicht aus eigenem Entschluß herbeigeführt hat (sog. objektive Nachfluchtgründe) bleiben nach Sinn und Zweck des Asylrechts und aufgrund seines humanitären Charakters asylrelevant.[12]

3. Stellungnahme

In der Literatur wird die Definition des Bundesverwaltungsgerichts vielfach zustimmend behandelt,[13] aber auch stark kritisiert. Das breite juristische Meinungsspektrum reicht dabei vom Vorwurf der Grundrechtsverkürzung, insbesondere wegen des subjektiven und kasuistischen Ansatzes bei der Bestimmung des politischen Charakters der Verfolgung,[14] bis zum Vorwurf einer den Sinn und Zweck des Grundrechts überdehnenden Fehlentwicklung.[15]

Der vorliegenden Arbeit wird gleichwohl die Begriffsbestimmung des Bundesverwaltungsgerichts zugrunde gelegt. Ein eigener Definitionsversuch würde den hier vorgegebenen Rahmen sprengen. Es handelt sich um gefestigte höchstrichterliche Rechtsprechung, die im wesentlichen vom Bundesverfassungsgericht mitgetragen wird. Auch der Rechtsprechung des Bundesverfassungsgerichts zu den Nachfluchtgründen hat sich das Bundesverwaltungsgericht mittlerweile angeschlossen.[16] Zudem wurde hinsichtlich alternativer Begriffsdefinitionen in der Literatur keinerlei Konsens erreicht. Schließlich konnten auch die in der Literatur genannten Problemfälle, die aus der Definition des Bundesverwaltungsgerichts herauszufallen schienen, überzeugend subsumiert werden.[17]

II. Die Problematik der Sachverhaltsaufklärung

Die dargestellte Begriffsdefinition führt dazu, daß sich die Sachverhaltsaufklärung außerordentlich schwierig gestaltet.

---

[11] BVerfG, B. v. 26. 11. 86, BVerfGE 74, 51 (65 ff.) = NVwZ 87, 311; a. A. BVerwG, Urt. v. 1. 7. 75, Buchholz 402.24 § 28 AuslG Nr. 9.
[12] Dazu unten 4. Kapitel II.
[13] Vgl. statt vieler: Randelzhofer, in: Maunz/Dürig, Komm. z. GG., Art. 16 II 2 Rdnr. 20 ff; Schaeffer, Politische Verfolgung, S. 11 ff, 27 ff; Kimminich, in: Bonner Kommentar, Art. 16 Rdnr. 179 ff.
[14] Marx, in: Marx/Strate/Pfaff, AsylVfG, § 1 Rdnr. 28 ff, 63.
[15] Quaritsch, Recht auf Asyl, S. 139 ff (151), S. 67 ff (92).
[16] BVerwG, Urt. v. 19. 5. 87, InfAuslR 87, 229.
[17] Schaeffer, Asylrecht, S. 46 ff; zust. Randelzhofer, in: Maunz/Dürig, Komm. z. GG., Art. 16 II 2 Rdnr. 25; gegen Marx, in: ai, Politisches Asyl, S. 38 f; zur politischen Verfolgung wegen Homosexualität vgl. jetzt BVerwG, Urt. v. 15. 3. 88, BVerwGE 79, 143 ff.

1. Die praktischen Aufklärungsschwierigkeiten

Die praktischen Beweisprobleme resultieren aus der Tatsache, daß der Asylsuchende Schutz vor Maßnahmen seines Herkunftsstaates begehrt. Somit hat jeder Asylrechtsfall notwendigerweise Auslandsbezug.[18] Für die Sachverhaltsaufklärung in Bezug auf Ereignisse und Situationen in den oft außereuropäischen Herkunftsländern der Asylsuchenden stehen zuverlässige Beweismittel regelmäßig nicht zur Verfügung:

Die Inanspruchnahme von Einrichtungen des Heimatstaates entfällt in der Regel. Er wird Hinweise auf politische Verfolgung zu verdecken suchen.[19] Es besteht die Gefahr, politische Verfolgung durch Anfragen bei amtlichen Stellen erst zu provozieren, indem dem Herkunftsstaat über die Stellung eines Asylantrags oder die politischen Aktivitäten des Asylbewerbers Kenntnis gegeben wird.[20] Darüber hinaus wird der Vorwurf einer angeblichen politischen Verfolgung im Herkunftsstaat oft als „unfreundlicher Akt" im völkerrechtlichen Sinne angesehen.[21] Das Bundesverfassungsgericht hat daher im Falle eines türkischen Asylsuchenden die Einholung von amtliche Auskünften bei türkischen Stellen als schlechthin ungeeignetes Beweismittel bezeichnet.[22] Dasselbe gilt für die Einnahme eines Augenscheins.[23]

Schriftliche Unterlagen stehen oft nicht zur Verfügung; gerade derjenige, der tatsächlich in Lebensgefahr fliehen mußte, konnte keinen „Dokumentenkoffer" vorbereiten.[24] Staatliche Urkunden wie Haftbefehle und Polizeiakten werden den Betroffenen nicht ausgehändigt. Briefe von Angehörigen, Anwaltsschreiben aus dem Herkunftsstaat und ähnliches sind von sehr begrenzter Aussagekraft, da sie mit Leichtigkeit zum Gerichtstermin bestellt werden können[25] und in der Regel wenig konkrete Anhaltspunkte enthalten. In manchen Ländern werden auch von Gerichtspersonen und Anwälten Gefälligkeitsbescheinigungen ausgestellt.[26]

Zeugen für die Vorgänge im Ausland stehen meist nicht zur Verfügung, weil die Ausreise unmöglich oder wegen Gefährdung der eigenen Person unzumutbar ist.[27] Eine Anhörung durch deutsche Behörden im Herkunftsstaat mit dem Ziel des

---

[18] L. Schmitt, BayVBl 81, 225 (225).
[19] Müller, in: Beitz/Wollenschläger, Handbuch Bd. II, S. 392.
[20] Zum Asylantrag als Asylgrund z.B. BVerwG, Urt. v. 15.7.86, DVBl 87, 45.
[21] BVerwG, B. v. 9.5.83, NJW 84, 574 (575).
[22] BVerfG, B. v. 2.5.84, BVerfGE 67, 43 (64).
[23] Fritz, in: GK-AsylVfG, § 12 Rdnr. 127.
[24] Müller, in: Beitz/Wollenschläger, Handbuch Bd. II, S. 387.
[25] Ritter, NVwZ 86, 29 (29f), dessen Schlußfolgerung, daß Briefe schlechthin ein ungeeignetes Beweismittel sind, allerdings unhaltbar ist. Wie im gesamten Asylrecht kommt es auf die Würdigung der Einzelfallumstände an; vgl. BVerfG, B. v. 8.11.84, 2 BvR 1164/84 und B. v. 29.12.86, 2 BvR 1307/86, zit. in NVwZ 87, 488 (Anm. d. Schriftltg.); Deibel, InfAuslR 84, 114 (120).
[26] Stelkens, ZAR 85, 15 (21); VG Köln, Urt. v. 10.9.82, InfAuslR 82, 313 (314).
[27] Deibel, InfAuslR 84, 114 (118).

II. Die Problematik der Sachverhaltsaufklärung

Nachweises einer politischen Verfolgung wird wiederum als unfreundlicher Akt betrachtet. Die Rechtsprechung hat daher die Vernehmung von Zeugen im Verfolgerstaat als in der Regel untaugliches Beweismittel angesehen.[28]

Auch Auskünften und Gutachten amtlicher deutscher Stellen oder unabhängiger Sachverständiger kann nicht schlechthin vertraut werden. So wurde mehrfach gerichtlich festgestellt, daß das Auswärtige Amt und die deutschen Botschaften und Konsulate aus diplomatischer Rücksichtnahme zu einer Verharmlosung der Situation im Heimatstaat tendieren.[29]

Genausowenig ist die Zuverlässigkeit von Gutachten anderer Stellen stets zweifelsfrei. Gutachten werden häufig von Interessenverbänden erstellt.[30] Es sind Fälle bekannt geworden, in denen Gutachten bewußt zurückgehalten wurden.[31] Angesichts rasch wechselnder politischer und rechtlicher Verhältnisse können Gutachten schon bei der Fertigstellung wieder veraltet sein. Nicht zuletzt ist die Beurteilung einer politischen Situation abhängig vom politischen Vorverständnis. Sogar das Bundesverfassungsgericht sah sich veranlaßt festzustellen, daß Sachverständige teilweise aus ihrer engagierten Gegnerschaft zur Regierung des Herkunftsstaates keinen Hehl machen.[32] Aus denselben Gründen sind auch Presseberichte nicht ohne weiteres brauchbar.

Weiter ist zu bedenken, ob die auskunftgebende Stelle von den asylerheblichen Ereignissen überhaupt Kenntnis erlangen konnte.[33] Auskünfte und Gutachten sind zwar in der Lage über die allgemeine Situation im Heimatstaat zu berichten, sofern sich Verfolgungsmaßnahmen nicht versteckt abspielen, nicht aber über das – regelmäßig anonyme – individuelle Verfolgungsschicksal. Diesbezüglich sind Behörden und Gerichte in hohem Maße auf die eigenen Aussagen des Asylbewerbers angewiesen.[34] Hier ergeben sich nun Verständnis- und Sprachschwierigkeiten. Jede Übersetzung verändert und filtert die Aussage des Betroffenen und erschwert es, einen Eindruck von ihrer Glaubwürdigkeit zu gewinnen. Behörden und Gerichte können die Richtigkeit der Übersetzung kaum überprüfen[35], die Zuverlässigkeit von Dolmetschern ist aber öfter fragwürdig.[36] Religiöse, ethnische und andere Divergenzen

---

[28] BVerwG, Urt. v. 9. 5. 83, NJW 84, 574f = InfAuslR 84, 253 m. Anm. Strate; OVG N. W., B. v. 23. 7. 82, DÖV 82, 950 (950f); hierzu auch Müller, in: Beitz/Wollenschläger, Handbuch Bd. II, S. 387; Deibel, InfAuslR 84, 114 (118f).

[29] BVerfG, B. v. 25. 2. 83, BVerfGE 63, 197 (214); VG Wiesbaden, Urt. v. 25. 6. 81, InfAuslR 81, 332 (334); VG Berlin, Urt. v. 12. 8. 81, InfAuslR 82, 103 (103); Fritz, in: GK-AsylVfG, § 12 Rdnr. 100; Müller, in: Beitz/Wollenschläger, Handbuch Bd. II, S. 391f; Stelkens, ZAR 85, 15 (22f); Herrmann, ZAR 81, 111 (115 und Fn. 34) mit konkreten Beispielen zu Fällen, in denen das Auswärtige Amt Fehlinformationen erlegen ist.

[30] Stelkens, ZAR 85, 15 (23).

[31] Dusch, in: Köfner/Nikolaus, Probleme, S. 192.

[32] BVerfG, B. v. 23. 2. 83, BVerfGE 63, 197 (214).

[33] Stelkens, ZAR 85, 15 (23).

[34] Dazu unten 3. Kapitel V.

[35] Vgl. Stelkens, ZAR 85, 15 (20).

[36] Müller, in: Köfner/Nikolaus, Probleme, S. 195 (200).

können das Vertrauen in den Dolmetscher erschüttern und Fehlerquellen für die Richtigkeit der Übersetzung bilden, etwa wenn der Dolmetscher der Volksgruppe angehört, von der der Asylbewerber sich bedroht fühlt.[37] Für manche asiatischen und afrikanischen Dialekte stehen keine Dolmetscher zur Verfügung, so daß Asylbewerber und Dolmetscher in einer dritten, beiden fremden Sprache verhandeln müssen.

Die Aussagen des Asylbewerbers sind – wie dargestellt – kaum verifizierbar, so daß die Entscheidung letztlich davon abhängt, ob man dem Asylbewerber glaubt oder nicht.[38]

2. Beweisprobleme durch Auslegung

Die Entwicklung, die die Auslegung des lapidaren Grundgesetztextes in der Rechtssprechung genommen hat, verschärft die Nachweisproblematik.

Da nach Ansicht des Bundesverwaltungsgerichts allein die Motivation der Verfolgungsmaßnahmen maßgeblich ist, muß eine Art „innere Tatsache", eine Zielrichtung nicht etwa einer Einzelperson, sondern eines vielköpfigen Staatswesens ermittelt werden. Das subjektive Verständnis der politischen Verfolgung wird daher gerade auch im Hinblick auf die beweisrechtlichen Schwierigkeiten in Frage gestellt.[39] Zwar hat das Bundesverwaltungsgericht unter Hinweis auf die Praxis des Strafprozeßes betont, die Ermittlung staatlicher Motivationen stelle keine unerfüllbaren Beweisanforderungen.[40] Nicht zuunrecht weist *Marx* aber darauf hin, daß die bei der Erforschung subjektiver Straftatbestände notwendige Bewertung örtlicher Vorgänge nicht ohne weiteres mit der Beurteilung staatlicher Verfolgungsintensionen aufgrund örtlich und zeitlich weit entfernt liegender Geschehensabläufe vergleichbar ist.[41]

Zur Veranschaulichung lassen sich die Grundsätze der Rechtsprechung zum politischen Delikt heranziehen: So liegt nach Ansicht des Bundesverwaltungsgerichts keine politische Verfolgung vor, wenn das Ziel der Bestrafung des politischen Straftäters im Staatsschutz und der Aufrechterhaltung der öffentlichen Sicherheit liegt. Wird der Täter jedoch *auch* oder *härter* als sonst wegen seiner Rasse, Religion etc. bestraft (sog. Politmalus), liegt politische Verfolgung vor.[42] Die durch diese Auslegung erzeugten Beweisschwierigkeiten liegen auf der Hand.

Der neuere Rechtsprechung des Bundesverfassungsgerichts zu den selbstgeschaffenen Nachfluchtgründen rückt ebenfalls subjektive Motivationen in den Vorder-

---

[37] Müller, in: Beitz/Wollenschläger, Handbuch Bd. II, S. 385; Stelkens, ZAR 85, 15 (20).
[38] BVerwG, Urt. v. 16. 4. 85, BVerwGE 71, 180 (182).
[39] Marx, in: Marx/Strate/Pfaff, AsylVfG, Rdnr. 28f.
[40] BVerwG, Urt. v. 17. 5. 83, BVerwGE 67, 195 (199).
[41] A.a.O.
[42] BVerwG, Urt. v. 17. 5. 83, BVerwGE 67, 184 (188f); Urt. v. 8. 5. 84, NVwZ 84, 653 (653f); und st. Rspr.

grund. Wenn gewillkürte Nachfluchtgründe, wie zum Beispiel der Beitritt zu einer Emigrantenorganisation, nur dann asylrelevant sein sollen, wenn sie Ausdruck einer die eigene Identität prägenden und erkennbar betätigten festen politischen Überzeugung sind,[43] wird man nicht umhin können zu prüfen, ob der Asylbewerber die im Inland betätigte Überzeugung tatsächlich besitzt. Es wird nötig sein, nicht nur beim Verfolgerstaat, sondern auch beim Asylbewerber selbst „Motivforschung"[44] zu betreiben.

Nicht zuletzt erzeugen die Regelungen des Asylverfahrensgesetzes weitere Beweisprobleme, etwa wenn Ermittlungen über die Lage in einem *Drittstaat* erforderlich werden zu der Frage, ob der Asylbewerber dort vor politischer Verfolgung bzw. vor Abschiebung in einen Verfolgerstaat sicher war, vgl. § 2 AsylVfG.

Schließlich verlangt die erforderliche Gefahrenprognose eine Vorausschau zukünftiger Entwicklungen, die einem Beweis im eigentlichen Sinne nicht zugänglich sind.[45]

III. Die beweisrechtlichen Lösungsmöglichkeiten

Die asylrechtliche Entscheidung ist also im Regelfall eine Entscheidung unter Ungewißheit.[46] Die in unserer Rechtsordnung selbstverständliche Entscheidungspflicht zwingt zur Suche nach beweisrechtlichen Lösungen zur Überwindung von Ungewißheit.

1. Begriffsklärung

Die Beweiswürdigung ist das Verfahren zur Prüfung, *ob* ein Beweis gelungen ist. Ein Bestandteil der Beweiswürdigung, aber vom tatsächlichen Vorgang der konkreten Würdigung eines Beweismittels zu unterscheiden ist die Frage, welche Anforderungen allgemein an den Beweis zu stellen sind, wann also der Beweis gelungen ist, inwieweit, d.h., in welchem Grad und mit welcher Qualität der Richter oder Verwaltungsbeamte überzeugt sein muß, kurz: die Frage des *Beweismaßes (der Beweisstärke, des Beweiskriteriums).*[47] Die Tatfrage, ob im einzelnen Fall eine Tatsachenbehauptung bewiesen ist, unterliegt der freien Beweiswürdigung. Wann aber der Richter nach dem gesetzlichen Willen eine Tatsache als bewiesen ansehen darf, ist eine Rechtsfrage. Ihr liegt eine rechtliche Bewertung des Merkmals „bewiesen"

---

[43] BVerfG, B. v. 26. 11. 86, BVerfGE 74, 51 (65 f), dazu unten 4.Kapitel III.
[44] Hernekamp, NVwZ 84, 24 (25).
[45] Dazu unten 5. Kapitel.
[46] Terminologie nach Nell, Wahrscheinlichkeitsurteile, S. 127.
[47] Prütting, Gegenwartsprobleme, S. 58 f m. w. N.; Greger, Beweis und Wahrscheinlichkeit, S. 8.

zugrunde.[48] Im Interesse der Rechtsicherheit und Rechtsgleichheit bedarf das Beweismaß daher einer abstrakt-generellen Festsetzung.[49]

Bleibt der Sachverhalt soweit unaufklärbar, daß sich nach Abschluß der Beweiswürdigung keine hinreichende Überzeugung gebildet hat (sog. non liquet), stellt sich das Problem der *materiellen (objektiven) Beweislast*: Nach welchen Grundsätzen hat der Rechtsanwender bei verbleibender Ungewißheit zu entscheiden bzw., aus der Sicht der Parteien gesprochen, zu wessen Lasten geht die Unaufklärbarkeit des Sachverhalts?[50] Hiervon ist streng die *formelle (subjektive) Beweislast* oder *Beweisführungslast* zu unterscheiden, die regelt, welche Partei für eine bestimmte Tatsache Beweismittel beibringen und den Beweis antreten muß.[51]

Während im Zivilprozeß subjektive und objektive Beweislast eng verknüpft sind, gibt es im Verwaltungsprozeß grundsätzlich keine ausschließlich den Parteien obliegende Pflicht zur Beweisführung.[52] Der Verwaltungsprozeß wird vom Untersuchungsgrundsatz beherrscht (§ 86 VwGO). Die Ermittlung und Aufklärung des entscheidungserheblichen Sachverhalts ist im Grundsatz Sache des Gerichts. Es beruht daher auf einer unter Geltung der Inquisitonsmaxime unzulässigen Vermischung zweier grundlegend verschiedener beweisrechtlicher Institute, wenn die Frage der Beweislast gleichgesetzt wird mit der Frage danach, *wer* die für die Inanspruchnahme des Asylgrundrechts erforderlichen Tatsachen beweisen muß.[53] Im Mittelpunkt der Frage nach der Beweislast im Asylrecht und damit im Mittelpunkt der vorliegenden Untersuchung steht vielmehr die Frage, zu wessen Lasten es sich auswirkt, wenn ein Beweis nach Ausschöpfung der zumutbaren Beweismittel nicht gelungen ist.[54]

2. Das Verhältnis von Beweismaß und Beweislast

Objektive Beweislast und Beweiswürdigung, insbesondere Beweismaß, sind begrifflich klar abgrenzbar: Die Beweislastentscheidung setzt zwingend das Scheitern eines Beweises, mithin den Abschluß der Beweiswürdigung unter Anlegung des jeweiligen Beweismaßes voraus. Dennoch ist die praktische Abhängigkeit beider Phänomene erheblich. Denn je geringer die Anforderungen an die Beweisstärke sind, desto eher wird der zur Feststellung eines Sachverhalts erforderliche Überzeugungsgrad erreicht. Da ein non liquet seltener wird, verringert sich die Zahl der Beweislastentscheidungen.[55] Daher kann schon hier festgehalten werden, daß sich

---

[48] Greger, Beweis und Wahrscheinlichkeit, S. 8.
[49] Prütting, Gegenwartsprobleme, S. 59; Greger, Beweis und Wahrscheinlichkeit, S. 8 f.
[50] Prütting, Gegenwartsprobleme, S. 16 f m. w. N.
[51] Hierzu Prütting, Gegenwartsprobleme, S. 23 ff.
[52] Herrschende Meinung, vgl. nur Tietgen, Gutachten S. 7 ff; Prütting, Gegenwartsprobleme, S. 24 ff.
[53] Bertrams, DVBl 87, 1181 (1183).
[54] Zur Angleichung beider Prozeßarten aber unten 3. Kapitel III.
[55] Prütting, Gegenwartsprobleme, S. 66; Peschau, Beweislast, S. 15.

im Grundsatz beide Rechtsinstitute zur Überwindung tatsächlicher Ungewißheit eignen.

Ebenso beeinflussen andere Beweiserleichterungen wie etwa der Anscheinsbeweis und die sog. tatsächlichen Vermutungen die Bedeutung der Beweislastgrundsätze. Es erscheint deshalb zweckmäßig, zunächst die Problematik der Beweiswürdigung, insbesondere des Beweismaßes im Asylrecht zu behandeln, – soweit sie nicht nur im Tatsächlichen liegt, sondern einer rechtlichen Lösung zugänglich erscheint – (1. Teil), und im Anschluß daran nach der Beweislast im Asylrecht zu fragen (2. Teil).

ERSTER TEIL: BEWEISWÜRDIGUNG, INSBESONDERE BEWEISMASS IM ASYLRECHT

Zweites Kapitel. Die Grundlagen

Als Maßstab für die richterliche Überzeugung bieten sich idealtypisch zwei Alternativen: die Wahrheit und die Wahrscheinlichkeit. Alles weitere ist strittig.

Vor allem im Zivilprozeßrecht ist kontrovers, ob das im deutschen Recht geltende Beweismaß ein „Für-Wahr-Halten" oder ein „Für-Wahrscheinlich-Halten", eine „Überzeugung von der Wahrheit" oder eine „Überzeugung von der Wahrscheinlichkeit" ist, sodann, ob die Überzeugung von der Wahrheit eine „überwiegende Wahrscheinlichkeit", eine „an Sicherheit grenzende Wahrscheinlichkeit" oder aber eine „persönliche Gewißheit" ist.[1] Schon diese Formulierungen deuten an, daß das Verhältnis von Überzeugung, Wahrheit und Wahrscheinlichkeit weitgehend ungeklärt ist. Die Diskussion krankt vor allem an den völlig verschiedenen Auffassungen vom Inhalt des Wahrscheinlichkeitsbegriffs. Eine Begriffsbestimmung ist daher unumgänglich.

I. Die Wahrscheinlichkeitsbegriffe

Ohne der Bedeutungsvielfalt der Wahrscheinlichkeit in der juristischen und wissenschaftstheoretischen Literatur im mindesten gerecht werden zu können, läßt sich hier nur eine gewisse Grundsystematik darstellen.[2]

Zu den *objektiven* Wahrscheinlichkeitsbegriffen zählt der *statistische* Wahrscheinlichkeitsbegriff. Die statistische Wahrscheinlichkeit ist der Grenzwert der relativen Häufigkeit eines Ereignisses innerhalb einer praktisch unbegrenzten Folge gleichartiger Vorgänge.[3] Sie trifft eine empirische Aussage darüber, wie oft ein Ereignis in einem Kollektiv, d.h. in einer Vielzahl von wiederholbaren Beobachtungen, auftritt.

---

[1] Aus der neueren Literatur vgl. nur: Greger, Beweis und Wahrscheinlichkeit; Gottwald, Schadenszurechnung und Schadensschätzung; Maassen, Beweismaßprobleme im Schadensersatzrecht; Musielak, Grundlagen; Walter, Freie Beweiswürdigung; Prütting, Gegenwartsprobleme; Nell, Wahrscheinlichkeitsurteile; Musielak/Stadler, Grundfragen des Beweisrechts, S. 67 ff; aus der Rspr. vgl. nur: RG, Urt. v. 14. 1. 1885, RGZ 15, 338 (339); BGH, Urt. v. 17. 2. 70, BGHZ 53, 245 (255 f).

[2] Im Anschluß an Nell, Wahrscheinlichkeitsurteile, S. 21 ff; Musielak, Festschrift für Kegel, S. 451 (455 ff).

[3] Ausführlich: Nell, Wahrscheinlichkeitsurteile, S. 21 ff, im Anschluß an von Mises, Wahrscheinlichkeit, Statistik und Wahrheit; Greger, Beweis und Wahrscheinlichkeit, S. 40 ff, Weitnauer, Karlsruher Forum, S. 3 ff; Evers, Begriff und Bedeutung, S. 48 ff, 60 ff; Maassen, Beweismaßprobleme, S. 5 ff; Gottwald, Schadenszurechnung und Schadensschätzung, S. 187 ff.

Um ein Beispiel zu geben:[4] Die statistische Wahrscheinlichkeit, eine gerade Zahl zu würfeln, ist ½, weil bei praktisch unbegrenzter Wiederholung sich die relative Häufigkeit gerader Zahlen dem Wert 0,5 nähert.

Der *logische (bedingte, relative)* Wahrscheinlichkeitsbegriff setzt eine Hypothese zu einem bestimmten Erfahrungssatz in eine logische Beziehung.[5] Die Richtigkeit einer Hypothese kann durch Informationen bestätigt werden. Wahrscheinlichkeit ist der Grad der Bestätigung, den die Hypothese durch eine bestimmte Information erfährt. Ändert sich die Information, so ändert sich auch der Wahrscheinlichkeitsgrad. Ist zum Beispiel jeder dritte Führerscheinbesitzer Eigentümer eines Autos und weiß man, daß A einen Führerschein hat, so ist die relative Wahrscheinlichkeit der Hypothese, daß A Eigentümer eines Autos ist, ein Drittel. Besteht der Erfahrungssatz aber darin, daß von 20 Personen mit einem Monatseinkommen von 6000 DM 19 ein Auto haben und weiß man, daß A dieses Einkommen hat, dann ist die bedingte Wahrscheinlichkeit der Hypothese, daß A Eigentümer eines Autos ist, $^{19}/_{20}$.[6]

Der *subjektive* Wahrscheinlichkeitsbegriff bezeichnet den Intensitätsgrad, mit dem eine Person in eine Hypothese vom objektiven Geschehen vertraut. Wahrscheinlichkeit ist der Grad des Glaubens an den Eintritt eines Ereignisses oder an die Wahrheit einer Behauptung. Kennzeichnend ist also, daß keine Aussage über das objektive Geschehen selbst, sondern nur über die diesbezügliche Erwartung einer Person gemacht wird.[7] Innerhalb der subjektiven Theorien gibt es weitere Differenzierungen. So wird teilweise zwischen einem exakten, mathematisch-subjektiven Wahrscheinlichkeitbegriff, der sich an einem streng rational handelnden Menschen orientiert, und einer subjektiven Erlebniswahrscheinlichkeit im Sinne einer reinen Alltagstheorie differenziert.[8] Vor allem *Nell* vertritt hingegen einen *normativ-subjektiven* Wahrscheinlichkeitsbegriff.[9] Dieser begründet einen Zusammenhang zwischen dem subjektiven Wahrscheinlichkeitsurteil einer Person und den von ihr verarbeiten Informationen und Erfahrungen. Die entscheidungstheoretische Formel, die die gegenseitige Abhängigkeit von Information und Wahrscheinlichkeit darstellt, braucht hier nicht erörtert zu werden.[10] Die wesentliche Aussage besteht darin, daß die Wahrscheinlichkeit einer Hypothese abhängt von dem Maß, in dem

---

[4] Nach Nell, Wahrscheinlichkeitsurteile, S. 21, im Anschluß an von Mises.
[5] Hierzu: Nell, Wahrscheinlichkeitsurteile, S. 28 ff; Greger, Beweis und Wahrscheinlichkeit, S. 44 ff; grundlegend: Carnap, Induktive Logik und Wahrscheinlichkeit.
[6] Beispiele nach Nell, Wahrscheinlichkeitsurteile, S. 29 in Anlehnung an Carnap.
[7] Nell, Wahrscheinlichkeitsurteile, S. 35 ff; Prütting, Gegenwartsprobleme, S. 61 f; Evers, Begriff und Bedeutung, S. 51 ff; Musielak, Festschrift für Kegel, S. 451, 456 f; grundlegend: Stegmüller, Probleme und Resultate der Wissenschaftstheorie und analytischen Philosophie.
[8] Hierzu vor allem Gottwald, Schadenszurechnung und Schadensschätzung, S. 191 ff; Greger, Beweis und Wahrscheinlichkeit, S. 38 ff; vgl. auch Prütting, Gegenwartsprobleme, S. 62; dagegen: Nell, Wahrscheinlichkeitsurteile, S. 106 Fn. 131.
[9] Zum folgenden Nell, Wahrscheinlichkeitsurteile, S. 47 ff; Terminologie auch bei Hoffmann-Riem, Festschrift für Wacke, S. 327 (338).
[10] Hierzu Nell, Wahrscheinlichkeitsurteile, S. 50 ff; zugrunde liegt das Bayes-Theorem.

ein ursprüngliches Wahrscheinlichkeitsurteil, eine anfängliche Mutmaßung, durch Informationen und Erfahrungen bestätigt wird. Sog. „a-priori-Wahrscheinlichkeiten" werden durch die Verarbeitung von Beobachtungen i.w.S. zu „a-posteriori-Wahrscheinlichkeiten". Das Wahrscheinlichkeitsurteil ändert sich mit der Verbreiterung der Informationsbasis und wird so, ohne den subjektiven Ausgangspunkt zu verlassen, im Ergebnis immer objektiver. Wie *Nell* nachgewiesen hat, nähern sich verschiedene a-priori-Wahrscheinlichkeiten einander desto mehr an, je mehr übereinstimmende, aussagekräftige Informationen und Erfahrungen verarbeitet werden.[11]

II. Der juristische Wahrscheinlichkeitsbegriff

1. Bei der Frage, welcher Wahrscheinlichkeitsbegriff im juristischen Entscheidungsprozeß verwendet werden kann und verwendet wird, ist zunächst zu klären, was eine juristische Entscheidung dieser Art leisten soll:

Sie ist in jedem Fall die Entscheidung eines *Einzelfalles*.[12] Auch soweit Statistiken oder typische Geschehensabläufe berücksichtigt werden, steht in Rechtsprechung und Verwaltung am Ende der Entscheidungsfindung stets die Lösung eines konkreten Falles.

Es wird eine Aussage in Bezug auf die Wirklichkeit, nicht nur in Bezug auf eine Hypothese verlangt. Wird eine Hypothese aufgestellt, muß sie sich an der Wirklichkeit messen lassen.

Schließlich wird die juristische Entscheidung durch einen Richter oder Verwaltungsbeamten gefällt. Die Überzeugung einer vernünftigen Durchschnittsperson ist zunächst ebenso Fiktion wie die eines streng rational handelnden Menschen. Andererseits verlangt allein schon das Rechtsstaatsprinzip, daß die Entscheidung des Rechtsanwenders normativ begründbar und vermittelbar ist und im Einklang mit Denk-, Natur- und Erfahrungsgesetzen steht.

2. Aus all dem folgt, daß der statistische Wahrscheinlichkeitsbegriffe als Grundlage einer juristischen Entscheidung untauglich ist,[13] denn er kann und will keine Aussage über den Einzelfall treffen.[14] Der Grenzwert der relativen Häufigkeit eines Ereignisses setzt zwingend eine lange Beobachtungsreihe (sog. Kollektiv) voraus. So ist im obigen Beispiel[15] die Aussage, die Wahrscheinlichkeit, daß beim nächsten Wurf eine gerade Zahl erscheint, sei ½, nur im Hinblick auf eine Vielzahl von Vergleichsfällen sinnvoll. Betrachtet man den nächsten Wurf isoliert, so kann nur eine gerade oder eine ungerade Zahl erscheinen. Die Wahrscheinlichkeit, daß eine gerade Zahl erscheint, ist, in Zahlenwerten ausgedrückt, 1 oder 0. Eine Entschei-

---

[11] Nell, Wahrscheinlichkeitsurteile, S. 56f.
[12] Nell, Wahrscheinlichkeitsurteile, S. 22f.
[13] A. A. aber z.B.: Maassen, Beweismaßprobleme, S. 6; Weitnauer, Karlsruher Forum, S. 3.
[14] Nell, Wahrscheinlichkeitsurteile, S. 22ff.
[15] S.o. bei Fn. 4.

dung darüber, ob im *Einzelfall* ein Ereignis eintritt oder nicht, kann der statistische Wahrscheinlichkeitsbegriff demnach nicht treffen.

Weniger einleuchtend erscheint dies, wenn ein anderes Zahlenbeispiel gewählt wird: Ist die statistische Wahrscheinlichkeit, daß ein Ereignis eintritt, 4:1, dann erscheint die Entscheidung des Einzelfalles leicht: Das Ereignis wird eher eintreten als nicht eintreten; es ist wahrscheinlich und nicht etwa unwahrscheinlich. Doch auch diese Aussage beinhaltet ein Mutmaßung, die der statistische Wahrscheinlichkeitsbegriff nicht leisten kann. Denn der Einzelfall wurde der Mehrheit der Fälle zugeordnet. Die statistische Wahrscheinlichkeit sagt lediglich, daß bei 100 Vergleichsfällen 80 mal das Ereignis eintritt, schweigt aber darüber, ob der konkrete Fall zur Mehrheit oder zur Minderheit gehört. Sie legt zwar einen bestimmten Schluß nahe, dieses Für-Naheliegend-Halten bedeutet aber bereits ein Verarbeiten der Information durch die Person, die den Schluß zieht, und geht der Sache nach über die statistische Aussage hinaus.Die juristische Entscheidung verlangt ein Wahrscheinlichkeitsurteil, das mehr und anderes als die Statistik leistet.[16]

Der logische Wahrscheinlichkeitsbegriff ist gleichfalls ungeeignet[17], denn er trifft nur eine Aussage über den Wert einer Hypothese in Bezug auf eine bestimmte Information, nicht jedoch über ihre Richtigkeit als solche. Mit wechselnder Information wechselt der ermittelte Wahrscheinlichkeitsgrad, ohne daß es ein „Richtig" oder „Falsch" gibt; jede Aussage ist in sich logisch wahr.[18] Das juristische Wahrscheinlichkeitsurteil sucht jedoch nach einer Aussage über die Wirklichkeit. In Bezug auf einen außerlogischen Gegenstand gibt es bessere oder schlechtere, richtige oder falsche Aussagen.[19]

3. Haben sich die objektiven Theorien als unzureichend erwiesen, bleibt nur der Schluß, daß Wahrscheinlichkeit im juristischen Sinne der Grad des Glaubens des Rechtsanwenders an die Verwirklichung einer Hypothese oder an die Wahrheit einer Behauptung ist. Unmittelbar einleuchtend erscheint dies bei der Betrachtung eines in der Vergangenheit liegenden Ereignisses. Objektiv ist es eingetreten oder nicht. Spricht man davon, daß das Vorliegen der Tatsache wahrscheinlich ist, kann es sich nur um subjektive Ungewißheit handeln.

Dennoch ist die subjektive Auffassung unbefriedigend. Es interessiert bei juristische Entscheidungen nicht, ob jemand etwas für wahrscheinlich *hält*, sondern ob etwas wahrscheinlich *ist*.[20] Die Aussage, daß etwas wahrscheinlich *ist*, erscheint sinnvoll. Intuitiv wird also Wahrscheinlichkeit als etwas außerhalb der persönlichen Anschauung Existierendes betrachtet. Die Lösung des Dilemmas bringt der norma-

---

[16] Ebenso Nell, Wahrscheinlichkeitsurteile, S. 23 ff, S. 103 f; Evers, Begriff und Bedeutung, S. 60 ff; Hoffmann-Riem, Festschrift für Wacke, S. 339; den objektiven Begriff zugrundelegend aber: Kegel, Festschrift für Kronstein, S. 321 ff (324); Weitnauer, Karlruher Forum, S. 3 ff; Musielak, Grundlagen, S. 112.

[17] A. A. Greger, Beweis und Wahrscheinlichkeit, S. 49 ff, 51 f.

[18] Nell, Wahrscheinlichkeitsurteile, S. 30 ff.

[19] Nell, Wahrscheinlichkeitsurteile, S. 31 f.

[20] Nell, Wahrscheinlichkeitsurteile, S. 47.

tiv-subjektive Wahrscheinlichkeitsbegriff im Sinne *Nells*. Indem ein Zusammenhang zwischen Informationen und Erfahrungen und Wahrscheinlichkeitsurteil hergestellt wird, bleibt der Bezug zur Realität erhalten, denn je mehr Informationen berücksichtigt werden, desto eher bewahrheitet sich eine Hypothese. Da Wahrscheinlichkeitsurteile sich einander annähern, je mehr übereinstimmende Informationen verwertet werden, werden sie normativierbar, begründbar und rational. Je mehr Erfahrungswerte einbezogen werden, desto geringer wird auch das Gewicht der subjektiven Elemente, der „Vor-Urteile".[21]

Damit wird auch der Zusammenhang zwischen statistischer Wahrscheinlichkeit und Einzelfallentscheidung deutlich: Die statistische Häufigkeit eines Ereignisses ist eine Information, die bei der Herstellung eines subjektiven Wahrscheinlichkeitsurteils zugrundegelegt wird.

III. Der juristische Wahrscheinlichkeitsbegriff und das Beweismaß

1. Mit *Nell* läßt sich nun die Beweiswürdigung als Herstellung eines Wahrscheinlichkeitsurteils verstehen. Ist das Ergebnis der Beweiswürdigung die Festellung, daß der Rechtsanwender unter Zugrundelegung bestimmter Informationen in einem bestimmten Grad an die Wahrheit einer Behauptung glaubt, so ist dieser Grad die Wahrscheinlichkeit im normativ-subjektiven Sinne.[22]

2. Diese Aussage entspricht im Ergebnis der wohl herrschenden Meinung, die den Inhalt der richterlichen Überzeugung als ein eingeschränkt subjektives Für-Wahr-Halten in Übereinstimmung mit Denk-, Natur- und Erfahrungsgesetzen sieht.[23] Mißverständnisse ergeben sich, wenn ohne terminologische Klarstellung Wahrscheinlichkeit nach wie vor als Gegenstand der Überzeugungsbildung betrachtet wird.[24] Da es objektive Wahrscheinlichkeit hinsichtlich eines Einzelfalles nicht gibt, scheidet sie aber als Objekt der Überzeugung aus. Im subjektiven Sinne ist die Aussage „Ich bin überzeugt, daß etwas wahrscheinlich ist" identisch mit der Aussage „Ich halte etwas für wahrscheinlich".[25]

3. Daraus ergeben sich folgende Konsequenzen für die Beweismaßdiskussion:

a) Die Wahrscheinlichkeit ist der Maßstab, nicht der Gegenstand der richterlichen Überzeugung. Die Alternativen können nicht „Überzeugung *von* der Wahrheit" bzw. „Überzeugung *von* der Wahrscheinlichkeit" lauten,[26] weil das Objekt der Überzeugungsbildung in jedem Fall die Wahrheit ist. Bei der Frage nach dem richti-

---

[21] Nell, Wahrscheinlichkeitsurteile, S. 56f.
[22] Nell, Wahrscheinlichkeitsurteile, S. 95.
[23] Prütting, Gegenwartsprobleme, S. 64f; Walter, Freie Beweiswürdigung, S. 165ff; jeweils m.w.N.
[24] Prütting, Gegenwartsprobleme, S. 63.
[25] Nell, Wahrscheinlichkeitsurteile, S. 107.
[26] So aber Prütting, Gegenwartsprobleme, S. 76; Walter, Freie Beweiswürdigung, S. 151.

gen Beweismaß kann es also nicht darum gehen, die Suche nach der Wahrheit durch die Suche nach bloßen Wahrscheinlichkeiten zu ersetzen.

b) Zwischen Überzeugung und Wahrscheinlichkeit besteht kein qualitativer Unterschied.[27] Wahrscheinlichkeit ist ein graduierbarer Begriff; die verschiedenen Wahrscheinlichkeitsgrade könnten auf einer von 0 bis 1 reichenden Skala dargestellt werden. Überzeugung ist der höchste erreichbare Grad der Wahrscheinlichkeit im subjektiven Sinne, Wahrscheinlichkeit ist ein minderer Grad der Überzeugung.[28] Daher kann Überzeugung von der Wahrheit als hoher Grad von Wahrscheinlichkeit verstanden werden.[29] Das Beweismaß fragt also nach dem erforderlichen Wahrscheinlichkeitsgrad.[30]

c) Das Erfordernis der Objektivität einer juristischen Entscheidung spricht weder für noch gegen das Beweismaß der Wahrscheinlichkeit im Sinne eines minderen Wahrscheinlichkeitsgrades. Zwar wird die angebliche Objektivierbarkeit als Hauptargument für die Ersetzung des Beweismaßes der vollen richterlichen Überzeugung durch einen Wahrscheinlichkeitsmaßstab angeführt,[31] wogegen die Gegner dieser Auffassung auf das unvermeidliche subjektive Element der Entscheidungsfindung hinweisen.[32] Die hier vertretene Auffassung akzeptiert jedoch Subjektivität als notwendigen Bestandteil des Wahrscheinlichkeitsbegriffs. Daraus folgt, daß der bei der Überzeugungsbildung erzielte Wahrscheinlichkeitsgrad nicht in exakten, allgemeingültigen Zahlenwerten ausdrückbar ist.[33] Die Vermittelbarkeit einer juristischen Entscheidung wird nicht leichter, indem man Überzeugung durch Wahrscheinlichkeit ersetzt. Für die Frage, welcher Wahrscheinlichkeitsgrad erforderlich ist, bringt das Argument der Objektivität keine Lösung.

d) Hiermit hängt zusammen, daß die gedachte Wahrscheinlichkeitsskala trotz einer Vielzahl von in Zahlenwerten ausdrückbaren Wahrscheinlichkeitsgraden für die Bestimmung des juristisches Beweismaßes in breite Bereiche eingeteilt werden muß. Unter der – soweit ersichtlich – nicht bestrittenen Prämisse, daß ein Beweis nur erbracht sein kann, wenn die fragliche Tatsache zumindest wahrscheinlicher als unwahrscheinlich ist,[34] wird man sich im Anschluß an *Prütting* in diesem positiven Wahrscheinlichkeitsbereich mit drei Wahrscheinlichkeitsstufen begnügen müssen:

---

[27] Walter, Freie Beweiswürdigung, S. 152; Nell, Wahrscheinlichkeitsurteile, S. 95; a. A. Rothkegel, in: GK-AsylVfG, II 2 vor § 1 Rdnr. 245.

[28] Nell, Wahrscheinlichkeitsurteile, S. 107; Esser, Vorverständnis und Methodenwahl, S. 26; zu den gegenteiligen Ansichten Evers, Begriff und Bedeutung, S. 12 ff.

[29] RG, Urt. v. 14. 1. 1885, RGZ 15, 338 (339).

[30] Maassen, Beweisprobleme, S. 19; Rothkegel, in: GK-AsylVfG, II 2 vor § 1 Rdnr. 254.

[31] Vgl. Kegel, Festgabe für Kronstein, S. 321 ff (324); Maassen, Beweismaßprobleme, S. 54 f; Ekelöf, ZZP 91, 66; Bruns, Zivilprozeßrecht, S. 243 ff; Schreiber, Theorie des Beweiswertes, S. 16 ff, 23 ff.

[32] Prütting, Gegenwartsprobleme, S. 76; Greger, Beweis und Wahrscheinlichkeit, S. 102 ff.

[33] So im Ergebnis auch Evers, Begriff und Bedeutung, S. 176; Prütting, Gegenwartsprobleme, S. 74.

[34] Geringere Wahrscheinlichkeitsgrade genügen aber im materiellen Recht im Hinblick auf den Gefahrenbegriff, dazu unten 5. Kapitel.

III. Der juristische Wahrscheinlichkeitsbegriff und das Beweismaß

Die *überwiegende Wahrscheinlichkeit* bedeutet, daß mehr für als gegen eine Hypothese spricht. Die *sehr hohe* oder *an Sicherheit grenzende Wahrscheinlichkeit* meint eine Gewißheit jenseits vernünftiger Zweifel, während eine Tatsache *offenbar* oder *offensichtlich* ist, wenn sie so evident ist, daß auch entferntere Zweifel nach menschlicher Erkenntnis nicht bestehen können.[35] Weiter Differenzierungen scheinen in der Praxis nicht mehr begründbar und nachvollziehbar.[36]

Da die allgemeine Meinung als volle richterliche Überzeugung unabhängig von den Unterschieden in der Formulierung eine sehr hohe Wahrscheinlichkeit ausreichen läßt, heißen die Beweismaßalternativen nach der hier vertretenen Auffassung: überwiegende Wahrscheinlichkeit oder Überzeugung im Sinne einer an Sicherheit grenzenden Wahrscheinlichkeit.

---

[35] Prütting, Gegenwartsprobleme, S. 74f, mit Nachweisen zur gegenteiligen Ansicht.
[36] A. A. BVerwG, Urt. v. 18. 10. 72 , BVerwGE 41, 53 (58), wonach zwischen überwiegend und sehr wahrscheinlich noch die *hohe* Wahrscheinlichkeit liegen soll; zustimmend Rothkegel, in: GK-AsylVfG, II 2 vor § 1 Rdnr. 245; Kopp, VwGO, § 108 Rdnr. 5: hohe Wahrscheinlichkeit.

Drittes Kapitel. Das Beweismaß für im Ausland entstandene Asylgründe

A. Die Rechtsprechung

I. Der Beweis des ersten Anscheins

1. Die frühe Rechtsprechung des Bundesverwaltungsgerichts

Das Bundesverwaltungsgericht erkannte früh die Beweisnot des Asylbewerbers und trug ihr durch Beweiserleichterungen Rechnung. Dabei unterschied es zunächst zwischen den vor der Ausreise des Asylbewerbers entstandenen Asylgründen, den sog. Vorfluchtgründen, und den erst während des Aufenthalts in der Bundesrepublik Deutschland eingetretenen Ereignissen, den sog. Nachfluchtgründen. Für erstere galt nach Ansicht des Bundesverwaltungsgerichts der Beweis des ersten Anscheins, der aber nicht genügen sollte, wenn der Flüchtling sich auf Verfolgungstatbestände berief, die nachträglich und außerhalb des Fluchtlandes entstanden waren.[1] Denn in der Regel könnten unmittelbare Beweise über Vorgänge außerhalb des Bundesgebiets nicht erhoben werden. Es seien in diesen Fällen Erfahrungen und typische Geschehensabläufe in besonderem Maße zu berücksichtigen. Die Betroffenen genügten ihrer Beweisführungslast, wenn sie Umstände dartäten, die nach den Regeln des Lebens den Schluß auf die Wahrheit der bestrittenen Tatsache rechtfertigen. Behörden und Gerichte könnten nicht umhin, das als wahr anzunehmen, was erfahrungsgemäß den Regeln des Lebens entspreche.[2] In einer späteren Entscheidung sprach das Gericht nur noch von einer „Art von Beweis des ersten Anscheins".[3]

2. Stellungnahme

a) Der prima-facie-Beweis ist eines der umstrittensten Rechtsinstitute des Prozeßrechts,[4] insbesondere ist ungeklärt, ob er seinem Wesen nach ein Teil der Beweiswürdigung,[5] eine Reduktion des Beweismaßes[6] oder eine materiell-rechtliche

---

[1] BVerwG, Urt. v. 27. 2. 62, Buchholz 402.22 Art. 1 GK Nr. 11; BVerwG, Urt. v. 13. 3. 62, Buchholz 402.22 Art. 1 GK Nr. 12.
[2] BVerwG a. a. O. Nr. 11.
[3] BVerwG, Urt. v. 4. 11. 65, Buchholz 402.22 Art. 1 GK Nr. 16.
[4] Zum Streitstand vgl. Prütting, Gegenwartsprobleme, S. 94 ff.
[5] So z. B. Rosenberg/Schwab, Zivilprozeßrecht, § 114 II 3 S. 695; Schumann/Leipold in: Stein/Jonas, ZPO, § 282 Anm. IV 7a; Prütting, Gegenwartsprobleme, S. 100 ff.
[6] So z. B. Nell, Wahrscheinlichkeitsurteile, S. 97 ff; Musielak, Grundlagen, S. 120 ff; Walter, Freie Beweiswürdigung, S. 206 ff.

Erscheinung⁷ ist. Einigkeit herrscht wohl über folgendes: Der prima-facie-Beweis findet Anwendung bei sog. typischen Geschehensabläufen. Mittels eines Erfahrungssatzes, der sich aus der in der Lebenserfahrung bestätigten Gleichförmigkeit eines Vorgangs ergibt, kann von einem bestimmten vorgegebenen Sachverhalt auf andere, im Einzelnen nicht nachgewiesene Umstände geschlossen werden.⁸ So kann der Schluß von einer bestimmten Ursache auf einen bestimmten Erfolg bzw. von einem bestimmten Ergebnis auf einen bestimmten Ablauf gezogen werden, wobei es die Typizität des Geschehens entbehrlich macht, die tatsächlichen Einzelumstände nachzuweisen.⁹

Der prima-facie-Beweis ist also zunächst eine zivilprozessuale Beweiserleichterung für die beweisbelastete Partei. Er kann durch den Nachweis der ernsthaften Möglichkeit einer Abweichung vom Normalfall (Gegenbeweis) entkräftet werden.

b) Dem Bundesverwaltungsgericht wurde der Rückgriff auf den Beweis des ersten Anscheins dadurch erleichtert, daß es fälschlicherweise von einer Beweisführungslast des Flüchtlings ausging. Doch liegt hierin nicht der entscheidende Einwand gegen die Berufung auf den Anscheinsbeweis. Der prima-facie-Beweis gilt unbestritten auch unter Herrschaft des Untersuchungsgrundsatzes. Da er im gesamten Verwaltungsprozeß einhellig anerkannt ist, bleibt es im Dunkeln, warum das Bundesverwaltungsgericht sich gezwungen sah, seine Geltung als asylrechtliche Besonderheit hervorzuheben. Betrachtet man nun aber die Struktur dieses Rechtsinstituts, so zeigt sich, daß der Anscheinsbeweis eine Schlußfolgerung von einer bewiesenen Tatsache auf eine nicht bewiesene Behauptung mittels eines Erfahrungssatzes darstellt. Er setzt daher einen *feststehenden* Sachverhalt voraus. Ein Erfahrungssatz kann keinen Beweis erbringen, wenn seine Ausgangsbasis nicht erwiesen ist.¹⁰ Nun ist aber nicht ersichtlich, von welcher bewiesenen Ausgangstatsache das Bundesverwaltungsgericht auf die Wahrheit der Behauptungen des Asylbewerbers geschlossen haben will. Wenn es ausreichen soll, daß der Betroffene „Umstände *dartut*, die nach den Regeln des Lebens den Schluß auf die Wahrheit der bestrittenen Umstände rechtfertigen",¹¹ dann sind offenbar nicht einmal diese zunächst dargetanen Ausgangstatsachen erwiesen, sondern nur „erfahrungsgemäß wahr". Dem Bundesverwaltungsgericht schien es also gar nicht darum zu gehen, von einer erwiesenen Tatsachengrundlage auf eine noch nicht erwiesene Tatsache zu schließen, sondern darum, eine Aussage einem Regelfall zuzuordnen. Behörden und Gerichte sollen etwas als wahr ansehen, weil es erfahrungsgemäß und im Regelfall wahr ist, mit anderen Worten, weil es *wahrscheinlich* ist. Damit wird deutlich, daß der Hinweis des Bundesverwaltungsgerichts auf den prima-facie-Beweis ein terminologischer Fehlgriff war.¹² Es ging allein darum, dort, wo Gewißheit nicht zu erlangen ist,

---
⁷ So z.B. Greger, Beweis und Wahrscheinlichkeit, S. 169ff.
⁸ Prütting, Gegenwartsprobleme, S. 95.
⁹ Thomas/Putzo, ZPO, § 286 Anm. 4.
¹⁰ Prütting, Gegenwartsprobleme, S. 105f.
¹¹ BVerwG, a.a.O. Fn. 1 (Hervorhebung von Verf.).
¹² Damit ist entgegen Rothkegel, in: GK-AsylVfG, II 2 vor § 1 Rdnr. 242 (mit Hinweis auf

einen geringeren Wahrscheinlichkeitsgrad als im Regelfall ausreichen zu lassen, das heißt, das Beweismaß herabzustufen.

II. Die Glaubhaftmachung

1. Die Glaubhaftmachung in Rechtsprechung und Literatur

a) Das Bundesverwaltungsgericht ersetzte den Anscheinsbeweis später durch den Begriff der Glaubhaftmachung: Vorfluchtgründe habe der Asylbewerber glaubhaft zu machen, Nachfluchtgründe müsse er grundsätzlich nachweisen.[13] In der Grundsatzentscheidung vom 29. 11. 1977[14] änderte das Bundesverwaltungsgericht zwar das Differenzierungskriterium. Für die Frage der Anforderungen an den Nachweis asylbegründender Umstände sei nicht entscheidend, ob die Tatsache vor oder nach dem Verlassen des Heimatlandes eingetreten sei, sondern ob es sich um Vorgänge innerhalb oder außerhalb des Gastlandes handele. Das Gericht blieb aber bei seiner Ansicht, daß aufgrund der sachtypischen Beweisnot der Asylbewerber für Vorgänge außerhalb des Gastlandes Glaubhaftmachung genüge, während für Ereignisse innerhalb des Gastlandes der volle Nachweis zu fordern sei.[15]

b) Exkurs: *Schaeffer* will dieser neuen Abgrenzung Rechnung tragen, indem er im Beweisrecht auf die Begriffe Vor- und Nachfluchtgründe verzichtet und sie duch die Begriffe Vor- und Nach*zuflucht*gründe ersetzt.[16] Jedoch verleiten wohl auch diese Termini zu dem Irrtum, daß es auf den Zeitpunkt und nicht auf den Ort der Entstehung eines Asylgrundes ankommt. Um solche Mißverständnisse zu vermeiden, scheint es angebracht, stattdessen von *Auslands*- bzw. *Inlands*tatsachen zu sprechen.[17]

c) In der asylrechtlichen Literatur herrscht über Inhalt und beweisrechtliche Einordnung des Begriffs der Glaubhaftmachung weitgehend Unklarheit. So wird unter Glaubhaftmachung zum einen ein geringerer Wahrscheinlichkeitsgrad[18] oder eine überwiegende Wahrscheinlichkeit im Gegensatz zur an Sicherheit grenzenden Wahrscheinlichkeit des Vollbeweises[19] verstanden, was auf eine Charakterisierung

---

die Vorauflage) der Grund, warum dieser Begriff später nicht mehr auftaucht, wohl doch erkennbar.

[13] BVerwG, B. v. 21. 7. 72, in: Marx, Rechtsprechungssammlung, 108 Nr. 5; B. v. 20. 8. 74, Buchholz 402.24 § 28 AuslG Nr. 6.

[14] BVerwG, Urt. v. 29. 11. 77, BVerwGE 55, 82 = Buchholz 402.24 § 28 AuslG Nr. 11 = DVBl 78, 883 m. Anm. Wollenschläger.

[15] BVerwG a.a.O., S. 86; und bis 1985 st. Rspr., z.B. Urt. v. 21. 11. 78, Buchholz 402.24 § 28 AuslG Nr. 12; Urt. v. 8. 2. 83, Buchholz 402.24 § 28 AuslG Nr. 43.

[16] Schaeffer, Asylberechtigung, S. 139.

[17] Dazu, daß Vorfluchtgründe und Auslandstatsachen regelmäßig, aber nicht zwingend identisch sind: Müller, in: Beitz/Wollenschläger, Handbuch Bd. II, S. 387f.

[18] Schaeffer, Asylberechtigung, S. 139.

[19] Müller, in: Beitz/Wollenschläger, Handbuch Bd. II, S. 387; Stelkens, ZAR 85, 15 (22).

als Beweismaß hindeutet. Andererseits wird sie als ein „schwächerer" bzw. „geringerer Grad der Beweisführung"[20] oder eine „erleichterte Beweispflicht"[21] angesehen, was eine Auslegung im Sinne einer subjektiven Beweislast oder zumindest einer gesteigerten Mitwirkungspflicht nahelegt. Hierauf deutet es auch hin, wenn dieser Begriff auf den Sachvortrag des Asylbewerbers bezogen wird. Glaubhaftmachung wird vielfach mit einer schlüssigen, substantiierten und widerspruchsfreien Sachdarstellung durch den Asylbewerber gleichgesetzt.[22] Diese Formulierungen setzen darüber hinaus einen Einfluß auf die Beweiswürdigung voraus. Gleiches gilt, wenn die persönliche Glaubwürdigkeit als wesentlicher Bestandteil der Glaubhaftmachung bezeichnet wird.[23] *Baumüller* stützt seine ablehnende Haltung zur Glaubhaftmachung unter anderem darauf, daß die besonderen „Beweismittel" der Glaubhaftmachung im Sinne der allgemeinen prozessualen Grundsätze weder Rechtssprechungswirklichkeit noch sachgerecht seien.[24] *Marx/Strate/Pfaff* verweisen auf die Glaubhaftmachung nach § 294 ZPO.[25] Schließlich werden an die Glaubhaftmachung Anforderungen gestellt, die charakteristische Merkmale des Anscheinsbeweises sind.[26] Nach *Schaeffer* gehört zur Glaubhaftmachung ein „allgemeiner Erfahrungssatz", der nicht durch „Gegenbeweis" erschüttert werden darf.[27] Einen ähnliches Verständnis haben *Köfner/ Nikolaus*, die mit dem „Glaubhaftmachungsprinzip" den „Wahrscheinlichkeitsbeweis" gleichsetzen.[28]

2. Die Glaubhaftmachung als Beweismaß

a) Im Zivilprozeßrecht ist die Glaubhaftmachung in § 294 ZPO geregelt. In Verwaltungsprozeß und -verfahren sollen die Grundsätze des § 294 ZPO iVm § 173 VwGO dort entsprechende Anwendung finden, wo Glaubhaftmachung gesetzlich angeordnet ist.[29] In den speziellen asylprozeßrechtlichen Vorschriften ist sie nicht

---

[20] Baumüller, in: GK-AsylVfG, Vorbem. zu § 1 Rdnr. 118 (Vorauflage); Müller, in: Beitz/Wollenschläger, Handbuch Bd. II, S. 387.
[21] Kimminich, Anm. z. BVerwG, Urt. v. 1. 10. 85, VBlBW 86, 60 (61).
[22] Schaeffer, Asylberechtigung, S. 141; Kleine, Asylerwerb, S. 214; Marx, in: ai, Bewährungsprobe, S. 131; Marx, in: Marx/Strate/Pfaff, AsylVfG, § 12 Rdnr. 92; Huber, Ausländer- und Asylrecht, Rdnr. 548; Fritz, in: GK-AsylVfG, § 12 Rdnr. 132.
[23] Schaeffer, Asylberechtigung, S. 141, 143 ff; Kleine, Asylerwerb, S. 214; zur Glaubwürdigkeitsprüfung auch: Gusy, Asylrecht und Asylverfahren, S. 271; a. A. Marx, in: Marx/Strate/Pfaff, AsylVfG, § 12 Rdnr. 92; Fritz, in: GK-AsylVfG, § 12, Rdnr. 132.
[24] Baumüller, in: GK-AsylVfG, Vorbem. zu § 1 Rdnr. 119 ff (Vorauflage); zust. Hailbronner, Ausländerrecht, F 1 Rdnr. 930 S. 565.
[25] Marx, in: Marx/Strate/Pfaff, AsylVfG, § 12 Rdnr. 92; dagegen: Rothkegel, in: GK-AsylVfG, II 2 vor § 1 Rdnr. 246.
[26] S. o. 3. Kapitel A. I.
[27] Schaeffer, Asylberechtigung, S. 141.
[28] Köfner/Nikolaus, Grundlagen des Asylrechts, S. 282.
[29] Zum Prozeßrecht vgl.: Kopp, VwGO, § 60 Rdnr. 22 ff; Redeker/v.Oertzen, VwGO § 60 Rdnr. 12; Ule, Verwaltungsprozeßrecht § 49 III 2 S. 272; zum Verfahrensrecht vgl.: Kopp, VwVfG, § 32 Rdnr. 38 f m. w. N.

vorgesehen; im Asylverfahrensrecht findet sich eine gesetzliche Anordnung nur bezüglich der Widerlegung anderweitigen Verfolgungsschutzes (§§ 2 II 2, 9 I 2 Nr. 2 AsylVfG n. F.). Diese Regelungen wurden erst in das Gesetz eingefügt, nachdem die Rechtsprechung zur Glaubhaftmachung entwickelt und schon wieder aufgegeben worden war.[30] Das Bundesverwaltungsgericht hat später betont, es habe mit diesem Begriff nicht die Glaubhaftmachung im technischen Sinne von § 294 ZPO i. V. m. § 173 VwGO gemeint.[31]

Was das Bundesverwaltunggericht mit diesem Terminus gemeint hat, läßt sich nur erfassen, wenn man zwischen den verschiedenen Funktionen der Glaubhaftmachung differenziert:

(1) Die Glaubhafthaftmachung im zivilprozessualen Sinne ist nach allgemeiner Ansicht eine Beweisführung, die einen geringeren Grad der Wahrscheinlichkeit als der Vollbeweis vermittelt.[32] Es genügt ein geringerer Überzeugungswert,[33] eine überwiegende Wahrscheinlichkeit[34] oder gute Möglichkeit,[35] daß sich ein Vorgang so wie behauptet zugetragen hat. Somit stellt die Glaubhaftmachung ein besonderes Beweismaß dar.

(2) Darüberhinaus besagt § 294 ZPO, daß für die Glaubhaftmachung keine Bindung an die formenstrengen Beweismittel der ZPO besteht.[36] Die Vorschrift erklärt insbesondere die eidesstattliche Versicherung für zulässig und regelt damit Besonderheiten der Beweisaufnahme.

(3) Schließlich geht diese Norm – schon vom Wortlaut her – von der im Zivilprozeß herrschenden Verhandlungsmaxime aus. Die Glaubhaftmachung erleichtert die Beweisführung für die mit der subjektiven Beweislast beschwerten Partei.

b) In dieser Bedeutungsvielfalt konnte die Glaubhaftmachung nicht in den Verwaltungsprozeß übernommen werden:

(1) Im Verwaltungsprozeß und -verfahrensrecht herrscht grundsätzlich Beweismittelfreiheit. § 96 VwGO und § 26 VwVfG sind nach allgemeiner Ansicht nicht abschließend. Gericht und Behörde können sich aller geeigneter Erkenntnisquellen bedienen.[37] Eine Heranziehung der Grundsätze des § 294 ZPO ist daher insoweit entbehrlich, als sie gerade das „Wie" der Beweisführung regeln, weil das öffentliche Recht bereits eine freiere Form der Beweisaufnahme erlaubt. Soweit die eidesstattliche Versicherung für zulässig erklärt wird, wird § 294 ZPO durch Sonderregeln

---

[30] Mit dem 2. Gesetz zur Änderung des Asylverfahrensgesetzes v. 6. 1. 87, BGBl I S. 89.
[31] BVerwG, Urt. v. 16. 4. 85, BVerwGE 71, 180 (181 f.).
[32] Thomas/Putzo, ZPO, § 294 Anm. 1; Evers, Begriff und Bedeutung, S. 174.
[33] Schumann/Leipold, in: Stein/Jonas, ZPO, § 294 Anm. III 2 S. 1197.
[34] Hartmann, in: Baumbach/Lauterbach, ZPO, § 294 Anm. 1 S. 870; ebenso für das Verwaltungsprozeßrecht Finkelnburg/Jank, Vorläufiger Rechtsschutz, Rn. 294.
[35] Rosenberg/Schwab, Zivilprozeßrecht, § 113 III 1 S. 684.
[36] Thomas/Putzo, ZPO, § 294 Anm. 1 S. 608; Hartmann, in: Baumbach/Lauterbach, ZPO, § 294 Anm. 2.
[37] Kopp, VwVfG, § 26 Rdnr. 5; ders., VwGO, § 98 Rdnr. 3; Berg, Die verwaltungsrechtliche Entscheidung, S. 47 ff.

A. II. Die Glaubhaftmachung   25

verdrängt.³⁸ Die Einführung besonderer Beweismittel konnte daher nicht Sinn der Verwendung des Instituts der Glaubhaftmachung im Asylrecht sein.³⁹

(2) Das Verhältnis von Glaubhaftmachung im Verwaltungsrecht und Untersuchungsgrundsatz ist noch nicht geklärt. Einerseits wird die Fortgeltung des Amtsermittlungsgrundsatzes betont,⁴⁰ andererseits wird es den Parteien zur Aufgabe gemacht, Beweismitteln anzubieten. Diese gesteigerte Tätigkeitspflicht wird teilweise ausdrücklich als Beweisführungspflicht bezeichnet.⁴¹ Soweit die Glaubhaftmachung im zivilprozessualen Sinne verstanden wird und damit auf einer Beweisführungspflicht basiert, steht dies im Widerspruch, zumindest aber in einem starken Spannungsverhältnis,⁴² zum Untersuchungsgrundsatz. Nun gibt es in der Tat starke Anhaltspunkte dafür, daß die Inquisitionsmaxime in der Asylrechtsprechung nicht mehr ausnahmslos gilt. Dies soll an anderer Stelle erörtert werden.⁴³ Schon hier kann jedoch festgehalten werden, daß einer als subjektive Beweislast verstandenen Glaubhaftmachung Bedenken entgegenstehen, da sie dem Untersuchungsgrundsatz zuwiderläuft und den Asylbewerber mit in der Verwaltungsgerichtsordnung nicht vorgesehenen prozessualen Pflichten belastet.

(3) Die Einführung einer Beweisführungslast war jedoch nicht die eigentliche Intention des Bundesverwaltungsgerichts. Wie schon der sog. Anscheinsbeweis im Gegensatz zum Vollbeweis gesehen wurde,⁴⁴ so wurde auch die Glaubhaftmachung dem vollen Nachweis gegenübergestellt.⁴⁵ Der Vollbeweis ist erbracht, wenn das gesetzliche Regelbeweismaß erreicht ist. Dieses ist, unabhängig vom wahrscheinlichkeitstheoretischen Ansatz, das hohe Beweismaß der Überzeugung von der Wahrheit.⁴⁶ Die Gegenüberstellung von Vollbeweis und Glaubhaftmachung ist daher nur sinnvoll, wenn die Glaubhaftmachung als minderes Maß der richterlichen Überzeugung verstanden wird. Etwas anderes entspräche auch nicht der Absicht des Bundesverwaltungsgerichts, dem sachtypischen Beweisnotstand im Asylverfahren Rechnung zu tragen. Denn die Einführung einer Glaubhaftmachung in ihrer Funktion als besondere Beweisführungspflicht hätte keine Beweiserleichterung, sondern wegen der Durchbrechung des Untersuchungsgrundsatzes eine beweisrechtliche Schlechterstellung des Asylbewerbers bedeutet.

Damit läßt sich als Zwischenergebnis festhalten: Von den verschiedenen Funktio-

---

³⁸ Ule/Laubinger, Verwaltungsverfahrensrecht, § 27 II 4 S. 198; zur Ungeeignetheit der eidesstattlichen Versicherung im Asylrecht: Stelkens, ZAR 85, 15 (22).
³⁹ So aber Baumüller, in: GK-AsylVfG, Vorbem. zu § 1 Rdnr. 119f (Vorauflage).
⁴⁰ Redeker/v. Oertzen, VwGO, § 60 Rdnr. 12 m.w.N; Finkelnburg/Jank, Vorläufiger Rechtschutz, Rn. 298.
⁴¹ Eyermann/Fröhler, VwGO, § 60 Rdnr. 15; Schunck/de Clerck, VwGO § 86 Anm. c) aa) S. 501; Tietgen, DVBl 56, 683 (683).
⁴² Finkelnburg/Jank, Vorläufiger Rechtschutz, Rn. 299.
⁴³ Dazu unten 3. Kapitel B III.
⁴⁴ S.o. 3. Kapitel A I.
⁴⁵ BVerwG, Urt. v. 20. 8. 74, Buchholz 402.24 § 28 AuslG Nr. 6; Urt. v. 29. 11. 77, BVerwGE 55, 82 (86 und Ls.3) = DÖV 78, 883 (885); Urt. v. 31. 3. 81, DVBl 81, 1095.
⁴⁶ Vgl. § 108 VwGO; Prütting, Gegenwartsprobleme, S. 79.

nen der Glaubhaftmachung im zivilprozessualen Sinne läßt sich nur die der Beweismaßreduktion sinnvoll und bedenkenfrei auf das öffentliche Recht übertragen. Diese Form der Beweiserleichterung wollte das Bundesverwaltungsgericht in das Asylverfahren einführen. Glaubhaftmachung im Asylrecht bedeutete daher, daß für Auslandstatsachen das reduzierte Beweismaß der überwiegenden Wahrscheinlichkeit galt.

Darüber hinaus wird deutlich, daß bei der Ablösung des fälschlich sogenannten „Anscheinsbeweises" durch den Begriff der Glaubhaftmachung keineswegs ein Austausch der Beweisformen stattgefunden hat.[47] Dem Bundesverwaltungsgericht ging es beidesmal um eine Herabstufung der Beweisstärke.

III. Die Überzeugung von der Wahrheit

1. Die neuere Rechtsprechung des Bundesverwaltungsgerichts

In einem Grundsatzurteil vom 16. 4. 1985[48] entschied das Bundesverwaltungsgericht „im Anschluß an BVerwGE 55, 82", die nach § 108 I 1 VwGO gebotene Überzeugungsgewißheit müsse auch in Asylstreitsachen in dem Sinne bestehen, daß das Gericht die volle Überzeugung von der Wahrheit – und nicht etwa nur von der Wahrscheinlichkeit – des vom Kläger behaupteten individuellen Schicksals erlangt hat. Dem Instanzgericht wird vorgeworfen, es habe keinen für feststehend erachteten, sondern lediglich einen für wahrscheinlich gehaltenen Sachverhalt unter Art. 16 II 2 GG subsumiert und damit zugleich unter Verkennung der in BVerwGE 55, 82 enthaltenen Grundsätze gegen materielles Recht verstossen. Mit einer Glaubhaftmachung hinsichtlich asylbegründender Vorgänge im Verfolgerland habe das Bundesverwaltungsgericht weder den Richter einer Überzeugungsbildung im Sinne des § 108 VwGO entheben wollen, noch eine Glaubhaftmachung im engeren Sinne gemäß § 294 ZPO gemeint. Ausgangspunkt der früheren Entscheidung sei vielmehr der allgemeine Grundsatz gewesen, daß das Gericht keine unerfüllbaren Beweisanforderungen stellen und keine unumstößliche Gewißheit verlangen dürfe, sondern sich mit einem für das praktische Leben brauchbaren Grad von Gewißheit begnügen müsse, der den Zweifeln Schweigen gebiete, auch wenn sie nicht völlig auszuschließen seien. Darüberhinaus berücksichtige diese Rechtsprechung die Beweisnot, indem sie dem Tatsachengericht nahelege, den Beweiswert der Aussage des Asylbewerbers im Rahmen des Möglichen wohlwollend zu beurteilen. Dem persönlichen Vorbringen und dessen Würdigung komme gesteigerte Bedeutung zu. Zur Anerkennung könne allein schon der Tatsachenvortrag führen, sofern er unter Berücksichtigung aller sonstigen Umstände in dem Sinne „glaubhaft" sei, daß sich das Gericht von seiner Wahrheit überzeugen könne. Die Überzeugungsbildung müsse –

---

[47] So aber Bertrams, DVBl 87, 1181 (1184).
[48] BVerwG, Urt. v. 16. 4. 85, BVerwGE 71, 180 = NVwZ 85, 658 = Buchholz 402.25 § 1 AsylVfG Nr. 32.

wenn nicht anders möglich – in der Weise geschehen, daß sich der Richter schlüssig wird, ob er dem Asylbewerber glaubt.[49]

2. Stellungnahme

a) *Rothkegel*[50] wendet sich vor allem gegen den Begriff der „Überzeugungsgewißheit". Damit vermenge das Bundesverwaltungsgericht Voraussetzungen (Gewißheit bzw. Wahrscheinlichkeit) und Ergebnis (Gewinnen einer Überzeugung) des Vorgangs der Überzeugungsbildung.
Dem kann nach dem hier vertretenen Wahrscheinlichkeitsbegriff nicht gefolgt werden. *Rothkegel* versteht Gewißheit bzw. Wahrscheinlichkeit offenbar als etwas außerhalb der persönlichen Überzeugung Existierendes und legt damit ein objektives Verständis von der Wahrscheinlichkeit zugrunde. Es wurde oben jedoch dargelegt, daß eine objektive, von der subjektiven Vorstellung trennbare Gewißheit oder Wahrscheinlichkeit bei der richterlichen Überzeugungsbildung nicht existiert.[51] Daher ist auch eine Art „voluntativer Akt" der Zweifelsüberwindung,[52] der aus einer wie immer gearteten Gewißheit eine persönliche Überzeugung machen könnte, kaum denkbar. Da die Gewißheit der höchste Grad der subjektiven Erwartung einer Person in Bezug auf die Wahrheit ist, bleibt für eine darüber hinausgehende persönliche Überzeugung nichts mehr übrig. Voluntative Elemente finden bereits bei der Bildung des subjektiven Wahrscheinlichkeitsurteils in die Überzeugungsbildung Eingang.[53] Zurecht sieht das Bundesverwaltungsgericht daher zwischen Überzeugung und Gewißheit keinen Unterschied.

b) Terminologisch ist nicht ganz eindeutig, ob das Bundesverwaltungsgericht von einem objektiven oder subjektiven Wahrscheinlichkeitsbegriff ausgeht. Während die Formulierung „Überzeugung von der Wahrscheinlichkeit" auf eine als Objekt der Überzeugungsbildung verstandene Wahrscheinlichkeit hindeutet, spricht es eher für ein subjektives Verständnis, wenn das Gericht von einem „für wahrscheinlich gehaltenen" Sachverhalt spricht und hierin offenbar keinen sachlichen Unterschied zur zuerst genannten Formulierung sieht.[54] Unabhängig vom wahrscheinlichkeitstheoretischen Ansatz werden jedenfalls die beiden denkbaren Beweismaßalternativen Wahrheit und Wahrscheinlichkeit[55] gegenübergestellt, wobei das Bundesverwal-

---

[49] BVerwG a.a.O.; seitdem st. Rspr.: z. B. BVerwG, Urt. v. 1. 10. 85, Buchholz 402.25 § 1 AsylVfG Nr. 37 = VBlBW 86, 60 m. Anm. Kimminich; Urt. v. 15. 10. 85, Buchholz 402.25 § 1 AsylVfG Nr. 39 = NVwZ 86, 759; Urt. v. 12. 11. 85, Buchholz 402.25 § 1 AsylVfG Nr. 41; Urt. v. 19. 8. 86, DVBl 87, 47 (48).
[50] Rothkegel, in: GK-AsylVfG, II 2 vor § 1 Rdnr. 245.
[51] S. o. 2. Kapitel II.
[52] Nell, Wahrscheinlichkeitsurteile, S. 107.
[53] Nell, Wahrscheinlichkeitsurteile, S. 108.
[54] Dazu, daß es sich bei der richterlichen Überzeugungsbildung nur um subjektive Wahrscheinlichkeit handeln kann, vgl. oben 2. Kapitel II.
[55] Dazu oben 2. Kapitel.

tungsgericht das hohe Beweismaß des Für-Wahr-Haltens nunmehr auch für *Auslandstatsachen* postuliert. Da bislang eine Glaubhaftmachung im Sinne einer überwiegenden Wahrscheinlichkeit für ausreichend erachtet wurde,[56] hat das Bundesverwaltungsgericht also seine Rechtsprechung zum Beweismaß geändert.

c) Das Bundesverwaltungsgericht versteht seine Entscheidung jedoch als Interpretation seiner bisherigen Rechtsprechung zur Glaubhaftmachung. Dem kann nicht gefolgt werden.

Soweit das Gericht sich auf den Grundsatz bezieht, daß nur ein für das praktische Leben brauchbarer Grad von Gewißheit verlangt werden darf,[57] handelt es sich um nichts anderes als die Umschreibung des für den Vollbeweis erforderlichen Regelbeweismaßes. Ausgehend von der Einsicht in die Begrenztheit menschlicher Erkenntnis, verzichtet die allgemeine Ansicht für den Nachweis einer Tatsache auf absolute, unumstößliche Gewißheit. Um überhaupt den Weg zu einer richterlichen Überzeugungsbildung zu ermöglichen, wird volle Überzeugung als sehr hoher Grad von Wahrscheinlichkeit, der keinen vernünftigen Zweifel mehr offenläßt,[58] als für das praktische Leben brauchbarer Grad von Gewißheit[59] oder an Sicherheit grenzende Wahrscheinlichkeit[60] definiert. Die Unbeachtlichkeit allerletzter abstrakter Zweifel stellt daher keine asylspezifische Beweiserleichterung, sondern den Normalfall eines Vollbeweises dar. Legt das Bundesverwaltungsgericht seine frühere Rechtsprechung im Hinblick auf diese allgemeinen Grundsätze aus, setzt es sich in Widerspruch dazu, daß es die Glaubhaftmachung ausdrücklich dem vollen Nachweis entgegengesetzt hatte.[61]

d) Weiter interpretiert das Gericht seine frühere Rechtsprechung dahingehend, daß die Aussage des Asylbewerbers „glaubhaft" sein müsse. „Glaubhaftigkeit" und „Glaubhaftmachung" sind jedoch nicht identisch. Denn die Prüfung, ob ein Vorbringen glaubhaft ist, d.h. ob einer Aussage geglaubt werden kann, ist die in jedem Prozeß übliche Bewertung eines Beweismittels im Rahmen der Beweiswürdigung. Es handelt sich um die tatrichterliche Würdigung eines Personenbeweises bzw. eines Parteivorbringens, die stets die Beurteilung der Glaubhaftigkeit oder besser: der Glaubwürdigkeit des Vortrags voraussetzt.[62] Diese Prüfung gehört nun zur konkreten Beweiswürdigung im engeren Sinne, während die Glaubhaftmachung im Sinne des Urteils vom 29. 11. 1977[63] das hiervon klar zu trennende abstrakte Beweismaß

---

[56] S.o. 3. Kapitel A II.
[57] Im Anschluß an BGH, Urt. v. 17. 2. 70, BGHZ 53, 245 (256) „Anastasia".
[58] RG, Urt. v. 14. 1. 1885, RGZ 15, 338 (339) und st. Rspr. des RG; Grunsky, Grundlagen des Verfahrensrechts, § 43 II 1 S. 450; Kopp, VwGO, § 108 Rdnr. 5; Ule/Laubinger, Verwaltungsverfahrensgesetz, § 27 III 3 a) S. 201.
[59] BGHZ 53, 245 (255f); Thomas/Putzo, ZPO, § 286 Anm. 2 a); Schuhmann/Leipold, in: Stein/Jonas, ZPO, § 286 Anm. I 1 S. 1172.
[60] Stelkens, ZAR 85, 15 (22); Müller, in: Beitz/Wollenschläger, Handbuch Bd. II, S. 387.
[61] S.o. 3. Kapitel II.
[62] Hierzu ausführlich Evers, Begriff und Bedeutung, S. 96ff.
[63] BVerwGE 55, 82ff.

betrifft.[64] Der maßgebliche Unterschied ist daher nicht, daß die Glaubwürdigkeit eher auf die Person, die Glaubhaftmachung mehr auf den Sachvortrag bezogen ist,[65] sondern die Zugehörigkeit zu verschiedenen beweisrechtlichen Phänomenen. Zwar wird nicht verkannt, daß zwischen Glaubwürdigkeit und Glaubhaftmachung insofern ein enger Zusammenhang besteht, als eine überwiegende Wahrscheinlichkeit einer Tatsache mittels eines Sachvortrags kaum begründet werden kann, wenn die Aussage unglaubwürdig ist. Dennoch muß zwischen beiden Begriffen differenziert werden, weil konkrete Beweiswürdigung Tatfrage, das abstrakt-generelle Beweismaß aber Rechtsfrage ist und beide deshalb völlig verschiedenen Regeln unterliegen.[66] Zumindest mißverständlich ist es deshalb, wenn die Glaubhaftmachung im Sinne der früheren Rechtssprechung des Bundesverwaltungsgerichts mit einem schlüssigen, widerspruchsfreien Vorbringen gleichgesetzt wird. Diese Anforderungen beziehen sich auf die Glaubwürdigkeit des Sachvortrags, mithin auf die konkrete Beweiswürdigung, und haben mit dem abstrakt-generellen Beweismaß nichts zu tun.[67]

Damit wird auch deutlich, daß die Kritik von *Marx/Strate/Pfaff* am Urteil vom 16.04.1985 nicht den Kern trifft. Sie meinen, das Bundesverwaltungsgericht stifte methodische Verwirrung, weil es, revisionsrechtliche Hindernisse mit Leichtigkeit überwindend, auf die freie richterliche Beweiswürdigung zugreife.[68] Das Gericht hat jedoch das *Beweismaß* geändert. Dieses ist als abstrakt-generelle Rechtsfrage revisionrechtlich durchaus überprüfbar. Der Ansatzpunkt für eine kritische Würdigung liegt vielmehr darin, daß das Gericht zwar Kontinuität beansprucht, in Wirklichkeit aber die frühere Beweismaßreduzierung aufhebt und Beweiserleichterungen in den Bereich der Beweiswürdigung verlagert.

e) Somit bleibt festzuhalten: Das Bundesverwaltungsgericht hat seine Rechtsprechung zum Beweismaß im Asylrecht geändert[69] und seine Anforderungen verschärft. Nach Ansicht des Gerichts genügt auch für Auslandstatsachen nicht mehr überwiegende Wahrscheinlichkeit (Glaubhaftmachung), sondern nur noch die Überzeugung von der Wahrheit. Beweiserleichterungen wegen der typischen Beweisschwierigkeiten werden allenfalls noch im Rahmen der Beweiswürdigung gewährt.

---

[64] S. o. 1. Kapitel III.
[65] So aber Kleine, Asylerwerb, S. 214.
[66] S. o. 1. Kapitel III.
[67] ähnlich Rothkegel, in: GK-AsylVfG, II 2 vor § 1 Rdnr. 301.
[68] Marx, in: Marx/Strate/Pfaff, AsylVfG, § 1 Rdnr. 236.
[69] Ebenso Bertrams, DVBl 87, 1181 (1186); diese Tatsache bleibt aber unerwähnt in den neueren Kommentierungen von: Marx, in: Marx/Strate/Pfaff, AsylVfG, § 12 Rdnr. 92ff; Kopp, VwGO, § 108 Rdnr. 5; Schiedermair/Wollenschläger, Handbuch des Ausländerrechts, 3 E Rdnr. 54; unklar Rothkegel, in: GK-AsylVfG, II 2 vor § 1 Rdnr. 244.

B. Eigener Lösungsvorschlag

I. Die rechtliche Zulässigkeit des Beweismaßes der überwiegenden Wahrscheinlichkeit

1. Nochmals: Klarstellung des Begriffs der Glaubhaftmachung

Die Änderung der Rechtsprechung des Bundesverwaltungsgerichts wirft die Frage auf, welches Beweismaß bei Berücksichtigung verfassungsrechtlicher Wertungen für asylbegründende Vorgänge im Ausland gelten soll. Es besteht die Wahl zwischen Glaubhaftmachung und voller Überzeugung. Nach der theoretischen Grundlegung können einige Bedenken gegen eine Glaubhaftmachung von vornherein ausgeräumt werden:

a) Glaubhaftmachung im hier verstandenen Sinne bedeutet eine Beweismaßreduktion auf überwiegende Wahrscheinlichkeit. Es geht nicht darum, dem Asylbewerber unter Durchbrechung des Untersuchungsgrundsatzes eine Beweisführungspflicht im Sinne des § 294 ZPO aufzuerlegen.[70]

b) Dem Einwand von *Baumüller*,[71] daß die Asylrechtsfrage mit der Beweisform Glaubhaftmachung in der Regel nicht sachgerecht gelöst werden könne, weil eine klägerbezogene Prognose erforderlich sei, kann so nicht zugestimmt werden. Wie noch näher zu untersuchen sein wird, beziehen sich die Glaubhaftmachung von Tatsachen und die Prognose der Verfolgungsgefahr auf verschiedene Stationen auf dem Weg zur asylrechtlichen Entscheidung. Sie ersetzen sich daher nicht, sondern treten gegebenenfalls kumulativ auf.[72]

c) Genausowenig können die Bedenken geteilt werden, daß die Glaubhaftmachung dem generellen Vorverständnis zu viel Raum gibt, so daß Gesichtspunkte der Staatsräson ohne ausreichende Hinterfragung in die Bewertung mit einfließen.[73] Subjektivität ist ein Element jeder richterlichen Überzeugungsbildung, gleich, welcher Überzeugungsgrad gefordert wird.[74] Außerrechtliche Erwägungen können daher unabhängig vom generell erforderlichen Wahrscheinlichkeitsgrad in die Einzel-

---

[70] Diese Bedenken hat Baumüller, in: GK-AsylVfG, Vorbem. zu § 1 Rdnr. 121 ff, 126 (Vorauflage), der betont, daß die Frage, was der Asylbewerber bei einer Rückkehr zu erwarten habe, allein dem Gericht zur Entscheidung aufgegeben sei, und die „Beweisform" der Glaubhaftmachung nur zur Feststellung einzelner höchstpersönlicher Erlebnisse in der Vergangenheit geeignet sei; zust. Rothkegel, in: GK-AsylVfG, II 2 vor § 1 Rdnr. 255.
[71] Baumüller, in: GK-AsylVfG, Vorbem. zu § 1 Rdnr. 121 (Vorauflage); zust. Hailbronner, Ausländerrecht, F I Rdnr. 930 S. 565.
[72] Dazu unten 5. Kapitel.
[73] Rothkegel, in: GK-AsylVfG, II 2 vor § 1 Rdnr. 264 unter Hinweis auf die Vorauflage; ähnlich Berg, Die verwaltungsrechtliche Entscheidung, S. 117.
[74] S. o. 2. Kapitel II.

würdigung einfließen und zu dem Ergebnis führen, daß der Rechtsanwender diesen Grad nicht für erreicht erachtet.

2. Glaubhaftmachung als Gesetzesverstoß?

a) In der zivilprozessualen Literatur findet sich häufig die Äußerung, daß Glaubhaftmachung nur in den gesetzlich ausdrücklich vorgesehenen Fällen genüge.[75] Darauf wird in der asylrechtlichen Literatur die Ansicht gestützt, es handele sich um eine gesetzlich nicht zulässige Beweisform.[76] Ohne gesetzliche Ermächtigung verstoße diese Beweisform gegen den Vorbehalt des Gesetzes (Art. 20 III GG).[77] Die verwaltungsgerichtliche Rechtsprechung hatte hingegen keine grundsätzlichen Bedenken, in bestimmten Sachgebieten Beweisnot durch eine Beweismaßreduktion Rechnung zu tragen. In Wiedergutmachungssachen reicht nach ständiger Rechtsprechung wegen der Beweisnot der Geschädigten eine überwiegende Wahrscheinlichkeit eines Schadenseintritts aus.[78] Im Kriegsdienstverweigerungsrecht herrscht Einigkeit, daß die Ausübung des Grundrechts aus Art. 4 III GG nicht an unerfüllbaren Beweisanforderungen scheitern darf.[79] Beweiserleichterungen erfolgten in der Rechtsprechung des Bundesverwaltungsgerichts zum einen im Rahmen der Beweiswürdigung, da dem Beweiswert der Erklärungen des Wehrpflichtigen größerer Bedeutung als üblich zugemessen wurde,[80] stets aber auch im Wege einer Beweismaßherabsetzung auf eine hohe Wahrscheinlichkeit.[81] Dieses verminderte Beweismaß wurde vom Bundesverfassungsgericht bestätigt[82] und in § 14 KDVNG übernommen[83]

b) Der Satz, daß der Gesetzgeber für das Asylverfahren die Glaubhaftmachung nicht vorgesehen habe, gilt nicht mehr uneingeschränkt, seit das Asylverfahrensgesetz in § 2 II 2 und § 9 I 2 Nr. 2 n.F. diesen Begriff aufgegriffen hat. Es handelt sich

---

[75] Grunsky, Grundlagen des Verfahrensrechts, § 43 III S. 457; Thomas/Putzo, ZPO, § 294 Anm. 2; Rosenberg/Schwab, Zivilprozeßrecht, § 113 III 1 S. 684; Blomeyer, Zivilprozeßrecht, S. 349; Hartmann, in: Baumbach/Lauterbach, ZPO, § 294 Anm. 1 B S. 870.
[76] Baumüller, NVwZ 82, 222 (225); Rothkegel, in: GK-AsylVfG, II 2 vor § 1 Rdnr. 246; ebenso zum Recht der Wehrdienstverweigerung Berg NJW 73, 1093 (1094); Bertrams, DVBl 87, 1181 (1185).
[77] Rothkegel, in: GK-AsylVfG, II 2 vor § 1 Rdnr. 246, 255.
[78] BVerwG, Urt. v. 16. 5. 56, BVerwGE 3, 317 (319); Urt. v. 3. 10. 58, BVerwGE 14, 246 (250); Urt. v. 25. 3. 71, BVerwGE 38, 10 (14f); hierzu Walter, Freie Beweiswürdigung, S. 219ff.
[79] BVerwG, Urt. v. 3. 10. 58, BVerwGE 7, 242 (248f).
[80] BVerwG, Urt. v. 18. 10. 72, NJW 73, 635 (636) m. krit. Anm. Berg, NJW 73, 1093; Urt. v. 6. 2. 78, BVerwGE 55, 217 (219).
[81] BVerwG, Urt. v. 11. 5. 62, BVerwGE 14, 146 (150); Urt. v. 31. 10. 68, BVerwGE 30, 358; Urt. v. 18. 10. 72, NJW 73, 635.
[82] Vgl. BVerfG, B. v. 13. 10. 78, BVerfGE 48, 127 (166) und die Auslegung dieser Entscheidung durch BVerfG, B. v. 25. 5. 84, NVwZ 84, 447 (448f).
[83] Zur Rechtsprechung zum Kriegsdienstverweigerungsrecht vgl. Eckertz NVwZ 84, 563; Becker DVBl 81, 105 (109); Berg, MDR 74, 793; Bräutigam, Festgabe f. d. BVerwG, S. 5ff.

jedoch um Sonderfälle hinsichtlich der anderweitigen Verfolgungsicherheit, so daß im Regelfall zunächst einmal von den allgemeinen Grundsätzen ausgegangen werden muß.[84] Danach ist das gesetzliche Regelbeweismaß nach § 108 I 1 VwGO die freie richterliche Überzeugung; dieses gilt entsprechend für das Verwaltungsverfahren.[85] Hierunter wird nach allgemeiner Ansicht – unabhängig von den Nuancen in der Formulierung – ein sehr hoher, die begrenzte menschliche Erkenntnisfähigkeit aber berücksichtigender Überzeugungsgrad verstanden.[86] Im übrigen wollte die VwGO insoweit nur selbstverständliche Verfahrensgrundsätze wiedergeben und nicht von dem älteren § 286 I ZPO abweichen, wonach das Gericht nach freier Überzeugung entscheidet, ob eine tatsächliche Behauptung für *wahr* oder *nicht wahr* zu erachten ist.[87]

Dennoch bedeutet die Abweichung vom Gesetzeswortlaut nicht zwingend einen Gesetzesverstoß. Es ist anerkannt, daß eine im Gesetzestext nicht vorgesehene Einschränkung des Anwendungsbereichs einer Norm sich aus deren Sinn und Zweck ergeben kann. In Betracht kommt hier eine teleologische Reduktion.[88] Es ist ein in Art. 3 GG zum Ausdruck kommendes Gebot der Gerechtigkeit, Ungleiches ungleich zu behandeln.[89] Ist eine richterliche Überzeugung im Sinne des hohen Regelbeweismaßes im Sonderbereich des Asylrechts schlechterdings nicht erreichbar, kann es erforderlich sein, den Anwendungsbereich des § 108 I VwGO einzuschränken. Darüber hinaus besteht der Normzweck einer Beweismaßregelung nur vordergründig in der Sachverhaltsfeststellung. Die Tatsachenfeststellung ist aber nicht Selbstzweck, sondern dient der Durchsetzung des materiellen Rechts, hier des Grundrechts auf Asyl.[90] Das verfassungsrechtliche Gebot, dem Grundrecht zur Durchsetzung zu verhelfen, genießt Vorrang vor dem einfachen Gesetzesrecht. Eine teleologische Reduktion des § 108 I VwGO kann daher als verfassungskonforme Rechtsfortbildung geboten sein.[91] Die entstandene Regelungslücke kann durch eine Analogie zu §§ 2 II 2, 9 I 2 Nr. 2 AsylVfG aufgefüllt werden.[92] Diese Normen

---

[84] Das AsylVfG ist nicht abschließend, vgl. Stelkens, ZAR 85, 15 (16 f).

[85] Ule/Laubinger, Verwaltungsverfahrensrecht, § 27 III 3 a) S. 201.

[86] Vgl. statt vieler: Ule, Verwaltungsprozeßrecht, § 27 III 1 S. 272; Eyermann/Fröhler, VwGO, § 108 Rdnr. 4; Kopp, VwGO, § 108 Rdnr. 5; Redeker/v. Oertzen, VwGO § 108 Rdnr. 5; Prütting, Gegenwartsprobleme, S. 79; Überblick über die verwaltungsgerichtliche Rechtsprechung bei: Walter, Freie Beweiswürdigung, S. 114 ff.

[87] Walter, Freie Beweiswürdigung, S. 116 m. w. N. und S. 164.

[88] Larenz, Methodenlehre, S. 334.

[89] Dürig, in: Maunz/Dürig, Komm. z. GG, Art. 3 I Rdnr. 332 ff.; Larenz, Methodenlehre, S. 376.

[90] Walter, Freie Beweiswürdigung, S. 164 f; Prütting, Gegenwartsprobleme, S. 91 f.

[91] Larenz, Methodenlehre, S. 327; für eine verfassungkonforme Auslegung: Prütting, Gegenwartsprobleme, S. 87 f zum Kriegsdienstverweigerungsrecht und BVerfG, B. v. 25. 4. 72, BVerfGE 33, 52 (70); ein Beispiel für verfassungskonforme Auslegung im Asylrecht, ohne den Begriff ausdrücklich zu erwähnen, ist BVerfG, B. v. 2. 5. 84, BVerfGE 67, 43 (61 f) (zu §§ 11, 10 III 2 AsylVfG) m. Anm. Fritz, NVwZ 84, 697.

[92] Zur Analogie als Ausdruck des Gebots, gleichartige Fälle gleich zu behandeln: Larenz, Methodenlehre, S. 376.

reduzieren das Beweismaß für Auslandstatsachen ausdrücklich auf eine überwiegende Wahrscheinlichkeit. Da die Grenzen zwischen Rechtsfortbildung und berichtigender Auslegung fließend sind, ist ein weiterer Ansatzpunkt für eine Korrektur des § 108 VwGO eine verfassungskonforme Auslegung des Begriffs Überzeugung. Hierunter könnten in bestimmten Rechtsbereichen unterschiedliche Überzeugunggrade zu verstehen sein. Unabhängig von der Wahl des methodischen Weges ist jedenfalls nicht ersichtlich, warum die bei anderen asylverfahrensrechtlichen Regelungen besonders häufig herangezogene verfassungskonforme Auslegung bzw. Rechtsfortbildung gerade beim Beweismaß nicht möglich sein soll.[93]

Im folgenden soll deshalb erörtert werden, ob die beschriebene, als grundsätzlich zulässig erkannte teleologische Reduktion im Asylrecht, konkret: bei der tatsächlichen Feststellung der im Ausland entstandenen Asylgründe, aus verfassungsrechtlichen Gründen geboten ist.

II. Grundrechtsschutz und Verfahren

1. Asylrecht und Verfahren

a) Der Grundrechtscharakter des Asylrechts

Der heute allgemein anerkannte Grundrechtscharakter des Asylrechts ergibt sich vor allem aus der systematischen Stellung des Art. 16 II 2 GG im Grundrechtskatalog im Anschluß an Art. 1 III GG, aus der ausdrücklichen Benennung als Grundrecht in Art. 18 S. 1 GG und aus der Entstehungsgeschichte.[94] Hieraus folgt nach herrschender Meinung ein individueller, subjektiv-öffentlicher Rechtsanspruch auf Asylgewährung.[95]

b) Das Anerkennungsverfahren
(1) Das Asylrecht wird plastisch ein „verwaltetes Grundrecht" genannt.[96] Nach der geltenden Rechtslage gelangt nur derjenige in den Genuß des Asylrechts, der ein mit der positiven Feststellung seiner Asylberechtigung abschließendes Anerkennungs-

---

[93] Dazu, daß das Beweismaß nicht aus rechtslogischen Gründen oder wegen eines Verstoßes gegen die Freiheit der Beweiswürdigung unveränderlich ist: Prütting, Gegenwartsprobleme, S. 88 ff gegen Greger, Beweis und Wahrscheinlichkeit, S. 122 ff.
[94] Vgl. statt vieler: v. Pollern, Das moderne Asylrecht, S. 267, und zu den vereinzelt anderslautenden früheren Ansichten S. 266; Lerche, in: Festschrift für Arndt, S. 199.
[95] Vgl. BVerfG, B. v. 25. 2. 81, BVerfGE 56, 216 (235); B. v. 2. 7. 80, BVerfGE 54, 341 (356); BVerwG, Urt. v. 7. 10. 75, BVerwGE 49, 202 (207 f); aus der Literatur statt vieler: Kimminich, Bonner Kommentar, Art. 16 II Rdnr. 148 ff m.w.N.; kritisch aber Doehring, Festschrift für Carstens, S. 531 f; Quaritsch, Recht auf Asyl, S. 15 f, nach deren Ansicht der Grundgesetztext auch eine Auslegung als Anspruch auf pflichtgemäße Ermessensausübung erlaubt.
[96] Zuerst wohl von Kimminich, z. B. in: Festgabe f. d. BVerwG, 371 (371).

verfahren durchlaufen hat (§§ 6ff AsylVfG). Die Rechtsordnung geht von einer Asylberechtigung erst nach einer – grundsätzlich verbindlichen – Statusentscheidung aus;[97] vorher hat der Asylbewerber nur die Rechte, die erforderlich sind, um sein möglicherweise gegebenes Asylrecht nicht vor einer abschließenden Entscheidung zu gefährden, insbesondere ein vorläufiges Bleiberecht bis zum Abschluß des Asylverfahrens (§ 20 AsylVfG).[98]

Obwohl Art. 16 II 2 GG keinen Gesetzes- und Regelungsvorbehalt enthält, wurde die Verfassungsmäßigkeit eines Anerkennungsverfahrens nicht ernsthaft bestritten.[99] *Gusy* untersucht eingehend die Zulässigkeit des Asylverfahrens und kommt zu dem Ergebnis, daß es zwar einschränkend wirkt, eine präventive Kontrolle zur Verhinderung einer ungehinderten Aufenthaltsnahme aber durch vorrangige verfassungsrechtliche Wertungen gerechtfertigt werden kann. Solche öffentlichen Interessen sieht er im Hinblick auf das Asylrecht beispielsweise in einem Schutz vor Belastung des Arbeitsmarktes, vor Überlastung des Systems der sozialen Sicherheit und Fürsorge und der Bewahrung der guten Beziehungen zum Ausland.[100] Auch *Held* sieht das Anerkennungsverfahren als Beschränkung.[101] Das Asylrecht sei kein per se verfahrensabhängiges Grundrecht. Die Notwendigkeit des Verfahrens ergebe sich erst aus der großen Zahl der Antragsteller.[102] Er versteht daher das Anerkennungserfordernis als Verbot mit Erlaubnisvorbehalt.[103]

Das Bundesverfassungsgericht meinte ebenfalls, es bestehe ein dringendes Interesse der Rechtsordnung an einer Statusentscheidung, damit nicht in jedem entscheidungserheblichen Fall das Asylrecht einer neuen Feststellung bedürfe. Es betonte aber, daß ein solches Verfahren das Asylrecht nicht beschränke, sondern regele.[104]

(2) Es soll nicht bestritten werden, daß gewichtige öffentliche Interessen für ein Anerkennungsverfahren sprechen. Dennoch liegt hierin nicht der entscheidende Gesichtspunkt. Denn es geht bei der Verfahrensdurchführung nicht um eine Einschränkung des Asylrechts, etwa aufgrund irgendwelcher verfassungsimmanenten Schranken. Das Verfahrenserfordernis ergibt sich vielmehr aus dem Wesen des Asylrechts selbst. Denn Art. 16 II 2 GG gibt kein freies Einreiserecht, sondern Asylschutz und setzt damit politische Verfolgung zwingend voraus. Das Asylrecht knüpft nicht wie die meisten anderen Immaterialgrundrechte an das „Menschsein" als solches an, sondern an eine bestimmte Eigenschaft. Das Grundrecht auf Asyl setzt deshalb begriffsnotwendig die Abgrenzung des berechtigten Personenkreises

---

[97] Vgl. § 18 AsylVfG, BVerfG, B. v. 20. 4. 82, BVerfGE 60, 253 (294f).
[98] BVerfG, B. v. 2. 5. 84, BVerfGE 67, 43 (56).
[99] Vgl. aber Heine, in: ai, Bewährungsprobe, S. 469; Ehlers, Frankfurter Hefte 1981, Heft 10 S. 32.
[100] Gusy, Asylrecht und Asylverfahren, S. 264ff.
[101] Held, Der Grundrechtsbezug des Verwaltungsverfahrens, S. 162ff.
[102] Held, Der Grundrechtsbezug des Verwaltungsverfahrens, S. 167.
[103] Held, Der Grundrechtsbezug des Verwaltungsverfahrens, S. 163; kritisch Rottmann, Der Staat 1984, 337 (359).
[104] BVerfG, B. v. 20. 4. 82, BVerfGE 60, 253 (295).

von den nichtberechtigten Asylprätendenten voraus. Ein Verzicht auf eine Überprüfung der politischen Verfolgung würde das Asylrecht zu einem allgemeinen Einreise- und Aufenthaltsrecht für Ausländer denaturieren. Somit handelt es sich weder um eine dem präventiven Verbot mit Erlaubnisvorbehalt vergleichbare Konstellation, noch um eine Einschränkung des Asylrechts durch einen, aufgrund vorrangiger öffentlicher Interessen eingeführten einfachgesetzlichen Genehmigungsvorbehalt.[105] Es wird nicht eine im Normalfall gegebene, natürliche Handlungsfreiheit nach Überprüfung der Modalitäten der Freiheitsausübung *wieder*hergestellt.[106] Vielmehr geht es um die Feststellung, *ob* eine Grundrechtsträgerschaft überhaupt besteht. Der „Verfahrensvorbehalt"[107] des Asylrechts ergibt sich aus dem Tatbestand des Art. 16 II 2 GG selbst.[108]

(3) Steht damit die Verfassungsmäßigkeit der „gesetzesdeterminierten Verfahrensakzessorietät"[109] im Grundsatz außer Zweifel, so ergibt sich daraus ein spezifisches Spannungsverhältnis zwischen Grundrechtsgewährleistung und Verfahren.[110] Nach dem Wortlaut des Art. 16 II 2 GG steht das Asylrecht dem politisch Verfolgten unmittelbar von Verfassungs wegen zu. Es setzt Tatbestandserfüllung, jedoch keinen staatlichen Verleihungsakt voraus. Die Anerkennung wirkt nach herrschender Meinung nicht konstitutiv, sondern bestätigt allenfalls deklaratorisch einen verfassungsrechtlich vorgegebenen Status.[111] Dennoch wird das Verfahren dadurch, daß das Asylrecht auf ein organisatorisches und verfahrensrechtliches Instrumentarium angewiesen ist, grundrechtsermöglichend; das Asylrecht kann nur im und durch Verfahren seine Verwirklichung finden.[112] Die Grundrechtsausübung ist an staatliche Mitwirkung gebunden. Der Anspruch auf Asyl wird erst erfüllt, wenn sein Bestehen durch einen Feststellungsakt dokumentiert worden ist.[113] Damit erlangt das Anerkennungsverfahren eine *faktisch* konstitutive Wirkung; es wird mit der Anerkennung gleichsam zugeteilt.[114] Diese enge Verbindung zwischen Grundrechtseffektuierung und Verfahren stellt besondere Anforderungen an die Verfahrensgestaltung (dazu sogleich).

---

[105] Ress, in: Rüfner, Recht und Gesetz im Dialog II S. 131 (151); Rothkegel, in: GK-AsylVfG, II 2 vor § 1 Rdnr. 1; a. A. Gusy, Asylrecht und Asylverfahren, S. 266.
[106] Zum Begriff des Verbots mit Erlaubnisvorbehalt vgl. statt vieler: Peschau, Beweislast, S. 104 ff; Schwabe, JuS 73, 133 ff.
[107] BVerfG, B. v. 20. 4. 82, BVerfGE 60, 253 (295); Ress, in: Rüfner, Recht und Gesetz im Dialog II, S. 131 (147).
[108] Ebenso Bethge, NJW 82, 1 (5); Rottmann, Der Staat 1984, 337 (345).
[109] Bethge, NJW 81, 1 (5).
[110] Ausführlich Rothkegel, in: GK-AsylVfG, II 2 vor § 1 Rdnr. 1 ff.
[111] Vgl. statt vieler: Renner, NVwZ 83, 649 (653) und unten 6. Kapitel II. 2.
[112] Bethge, NJW 82, 1 (5); v. Mutius, NJW 82, 2150 (2157).
[113] Renner, NVwZ 83, 649 (653); Gusy, Asylrecht und Asylverfahren, S. 263.
[114] Ossenbühl, DÖV 81, 1 (5); Gusy, Asylrecht und Asylverfahren, S. 263; Ress, in: Rüfner, Recht und Gesetz im Dialog II, S. 131 (147); BVerfG, B. v. 20. 4. 82, BVerfGE 60, 253 (295): „gleichsam konstitutive Wirkung".

2. Grundrechtsschutz durch Verfahren

a) Zur Rechtsprechung des Bundesverfassungsgerichts

(1) Der Grundsatz vom Grundrechtsschutz durch Verfahren ist juristisches Allgemeingut. Das Bundesverfassungsgericht geht in ständiger Rechtsprechung davon aus, daß sich bereits aus den materiell-rechtlichen Grundrechtsverbürgungen Verfahrensrechte herleiten lassen. Den Grundgedanken dieser Rechtsprechung verdeutlichte *Böhmer* in seiner insoweit ergänzenden Begründung zu BVerfGE 49, 220:[115] Das Verfahrensrecht ist das Mittel zur Durchsetzung der verfassungsrechtlichen Grundentscheidungen. Die staatlichen Organe haben nicht nur die Pflicht, die materiellen Grundrechte zu beachten, sondern müssen ihnen auch durch eine entsprechende Verfahrensgestaltung Wirksamkeit verschaffen. Wenn das Verfahrensrecht nicht auf die Effektuierung der Grundrechte ausgerichtet ist, könne deren substantieller Gehalt beeinträchtigt werden. Im Grunde sei ein ordnungsgemäßes Verfahren die einzige Möglichkeit Grundrechte durchzusetzen.

Konkret hat das Bundesverfassungsgericht zunächst das Gebot des effektiven Rechtsschutzes einschließlich eines Anspruchs auf faire Verfahrensführung als wesentliches Element der Grundrechte erkannt.[116] Der gerichtlichen Durchsetzung des materiellen Anspruchs dürfen keine unangemessen hohe Verfahrensanforderung in den Weg gelegt werden.[117] Später übertrug das Bundesverfassungsgericht diese Grundsätze auf das Verwaltungsverfahren und betonte den Einfluß der Grundrechte auf die Gestaltung von Verfahrensvorschriften.[118] Zwar sei nicht jeder Verfahrensfehler eine Grundrechtsverletzung, eine solche komme aber in Betracht, wenn die Behörde solche Verfahrensvorschriften außer Acht lasse, die der Staat in Erfüllung seiner Pflicht zu effektivem Grundrechtsschutz erlassen habe.[119]

Die hier interessierende beweisrechtliche Problematik sprach das Gericht in seiner Entscheidung zum Arzthaftungsrecht[120] an, die wegen ihrer spezifisch zivilprozessualen Thematik jedoch nur begrenzt auf das Asylrecht übertragbar ist. Die die Entscheidung nicht tragende Ansicht geht davon aus, daß im vorliegenden Fall die Überbürdung der Beweislast auf den geschädigten Patienten gegen den Gleichheits-

---

[115] Böhmer, Sondervotum zu BVerfG, B. v. 27. 9. 78, BVerfGE 49, 220 (235).
[116] BVerfG, Urt. v. 18. 12. 68, BVerfGE 24, 367 (401); B. v. 3. 7. 73, BVerfGE 35, 348 (370); B. v. 23. 4. 74, BVerfGE 37, 132 (141); B. v. 7. 12. 77, BVerfGE 46, 325 (334); B. v. 27. 9. 78, BVerfGE 49, 220 (225).
[117] BVerfG, B. v. 16. 1. 80, BVerfGE 53, 115 (128).
[118] BVerfG, B. v. 7. 12. 77, BVerfGE 52, 380 (390); B. v. 20. 12. 79, BVerfGE 53, 31 (65) „Mühlheim-Kärlich"; ausführlich Held, Der Grundrechtsbezug des Verwaltungsverfahrens, S. 80 ff.
[119] BVerfGE 53, 31 (66), mit der Folge einer Antrags- und Klagebefugnis Dritter.
[120] BVerfG, B. v. 25. 7. 79, BVerfGE 52, 131, mit Stimmengleichheit ergangen; dazu Stürner, NJW 79, 2334; Peschau, Beweislast, S. 99 ff.

satz (Art. 3 I GG) und das Rechtsstaatsprinzip (Art. 20 II, III GG in Verbindung mit Art. 2 I GG) verstieß. Der Gleichheitssatz erfordere grundsätzliche Waffengleichheit im Prozeß und gleichmäßige Verteilung des Risikos am Verfahrensausgang. Der Richter habe durch eine entsprechende Verfahrensgestaltung den materiellen Inhalten der Verfassung Geltung zu verschaffen. Hierzu gehöre die faire Handhabung des Beweisrechts, insbesondere der Beweislastregeln, die im Schnittpunkt von sachlichem und Verfahrensrecht stünden. Grundsätzlich wurde in Beweiserleichterungen bis hin zur Beweislastumkehr ein geeignetes Instrumentarium für eine faire Verfahrensdurchführung gesehen. Ausgehend von der typischen Beweisnot des geschädigten Patienten im Artzhaftungsprozeß muß es nach dieser Auffassung verfassungsrechtlichen Bedenken begegnen, die Beweislast für ein bestimmtes Vorbringen generell einer Seite aufzubürden, die typischerweise nicht in der Lage ist, den erforderlichen Beweis zu erbringen.[121]

Demgegenüber läßt die die Entscheidung tragende Auffassung offen, ob und inwieweit in speziellen Verfahren, die unmittelbar auf Eingriffe in den grundrechtlichen Freiheitsraum des Bürgers mit Hilfe staatlicher Gewalt abzielen oder der Abwehr solcher Eingriffe dienen, besondere Anforderungen an die Handhabung des prozeßrechtlichen Instrumentariums durch das Gericht im Hinblick auf die verfassungsrechtliche Gewährleistung des Grundrechts zu stellen sind. Diese Ansicht lehnt aber ab, aus dem Begriff der prozessualen Waffengleichheit für das zivilprozessuale Erkenntnisverfahren im Hinblick auf das Beweisrecht besondere verfassungsrechtliche Folgerungen herzuleiten.[122]

Für das Asylrecht hat das Bundesverfassungsgericht die Verfahrensrelevanz des Art. 16 II 2 GG mehrfach betont. Es geht von der gefestigten Rechtsprechung aus, daß Grundrechtschutz weitgehend auch durch die Gestaltung des Verfahrens zu bewirken ist und die Grundrechte demgemäß nicht nur das gesamte materielle Recht, sondern auch das Verfahrensrecht beeinflussen, soweit es für einen effektiven Grundrechtsschutz von Bedeutung ist.[123] Das materielle Asylrecht bedürfe zu seiner wirksamen Durchsetzung geeigneter Organisations- und Verfahrensregelungen sowie grundrechtskonformer Anwendung des Verfahrensrechts.[124] Das Asylverfahrensrecht sei daher von verfassungsrechtlicher Relevanz.[125] Da der Gesetzgeber seiner Aufgabe, eine dem Asylgrundrecht angemessene Verfahrensregelung zu treffen, durch die Einführung eines Anerkennungsverfahrens nachgekommen sei und diese Verfahrensvorschriften nach dem Willen des Gesetzgebers den Bestand des Asylrechts grundlegend sichern, wurde ein Verstoß gegen die dort vorgesehene Kompe-

---

[121] BVerfGE 52, 131 (144 f.).
[122] BVerfGE 52, 131 (156).
[123] BVerfG, B. v. 14. 11. 79, BVerfGE 52, 391 (407) zur Sachverhaltsaufklärungspflicht des OLG in Auslieferungsverfahren; BVerfG, B. v. 12. 7. 83, BVerfGE 65, 76 zu § 32 V 1 und VIII AsylVfG.
[124] BVerfG, B. v. 25. 2. 81, BVerfGE 56, 216 (236).
[125] BVerfG, B. v. 12. 7. 83, BVerfGE 65, 76 (94).

tenzregelung zugunsten des Bundesamtes für Anerkennung ausländischer Flüchtlinge als Eingriff in den Schutzbereich des Art. 16 II 2 GG betrachtet.[126]

(2) Der methodische Ansatz des Bundesverfassungsgerichts ist in der Literatur umstritten. Die Einschätzung hängt wohl letztlich davon ab, ob die Grundrechte als Teilhaberechte, insbesondere als Vermittler eines status activus processualis verstanden werden.[127] Sieht man die Grundrechte als reale Ausübungsberechtigungen, die geeignet sind, Rechte auf prozessuale Teilhabe zu vermitteln,[128] läßt sich die These des Bundesverfassungsgerichts ohne weiteres begründen: Positiv verstandene Grundrechte bedürfen organisatorischer Vorkehrungen und vermitteln verfahrensrechtliche Ansprüche auf Schutz durch und Teilhabe am Verfahren.[128] Die kritischen Stimmen halten demgegenüber die verfahrensrechtliche Grundrechtsdimension für überflüssig bzw. für subsidiär. Der Rechtsschutz als solcher und die Rechte im Verfahren ergäben sich hinreichend aus den Prozeßgrundrechten (Art. 19 IV, 101 ff GG) und dem Rechtsstaatsprinzip; der Gleichheitssatz garantiere die verfahrensrechtliche Waffengleichheit, das Demokratieprinzip die Teilhaberechte und das Sozialstaatsprinzip die Betreuung im Verfahren.[130] Verwaltung und Gerichte seien schon gemäß Art. 1 III GG an die Grundrechte gebunden. Nicht zuletzt verbiete das Gebot der Achtung der Menschenwürde, den Bürger zum Objekt des Verfahrens zu machen.[131] Schließlich wird auf das Fehlen jeglicher Begründung[132] und die Gefahr hingewiesen, daß durch die verfassungsrechtliche Überhöhung des einfachen Verfahrensrechts die Grundrechte nurmehr nach Maßgabe des einfachen Rechts und der ihm vom Gesetzgeber beigemessenen Bedeutung existieren.[133]

(3) Im Asylrecht gilt der Satz, daß Verfahren die einzige Möglichkeit zur Grundrechtseffektuierung ist, uneingeschränkt. Zumindest in diesem Bereich erfordert meines Erachtens die besondere Wechselwirkung von Verfahren und Grundrechtsgewährleistung eine teleologisch-funktionale Grundrechtsinterpretation im Hinblick auf das Verfahrensrecht.[134]

Im Grunde aber muß der Streit hier nicht entschieden werden. Da die Existenz des Grundrechts von der richtigen Verfahrensgestaltung abhängt, herrscht unabhängig vom grundrechtstheoretischen Ansatz Einigkeit, daß die verfassungsrechtlichen

---

[126] BVerfG, B. v. 25. 2. 81, BVerfGE 56, 216 (238, 242).
[127] Häberle, VVDStRL 30 (1972) 43 (81 ff); vgl. auch Lerche, in: Lerche/Schmitt Glaeser/Schmidt-Aßmann, Verfahren als staats- und verwaltungsrechtliche Kategorie, S. 103 ff m. w. N.; für das Asylrecht: Rothkegel, in: GK-AsylVfG, II 2 vor § 1 Rdnr. 57 ff.
[128] Häberle, Verfassung als öffentlicher Prozeß, S. 680; ders., VVDStRL 30 (1972) 43 (81).
[129] Vgl. v.Mutius, NJW 82, 2150 (2156); Redeker, NJW 80, 1593 ff; Ress, in: Rüfner, Recht und Gesetz im Dialog II, S. 131 (149 Fn. 59).
[130] Bethge, NJW 82, 1 (7); Laubinger, VerwArch 73 (1982), 60 (80 ff); Ossenbühl, NVwZ 82, 465 (467).
[131] Laubinger, VerwArch 72, 60 (82); Ossenbühl, NVwZ 82, 465 (467).
[132] Laubinger, VerwArch 70, 60 (83).
[133] Dolde, NVwZ 82, 65 (69 f); Held, Der Grundrechtsbezug des Verwaltungsverfahrens, S. 106 ff.
[134] Ebenso Kilian, in: Konrad, Grundrechtsschutz durch Verfahren, S. 71 (107).

Anforderungen an das Asylverfahren besonders hoch sind. Darüber hinaus betrifft die Beweismaßreduzierung im Asylrecht keine Frage, zu deren Beantwortung die Grundrechtsinterpretation des Bundesverfassungsgerichts neue Wege öffnet. Da der Gesetzgeber seinen Handlungsauftrag durch die Schaffung des Bundesamtes für die Anerkennung ausländischer Flüchtlinge und den Erlaß des Asylverfahrensgesetzes erfüllt hat, geht es nicht um einen Anspruch auf Verfahren und Verfahrensteilhabe. Genausowenig müssen Verfahrensrechte zur Begründung subjektiver Rechte nutzbar gemacht werden. Daher stellt sich nicht das Problem, ob der Gesetzgeber das allgemeine Prozeßrecht, hier konkret § 108 I VwGO, auch zum Schutz von Grundrechten erlassen hat, so daß ein Verstoß gegen diese Norm eine Grundrechtsverletzung darstellt. Vielmehr ist die Fragestellung hier genau umgekehrt, ob nämlich das Grundrecht einen „Verstoß", d.h. eine Abweichung von der allgemeinen Regelung, erfordert. Hier handelt es sich um nichts anderes als die Auslegung einfachen Gesetzesrechts im Lichte der Verfassung. Insoweit herrscht über den Einfluß der Grundrechte auf die Handhabung des Verfahrensrechts Einigkeit, sei es, daß dies aus der umfassenden Grundrechtsbindung der Staatsgewalt nach Art. 1 III GG folgt, sei es, daß dies ein Element der materiellen Grundrechtsverbürgung selbst ist. Das Verfahrensrecht hat nach allen Ansichten dienende Funktion, es soll eine Richtigkeitsgewähr bieten und dem materiellen Recht zur Durchsetzung verhelfen.

b) Die Konsequenzen für das Beweismaß

Es bietet sich an, aus der Verfahrensrelevanz der Grundrechte ohne weiteres auf das Erfordernis einer Beweismaßreduzierung zu schließen, denn je leichter der Nachweis, desto eher kann das Asylrecht verwirklicht werden. Diese Folgerung wäre jedoch voreilig:

(1) Das Bundesverfassungsgericht hat keine Pflicht zur *optimalen* verfahrensmäßigen Sicherung der Grundrechte entwickelt.[135] Gerade im Asylrecht betonte das Gericht, daß Verfahren auch anderen Zwecken, wie zum Beispiel der Abwehr unberechtigter Asylbegehren und der Rechtssicherheit, dient.[136] Die bestmögliche Grundrechtsdurchsetzung wäre nur durch die vollständige Außerachtlassung dieser weiteren Verfahrensziele zu erreichen. So müßte angesichts des stets gegebenen Irrtumsrisikos auf eine Mißbrauchsprüfung oder einen rechtskräftigen Verfahrensabschluß konsequenterweise ganz verzichtet werden. Die Ausgestaltung des Verfahrens dient aber neben der Grundrechtseffektuierung auch der Lösung von Interessenkonflikten und der Herstellung praktischer Konkordanz zwischen Verfassungswerten.[137]

---

[135] Dolde, NVwZ 82, 65 (70); a.A. Kimminich, Bonner Kommentar, Art. 16 Rdnr. 366; Rothkegel, in: GK-AsylVfG, II 2 vor § 1 Rdnr. 2.
[136] BVerfG, B. v. 20. 4. 82, BVerfGE 60, 253 (267, 297) zur Zurechnung des Anwaltsverschuldens.
[137] Dolde NVwZ 82, 65 (70).

(2) Das Bundesverfassungsgericht hat aus den materiellen Grundrechten nur allgemeine Prinzipien und Verfahrensmaximen entwickelt, deren zwangsläufige Unbestimmtheit zu differenzierten Einzelanalysen verpflichtet.[138] Im Asylrecht ist das Gericht von einem weiten Gestaltungsspielraum des Gesetzgebers ausgegangen, weil sich aus den materiellen Grundrechten nur elementare, rechtsstaatlich unverzichtbare Verfahrensanforderungen ableiten ließen. Es sei größte Zurückhaltung geboten, aus materiellen Grundrechten und Gewährleistungen besondere, von den allgemeinen Verfahrensordnungen des gerichtlichen Verfahrens abweichende Regelungen für die Durchsetzung dieser Grundrechte herzuleiten.[139] Auch in seiner Entscheidung zum Beweisrecht lehnte das Gericht konkrete normative Folgerungen aus dem Verfassungsrecht für die Ausgestaltung des Verfahrens ab.[140] Mit *Bethge* kann daher der Grundsatz des Grundrechtsschutzes durch Verfahren vor allem als signalhafte, aber generalformelartige Bezeichnung für Trends und Tendenzen gesehen werden.[141]

(3) Daraus folgt für die Frage einer Beweismaßreduzierung:
Unstritig darf die Rechtsdurchsetzung nicht an unerfüllbaren Beweisanforderungen scheitern. Daher ist überwiegend anerkannt, daß der Typizität und Regelmäßigkeit des Beweismangels im Asylrecht[142] durch irgendeine Art von Beweiserleichterungen Rechnung getragen werden muß.[143] Ob die Verfassung aber gerade eine Reduzierung des *Beweismaßes* zwingend erfordert, kann sich erst nach einer Gesamtanalyse der beweisrechtlichen Situation des Asylbewerbers ergeben.[144] Die Herabminderung der Beweisstärke liegt zwar auf der Linie der Rechtsprechung des Bundesverfassungsgerichts und kommt der Verfassungsmaxime, daß Verfahren Grundrechtseffektuierung nicht verhindern, sondern ermöglichen soll, entgegen. Dennoch ist zu bedenken, daß das Beweisrecht ein Gesamtkomplex ist, der zwar theoretisch klar in Beweismaß, Beweiswürdigung i.e.S., Beweislast und materiellrechtliche Auslegung aufgegliedert werden kann, dessen Einzelelemente aber in der Praxis bei der konkreten Entscheidungsfindung kaum trennbar sind. Daher können verfassungsrechtliche Defizite oder Bedenken in Bezug auf die Beweisstärke über Beweiserleichterungen im Bereich der Beweiswürdigung i.e.S. oder die Beweislast ausgeglichen werden. Maßgeblich für die Beantwortung der Frage nach der Verminderung der Beweisstärke ist, ob eine Gesamtschau des Beweisrechts ergibt, daß die verfassungsrechtlich gebotene Durchsetzbarkeit des Asylgrundrechts angesichts der

---

[138] Bethge, NJW 82, 1 (2).
[139] BVerfG, B. v. 20. 4. 82, BVerfGE 60, 253 (295f, 298); zust. Ress, in: Rüfner, Recht und Gesetz im Dialog II, S. 131 (151f); a.A. Rothkegel, in: GK-AsylVfG, II 2 vor § 1 Rdnr. 3ff.
[140] S.o. bei Fn. 122; soweit die nicht tragende Auffassung beweisrechtliche Details anspricht, sind diese Formulierungen bedenklich, dazu unten 8. Kapitel VII 2 Fn. 120.
[141] Bethge, NJW 82, 1 (2).
[142] S.o. 1. Kapitel II.
[143] Rothkegel, in: GK-AsylVfG, II 2 vor § 1 Rdnr. 247f.
[144] Gegen Pauschalierungen auch: Ress, in: Rüfner, Recht und Gesetz im Dialog II, S. 131 (146).

typischen Beweisnot in zumutbarer und verfahrensrechtlich gesicherter Weise ohne eine Beweismaßreduzierung nicht gewährleistet ist.

III. Der Untersuchungsgrundsatz als Beweiserleichterung?

1. Die Grundlagen

Eine Beweismaßreduktion wäre entbehrlich, wenn die außerordentlichen Beweisschwierigkeiten, denen der Asylsuchende gegenübersteht, durch den im Asylverfahren und -prozeß geltenden Untersuchungsgrundsatz (§ 12 I AsylVfG, § 24 I VwVfG, § 86 I VwGO) in einer dem Gebot der Grundrechtseffektuierung durch Verfahren gerecht werdenden Weise überwunden werden können. Anders als unter Geltung der Verhandlungsmaxime ist das Gericht oder die Behörde nicht vom Sachvorbringen der Parteien abhängig, sondern beschafft ohne Bindung an eine Initiative der Beteiligten in alleiniger Verantwortung das Tatsachenmaterial und erhebt die erforderlichen Beweise.[145] Dementsprechend gibt es im Verwaltungsverfahren und -prozeß grundsätzlich keine *subjektive* (formelle) Beweislast (Beweisführungslast), d.h. keine Verpflichtung der Partei, zur Meidung des Prozeßverlustes durch eigene Tätigkeit den Beweis einer streitigen Tatsache zu führen,[146] und keine *Behauptungslast* (Darlegungs-, Argumentations-, Erklärungslast), d.h. keine Verpflichtung, konkrete Tatsachenbehauptungen aufzustellen, deren Subsumtion die Zuerkennung der begehrten Rechtsfolge rechtfertigt.[147] Ausgehend von dieser Rechtslage meint *Berg*, daß im Verwaltungsprozeß nicht die Partei, sondern nur das Gericht in Beweisnot geraten könne. Dieser Aussage muß in Anbetracht des tatsächlichen Geltungsumfangs des Untersuchungsgrundsatzes im Asylrecht widersprochen werden.

2. Die faktischen Grenzen des Untersuchungsgrundsatzes

Es liegt auf der Hand, daß der Untersuchungsgrundsatz im Asylrecht rein faktisch besonders schnell an seine Grenzen stößt. Die Probleme der Sachverhaltsaufklärung wurden bereits ausführlich geschildert.[148] Besonders der Auslandsbezug jedes Asylfalles und die Notwendigkeit, eines von zahllosen, regelmäßig anonymen Einzelschicksalen umfassend aufzuklären, machen Gerichte und Behörden in hohem Maße von der Mitwirkung des Asylantragstellers abhängig. In der Regel geben

---

[145] Leipold, in: Stein/Jonas, ZPO, Vorbem. zu § 128 Anm. B V Rdnr. 75, 86; Kropshofer, Untersuchungsgrundsatz, S. 18, 69.
[146] Rosenberg/Schwab, Zivilprozeßrecht, § 118 I 2 b S. 715.
[147] Prütting, Gegenwartsprobleme, S. 44, 47; Rosenberg/Schwab, ZPO, § 118 IV S. 724; Tietgen, Gutachten, S. 35; Bettermann, Gutachten, S. 36.
[148] S. o. 1. Kapitel II.

erst der Sachvortrag des Asylbewerbers und die von ihm benannten Beweismittel Gericht und Behörden Anhaltspunkte, welche Richtung die Sachverhaltermittlung einschlagen muß und welche Beweise erhoben werden können.[149] Hierdurch wird der Asylbewerber zwar wie beim Verhandlungsgrundsatz zu erheblichen Aktivitäten zur Tatsachenbeschaffung gezwungen, wenn er die Antrags- bzw. Klagabweisung vermeiden will. Dies ist nun aber eine rein tatsächliche Grenze der Inquisitionsmaxime, die in jedem Verfahren, im Asylrecht nur besonders deutlich auftritt: Die Rechtsfindung ist einem fremden Dritten aufgegeben.[150] Der anfängliche Informationsmangel des Rechtsanwenders muß durch eigene Tätigkeit der Parteien behoben werden, um nicht u. U. ein im Tatsächlichen unrichtiges Urteil zu erhalten.[151]

3. Die rechtliche Begrenzung des Untersuchungsgrundsatzes

Die verwaltungs- und verfassungsrechtliche Rechtsprechung geht kontinuierlich von einer *Darlegungs-* oder *Nachweislast* des Asylbewerbers aus.[152] Einerseits ist mit diesem Begriff die objektive Beweislast angesprochen (dazu unten zweiter Teil). Er deutet aber auch eine Behauptungs- oder Beweisführungslast des Asylbewerbers und damit eine Einschränkung des Untersuchungsgrundsatzes an.

Hierbei ist unter dem Begriff der *Last* nicht das oben angesprochene Risiko des Prozeßverlustes bei Untätigkeit zu verstehen, sondern eine Verpflichtung, deren Vernachlässigung zwingend in einen prozessualen Nachteil umschlägt, in der Regel also zum Prozeßverlust führt.[153] Das Kennzeichen der Behauptungs- und Beweisführungslast ist, daß das Gericht prozeßrechtlich gehindert ist, die entsprechende Behauptung oder das Beweismittel von sich aus in den Prozeß einzuführen.[154]

a) Untersuchungsgrundsatz und Mitwirkungspflichten

Die Antwort auf die Frage, ob die Darlegungslast im Sinne einer echten prozessualen Last verstanden werden muß, könnte sich zunächst aus der gesetzlichen Verpflichtung des Asylbewerbers zur Mitwirkung an der Sachverhaltsaufklärung ergeben. Das Asylverfahrensgesetz hat die allgemeinen Mitwirkungspflichten nach § 26 II VwVfG, § 86 I 1 Halbsatz 2 VwGO konkretisiert und intensiviert (§§ 8 II, 12 I 2, 3 AsylVfG, vgl. auch § 33 AsylVfG). Die generellen Mitwirkungspflichten begrenzen nach wohl überwiegender Ansicht den Untersuchungsgrundsatz nicht.[155]

---

[149] Kropshofer, Untersuchungsgrundsatz, S. 63.
[150] Berg, Die verwaltungsrechtliche Entscheidung, S. 38.
[151] Bettermann, Referat, S. E 36; Tietgen, Gutachten, S. 26.
[152] BVerfG, B. v. 26. 11. 86, BVerfGE 74, 51 (66); BVerwG, Urt. v. 29. 11. 77, BVerwGE 55, 82 (86); Urt. v. 27. 4. 82, BVerwGE 65, 250 (252).
[153] Prütting, Gegenwartsprobleme, S. 31; Bettermann, Referat, S. E 31; Tietgen, Gutachten, S. 26.
[154] Tietgen, Gutachten, S. 26.
[155] Vgl. statt vieler: Berg, Die verwaltungsrechtliche Entscheidung, S. 61 ff; Kropshofer,

B. III. Der Untersuchungsgrundsatz als Beweiserleichterung?

Denn sie lassen die Pflicht und das Recht von Gericht und Behörde unberührt, die Wahrheit in eigener Verantwortung im öffentlichen Interesse zu ermitteln. Die Mitwirkung der Parteien ist dabei ein *Mittel* zur Sachverhaltsaufklärung,[156] zugleich eine Erscheinungsform des Anspruchs auf rechtliches Gehör[157] und eine *Mahnung* daran, daß ohne Mithilfe der Parteien die Sachverhaltsfeststellung u.U. unrichtig oder unvollständig bleibt.[158] Die Passivität der Parteien hat aber sonst keine prozeßrechtlichen bzw. verfahrensrechtlichen Konsequenzen. Denn die Folgen, die das Gesetz an eine Verletzung der besonderen asylrechtlichen Mitwirkungspflichten knüpft, begrenzen zwar die Ermittlungspflichten, begründen aber rechtlich keine Beweisführungspflicht. Erscheint der Asylbewerber nicht zur persönlichen Anhörung, entscheidet das Bundesamt, ggf. nach erfolgloser Fristsetzung zur Stellungnahme, nach Aktenlage, wobei die Nichtmitwirkung zu würdigen ist (§§ 8 III 2, 12 IV 2, 3 AsylVfG). Demnach darf die Behörde bei Passivität des Asylbewerbers von weiteren Ermittlungen absehen;[159] der Umfang der Sachverhaltsaufklärungspflicht wird also begrenzt.[160] Im übrigen wirkt sich eine Vernachlässigung der Mitwirkungspflichten aber nur im Bereich der Beweiswürdigung aus.[161] Es besteht keine gesetzliche Pflicht, das Verhalten des Antragstellers schematisch zu seinen Lasten zu werten,[162] nicht vorgetragene Tatsachen unberücksichtigt zu lassen oder aus dem Nichterscheinen auf das Fehlen eines Asylgrundes zu schließen. Mangels eines zwingenden prozeß- bzw. verfahrensrechtlichen Nachteils stellen die Mitwirkungspflichten somit keine echten „Lasten" dar,[163] insbesondere können sie nicht als Behauptungslasten gewertet werden, weil die Behörde rechtlich nicht gehindert ist, nicht vom Antragsteller vorgetragene Tatsachen in ihre Würdigung einzubeziehen.[164]

Untersuchungsgrundsatz, S. 62ff; Pestalozza, in: Festschrift f. d. Boorberg Verlag, S. 192f; Tietgen, Gutachten, S. 25ff.

[156] Kropshofer, Untersuchungsgrundsatz, S. 63; Kopp, VwGO, § 86 Rdnr. 11.

[157] Redeker/v.Oertzen, VwGO, § 86 Rdnr. 12.

[158] Bettermann, Referat, S. E 36.

[159] BVerfG (Vorprüfungsausschuß), B. v. 23. 12. 85, NVwZ 87, 487.

[160] Das Bundesverfassungsgericht (Vorprüfungsausschuß), sieht – ohne nähere Begründung – in diesen „Substantiierungslasten" keinen Widerspruch zum Grundsatz der Amtsermittlung, vgl. B. v. 23. 12. 85, NVwZ 87, 487, zu § 8 II AsylVfG i.V.m. § 14 II AsylVfG, § 51 III VwVfG.

[161] Gleiches gilt für die Nichteinreichung von Urkunden entgegen § 12 I 3 AsylVfG, vgl. Fritz, in: GK-AsylVfG, § 12 Rdnr. 84.

[162] Fritz, in: GK-AsylVfG, § 12 Rdnr. 74; Marx, in: Marx/Strate/Pfaff, AsylVfG § 12 Rdnr. 30, 99.

[163] Mißverständlich daher Stelkens, ZAR 85, 15 (19), der von Mitwirkungslasten spricht, um sie von den gesetzlich erzwingbaren Pflichten abzugrenzen; zu dieser Unterscheidung vgl. Prütting, Gegenwartsprobleme, S. 30ff.

[164] Ebenso Stelkens, ZAR 85, 15 (19).

b) Die Rechtsprechung zur Mitwirkungspflicht des Asylbewerbers

Das Bundesverwaltungsgericht unterscheidet grundlegend zwischen den in die persönliche Sphäre des Asylsuchenden fallenden Ereignissen und Erlebnissen und den allgemeinen Verhältnissen in seinem Herkunftsland.[165]

(1) Hinsichtlich der ersten Fallguppen steht das Gericht auf dem Standpunkt, daß die Amtsermittlungspflicht ihre Grenze an der Mitwirkungspflicht der Parteien findet. Dieser Satz, der keine Besonderheit des Asylrechts ist,[166] ist genaugenommen mit dem Untersuchungsgrundsatz unvereinbar, der gerade dort zu Ermittlungen berechtigt und verpflichtet, wo die Parteien nichts zur Tatsachenaufklärung beitragen.[167] Die Formel wird daher einschränkend dahin ausgelegt, daß das Gericht nicht verpflichtet ist, in nicht durch entsprechendes Vorbringen oder andere konkrete Anhaltspunkte veranlaßte Nachforschungen darüber einzutreten, ob vielleicht ein bisher nicht entdeckter Umstand auf die Rechtmäßigkeit des zu beurteilenden Verwaltungshandelns von Einfluß gewesen sein könnte.[168] Diese Ausführungen zeigen jedoch nur die tatsächlichen Grenzen der Inquisitionsmaxime auf. Ein anderes Bild ergibt sich aber, wenn man die Anforderungen der Rechtsprechung an den Sachvortrag der Parteien betrachtet.

(2) Das Bundesverwaltungsgericht hat in einer frühen Entscheidung zum „Anscheinsbeweis" von einer Beweisführungspflicht des Flüchtlings gesprochen und der Behörde den Gegenbeweis überlassen.[169] Diese Termini wurden später nicht mehr aufgegriffen, jedoch gebrauchte das Gericht im Zusammenhang mit der Verwendung von Erfahrungssätzen[170] Formulierungen, die der Sache nach dem zivilprozessualen Gegenbeweis[171] entsprechen: Es sei *Sache der Behörde*, diejenigen Umstände geltend zu machen, die die Anwendung von bestimmten Erfahrungssätzen unangebracht erscheinen ließen.[172] Es obliege der *Behörde*, Umstände *darzutun*, die eine Regelvermutung widerlegen.[173] Hierfür trage die Behörde die Beweislast.[174] Bei Geltung des Untersuchungsgrundsatzes ist es nun aber Sache des Gerichts, allein-

---

[165] BVerwG, Urt. v. 24.11.81, Buchholz 402.24 § 28 AuslG Nr. 31; Urt. v. 22.3.83, Buchholz 402.24 § 28 AuslG Nr. 44.
[166] Zahlreiche Rechtsprechungsnachweise bei Berg, Die verwaltungsrechtliche Entscheidung, S. 52 Fn. 67.
[167] Berg, Die verwaltungsrechtliche Entscheidung, S. 52; Bettermann, Referat, S. E 33; Pestalozza, in: Festschrift für den Boorberg Verlag, S. 185; zust. Stelkens, ZAR 85, 15 (19).
[168] BVerwG, Urt. v. 24.11.81, Buchholz 402.24 § 28 AuslG Nr. 31; ähnlich Berg, Die verwaltungsrechtliche Entscheidung, S. 52; Eyermann/Fröhler, VwGO, § 86 Rdnr. 3 S. 611.
[169] BVerwG, Urt. v. 27.2.87, Buchholz 402.22 Art. 1 GK Nr. 11.
[170] Dazu unten 3. Kapitel IV.
[171] Zum Begriff Thomas/Putzo, ZPO, vor § 284 Anm. 4 b.
[172] BVerwG, Urt. v. 17.5.83, BVerwGE 67, 195 (199) = Buchholz 402.25 § 1 AsylVfG Nr. 8 = NVwZ 83, 678.
[173] Buchholz 402.25 § 1 AsylVfG Nr. 34; Hervorhebungen von Verf.
[174] BVerwG, Urt. v. 1.13.87, NVwZ 87, 505 (507) = JZ 87, 508 m. Anm. Kimminich = Buchholz 402.25 § 1 AsylVfG Nr. 61; Urt. v. 21.06.88, Buchholz 402.25 § 1 AsylVfG Nr. 87.

verantwortlich die Anhaltspunkte zu berücksichtigen, die für eine Abweichung vom Normalverlauf und gegen die Verwendung eines Erfahrungssatzes sprechen.[175]

Andererseits finden sich häufig Formulierungen, die auf eine subjektive Beweispflicht des Asylbewerbers hindeuten. Insbesondere ist regelmäßig davon die Rede, *der Asylbewerber* habe seinen Asylanspruch glaubhaft zu machen.[176] Ebenso formuliert das Asylverfahrensgesetz (vgl. §§ 2 II 2, 9 I 2 Nr. 2 AsylVfG).

Dies ist als sprachliche Ungenauigkeit betrachtet worden, zu der der Begriff Glaubhaftmachung verleite, weil er schon begrifflich ein Tun zu verlangen scheine.[177] Dem kann jedoch in Anbetracht der Rechtsprechung zur Darlegungspflicht hinsichtlich der persönlichen Sphäre des Asylbewerbers nicht zugestimmt werden. Das Bundesverwaltungsgericht verlangt, daß der Asylsuchende insoweit seine Verfolgungsfurcht in *schlüssiger* Form vorträgt, d.h. einen in sich stimmigen Sachverhalt schildert, aus dem sich – als wahr unterstellt – ergibt, daß ihm politische Verfolgung mit beachtlicher Wahrscheinlichkeit droht.[178] Der eigene Sachvortrag unter Angabe genauer Einzelheiten muß geeignet sein, den geltend gemachten Asylanspruch zu tragen.[179] Es ist nach Ansicht des Gerichts Sache des Asylbewerbers, von seinem persönlichen Schicksal eine Schilderung zu geben, die seinen Anspruch *lückenlos* zu tragen vermag.[180] Eine Anerkennung kann nicht erfolgen, wenn der als wahr unterstellte Vortrag Anhaltspunkte für eine politisch motivierte Verfolgung nicht ergibt.[181] Vermag bereits der Tatsachenvortrag – als wahr unterstellt – den Asylanspruch nicht zu begründen, so ist die Klage auf Anerkennung als Asylberechtigter nach Auffassung des Gerichts bereits *unschlüssig*; ein Eintreten des Tatsachengerichts in weitere Ermittlungen scheidet dann aus.[182] Hingegen wäre es nach Ansicht des Bundesverwaltungsgerichts im Hinblick auf die allgemeinen Verhältnisse im Herkunftsland überdehnt, wolle man *auch insofern* einen Tatsachenvortrag verlangen, der *im Sinne der zivilprozessualen Verhandlungsmaxime „schlüssig"* zu sein hätte.[183]

Das Bundesverwaltungsgericht nimmt also eine Schlüssigkeitsprüfung des Sachvortrags bezüglich der persönlichen Sphäre des Asylbewerbers vor, wobei ein unschlüssiger Sachvortrag im Fall einer Klage des Asylberwerbers auf Anerkennung,

---

[175] Berg, Die verwaltungsrechtliche Entscheidung, S. 105; Bettermann, Referat, S. E 35; Blomeyer, Gutachten, S. 18.
[176] BVerfG, B. v. 2. 7. 80, BVerfGE 54, 341 (359); BVerwG, Urt. v. 20. 8. 74, Buchholz 402.24 § 28 AuslG Nr. 6; OVG Hamburg, Urt. v. 11. 4. 83, InfAuslR 83, 187.
[177] Tietgen, Gutachten, S. 34.
[178] BVerwG, Urt. v. 22. 3. 83, Buchholz 402.24 § 28 AuslG Nr. 44; Urt. v. 24.03. 87, Buchholz 402.25 § 1 AsylVfG Nr. 64 m.w.N.; Urt. v. 27. 9. 62, DVBl 63, 145f.
[179] BVerwG, Urt. v. 31. 7. 84, Buchholz 402.25 § 6 AsylVfG Nr. 4; Urt. v. 24. 11. 81, Buchholz 402.24 § 28 AuslG Nr. 31.
[180] BVerwG, Urt. v. 22. 4. 86, NVwZ 86, 928 (929); Urt. v. 24. 03. 87, BVerwGE 78, 150 (156) m.w.N.; Urt. v. 06. 12. 88, InfAuslR 89, 135 (136).
[181] BVerwG, Urt. v. 28. 2. 84, Buchholz 402.25 § 1 AsylVfG Nr. 19.
[182] BVerwG, Urt. v. 24. 03. 87, BVerwGE 77, 150 (156) m.w.N.
[183] BVerwG, Urt. v. 23. 11. 82, BVerwGE 66, 237 (239).

die Klageabweisung bedingt, ohne daß weitere Tatsachenfeststellungen in Frage kommen. Eine Schlüssigkeitsprüfung gehört jedoch – wie das Gericht selbst ausspricht – zur Verhandlungsmaxime, denn sie setzt eine zivilprozessuale Behauptungslast voraus. Nur wenn das Gericht nicht von sich aus den Streitstoff einführen muß, sondern die Parteien die anspruchbegründenden Tatsachen vortragen müssen, kann ein unvollständiger Sachvortrag ohne weiteres zur Klagabweisung führen. Da das Gericht bei unschlüssigem Sachvortrag gar nicht in die Sachverhaltsermittlung eintritt, handelt es sich nicht nur um das stets vorhandene Risiko, wegen eigener Passivität ein Urteil auf unrichtiger Tatsachengrundlage zu erhalten, sondern gerade um den prozessualen Nachteil, der zwingend und automatisch der Vernachlässigung einer prozessualen Pflicht nachfolgt und damit das Kennzeichen einer echten prozessualen Last im oben bezeichneten Sinne ist. Der Satz, daß die Amtsermittlungspflicht endet, wo die Mitwirkungspflicht beginnt, wird in diesem Bereich konsequent durchgeführt. Die Forderung nach einem lückenlosen Vortrag der anspruchsbegründenden Tatsachen geht im übrigen auch weit über das hinaus, was die Dispositionsmaxime zur Bestimmung des Streitgegenstandes erfordert.[184]

Damit bleibt festzuhalten, daß die Rechtsprechung einen wesentlichen Bestandteil der mit dem Untersuchungsgrundsatz grundsätzlich unvereinbaren subjektiven Beweislast, nämlich die Behauptungslast, in das Asylverfahren eingeführt hat.[185]

c) Ergebnis

Durch die Einführung einer Behauptungslast im Hinblick auf die persönlichen Erlebnisse des Asylbewerbers ist der Untersuchungsgrundsatz im Asylrecht – begünstigt durch die zivilprozessuale Herkunft der Glaubhaftmachung – partiell durchbrochen.[186] Diese Einschränkung findet keine Stütze in den gesetzlich geregelten Mitwirkungspflichten und ist damit zumindest praeter legem. Dennoch soll hier nicht ein Prinzip um des Prinzips willen aufrechterhalten werden. Der Untersuchungsgrundsatz stößt im Hinblick auf das individuelle Verfolgungsschicksal so schnell an seine Grenzen, daß seine ausnahmslose Durchführung kaum noch möglich erscheint. Das Bundesverfassungsgericht (Vorprüfungsausschuß) hat die erhöhten Substantiierungslasten im Hinblick auf die „außerordentliche Begünstigung" durch das Asylrecht für verfassungsrechtlich unbedenklich gehalten.[187]

Es konnte jedoch gezeigt werden, daß nicht nur das Gericht, sondern auch der Asylbewerber selbst sich in Beweisnot befinden. Die faktisch engen Grenzen des Untersuchungsgrundsatzes wirken sich zwangsläufig zu dessen Lasten aus. Die

---

[184] Tietgen, Gutachten, S. 25 ff; Kropshofer, Untersuchungsgrundsatz, S. 46; a. A. BVerwG, z. B. Urt. v. 24. 3. 87, BVerwGE 77, 150 (156): (gesteigerte) Mitwirkungspflicht.
[185] A. A. BVerwG, z. B. Urt. v. 06. 12. 88, InfAuslR 89, 135 (136): prozessuale Mitwirkungspflicht.
[186] Zur Annäherung an den Verhandlungsgrundsatz als allgemeine Tendenz vgl. Kropshofer, Untersuchungsgrundsatz, S. 36 ff.
[187] BVerfG (Vorprüfungsausschuß), B. v. 23. 12. 85, NVwZ 87, 487.

Inquisitionsmaxime wird nicht mehr uneingeschränkt durchgeführt. Zwar bedeutet eine Behauptungslast noch keine Beweisführungslast. Sie hat aber zur Folge, daß das Gericht unter Umständen gar nicht erst in die Sachverhaltsaufklärung eintritt, wenn es dem Asylbewerber nicht bereits gelungen ist, dem Gericht hinreichende Anhaltspunkte für eine Verfolgungsgefahr zu geben. Die Sachverhaltsermittlung wird nicht mehr, wie es der Untersuchungsgrundsatz erfordert,[188] solange durchgeführt, bis eine richterliche Überzeugung gebildet ist, sondern überhaupt nicht begonnen. Allgemein entsteht der Eindruck, daß die Sachverhaltsklärung zunächst einmal Sache des Asylbewerbers ist.

Der Untersuchungsgrundsatz stellt somit keine Beweiserleichterung für den Asylbewerber dar.

IV. Erfahrungssätze und Vermutungen

1. Systematisierung und Erscheinungsformen der Erfahrungssätze im Asylrecht

Das Bundesverwaltungsgericht hat der Befürchtung, die Feststellung des politischen Charakters einer Verfolgung könne nahezu unerfüllbare Beweisanforderungen aufwerfen, entgegengehalten, daß Behörden und Gerichte auf *Erfahrungssätze* zurückgreifen könnten und müßten.[189] In der asylrechtlichen Rechtsprechung werden für die Feststellung der politischen Verfolgung „allgemeine" und „besondere Erfahrungssätze", „typische Geschehensabläufe", „Indizien", „Vermutungen", „Regelvermutungen", „Wahrscheinlichkeitsbeweise", „Anscheinsbeweise" und ähnliches herangezogen. Im folgenden soll deshalb untersucht werden, inwieweit diese Erfahrungssätze geeignet sind, die sachtypischen asylrechtlichen Beweisschwierigkeiten zu überwinden und dadurch eine Beweismaßreduktion entbehrlich zu machen.

a) Grundlagen

Trotz mancher Unklarheiten wird man mit der herrschenden Lehre folgende Strukturen feststellen können:

Erfahrungssätze sind aus der allgemeinen Lebenserfahrung oder aufgrund besonderer Sachkunde gefundene, nicht positivierte Obersätze, die zum einen der rechtlichen Beurteilung von Tatsachen, zum anderen im Rahmen der Tatsachenfeststellung der Prüfung des Beweiswertes eines Beweismittels oder der Schlußfolgerung von einer bewiesenen Tatsache auf die Wahrheit einer nicht erwiesenen Behauptung

---

[188] Berg, Die verwaltungsrechtliche Entscheidung, S. 41; Kropshofer, Untersuchungsgrundsatz, S. 69.
[189] BVerwG, Urt. v. 17. 5. 83, BVerwGE 67, 195 (198).

dienen.[190] Erfahrungssätze sind Wahrscheinlichkeitsaussagen.[191] Sie entstehen durch Beobachtung gleichbleibender Merkmale wiederkehrender Geschehensabläufe.[192] Die Verwendung eines Erfahrungssatzes ist daher der Einbezug der objektiven Wahrscheinlichkeit in die Beurteilung des konkreten Einzelfalles,[193] wobei sich der Jurist jedoch in der Regel nicht auf wissenschaftliche Versuchsreihen oder statistische Zahlenwerte, sondern nur auf Alltagsbeobachtungen stützen kann. Erfahrungssätze haben entsprechend ihres unterschiedlichen Wahrsscheinlichkeitsgrades verschiedene Beweiswerte. Mangels einer numerischen Bestimmbarkeit der juristischen Wahrscheinlichkeitswerte wird man sich begnügen müssen mit einer Einteilung in sog. Erfahrungs*grund*sätze, die für sich allein geeignet sind, eine Überzeugung zu begründen, und in *einfache* Erfahrungssätze, die erst in Verbindung mit anderen Umständen, zum Beispiel weiteren Erfahrungssätzen, eine hinreichende Gewißheit verschaffen.[194] Zu den Erfahrungsgrundsätzen wird man auch die sog. allgemeinen Erfahrungssätze der Verwaltungsrechtsprechung zählen können, die ihrer Definition nach jedem zugängliche Sätze sind, die nach allgemeiner Erfahrung unzweifelhaft gelten und von keiner Ausnahme durchbrochen sind.[195] Nach allgemeiner Ansicht müssen die Erfahrungssätze, die für den prima-facie-Beweis taugen, einen besonders hohen Bestätigungsgrad besitzen. *Prütting* hat überzeugend nachgewiesen, daß es die Erfahrungs*grund*sätze sind, die wegen ihrer erhöhten Geltungskraft als Grundlage für einen Anscheinsbeweises geeignet sind,[196],[197] weil sie für sich genommen, ohne Zuhilfenahme weiterer Erfahrungsätze die Schlußfolgerung auf ein bestimmtes Tatbestandsmerkmal erlauben.[198] Demgegenüber finden die einfachen Erfahrungssätze Verwendung bei jeder sonstigen mittelbaren Beweisführung. Die Tatsachen, von denen auf die unmittelbar erhebliche Tatsache geschlossen wird, werden als *Indizien* bezeichnet.[199]

---

[190] Rosenberg/Schwab, Zivilprozeßrecht, § 116 II S. 703; Leipold, in: Stein/Jonas, ZPO, § 284 Rdnr. 16 f.
[191] Prütting, Gegenwartsprobleme, S. 102.
[192] Berg, Die verwaltungsrechtliche Entscheidung, S. 102.
[193] Prütting, Gegenwartsprobleme, S. 102 Fn. 52; Berg, Die verwaltungsrechtliche Entscheidung, S. 102 und oben 2. Kapitel II.
[194] Prütting, Gegenwartsprobleme, S. 106 ff; Rosenberg/Schwab, Zivilprozeßrecht, § 116 II 1 S. 703; Leipold, in: Stein/Jonas, ZPO, § 286 Rdnr. 7; Hainmüller, Der Anscheinsbeweis, S. 26 ff; Blomeyer, Gutachten, S. 17.
[195] BVerwG, Urt. v. 18. 10. 83, Buchholz 310 § 108 VwGO Nr. 139.
[196] Prütting, Gegenwartsprobleme, S. 100 ff im Anschluß an Hainmüller, Der Anscheinsbeweis; ebenso Berg, Die verwaltungsrechtliche Entscheidung, S. 100; Rosenberg/Schwab, Zivilprozeßrecht, § 102 II 2 b S. 616; Blomeyer, Gutachten, S. 24.
[197] Soweit das Bundesverwaltungsgericht nur gleichsam mechanisch abrollende Vorgänge für ausreichend hält (vgl. Buchholz 310 § 86 VwGO Nr. 46), wird dies in der Praxis nicht durchgehalten, vgl. Berg, Die verwaltungsrechtliche Entscheidung, S. 101.
[198] Prütting, Gegenwartsprobleme, S. 106 f.
[199] Leipold, in: Stein/Jonas, ZPO, § 284 Rdnr. 19.

b) „Erfahrungen und typische Geschehensabläufe"

Nach Ansicht des Bundesverwaltungsgerichts sollen bei der Feststellung der Verfolgungsmotivation in besonderem Maße „Erfahrungen und typische Geschehensabläufe" zu berücksichtigen sein.[200] Diese Rechtsprechung beruht auf dem Grundgedanken, daß unmittelbare Beweise in der Regel nicht erhoben werden können. Mit Rücksicht auf die sich daraus für den Asylbewerber ergebenden Beweisschwierigkeiten gebietet es die Grundrechtsverbürgung nach Ansicht des Gericht, das als wahr anzunehmen, was erfahrungsgemäß den Regeln des Lebens entspricht.[201] Die als fluchtverursachend festgestellten Umstände könnten in einem Maße für das Vorliegen der zu beweisenden Umstände sprechen, daß diese im Sinne des sog. „Wahrscheinlichkeitsbeweises" als gegeben gelten könnten. Unter Berücksichtigung dieser Beweisregeln sei die Befürchtung unbegründet, die Verfolgungsmotivation werfe als subjektiver Vorgang nahezu unerfüllbare Beweisanforderungen auf. Allerdings bedürfe es insoweit regelmäßig der Heranziehung objektiver Kriterien, die als Indiz einen Rückschluß auf die Verfolgungsmotivation gestatteten.[202] Im Anschluß an diese Ausführungen nennt das Gericht eine Vielzahl dieser objektiven Kriterien.[203]

Obwohl das Gericht auf den Wahrscheinlichkeitsbeweis verweist, seine frühere Rechtssprechung zum Anscheinsbeweis zitiert und die „typischen Geschehensabläufe" zur Terminologie des prima-facie-Beweises gehören, geht es in dieser Entscheidung der Sache nach nicht um den Sonderfall des Anscheinsbeweises, sondern um den einfachen *Indizienbeweis*. Zahlreiche beweisbare Einzeltatsachen, die erfahrungsgemäß für eine politische Verfolgungsmotivation sprechen, lassen zwar nicht für sich genommen, aber in einer Gesamtbetrachtung den Schluß auf das Tatbestandselement politische Motivation zu.[204] Darüber hinaus werden an anderer Stelle die „Erfahrungen und typischen Geschehensabläufe" von den für den Anscheinsbeweis geeigneten sog. allgemeinen Erfahrungssätzen abgegrenzt.[205]

---

[200] BVerwG, Urt. v. 17. 5. 83, BVerwGE 67, 195 (198) = NVwZ 83, 678 und st. Rspr.: Urt. v. 25. 2. 82, NVwZ 82, 683; Urt. v. 18. 10. 83, Buchholz 310 § 108 VwGO Nr. 139 = InfAuslR 84, 20; Urt. v. 19. 8. 86, DVBl 87, 47 (48); VGH Bad.-Württ., Urt. v. 19. 3. 81, ESVGH 31, 312.

[201] BVerwGE 67, 195 (199) unter Hinweis auf Urt. v. 27. 2. 62, Buchholz 402.22 Art. 1 GK Nr. 11.

[202] BVerwGE 67, 195 (199); Urt. v. 8. 5. 84, DVBl 84, 786 (787).

[203] BVerwGE 67, 195 (199f).

[204] Zur Indizwirkung vgl. auch BVerwG, Urt. v. 27. 5. 86, BVerwGE 74, 226 (229) = NVwZ 86, 930; OVG Saarlouis, Urt. v. 4. 1. 83, InfAuslR 83, 79 (81); zahlreiche Beispiele für Indizien bei: Rothkegel, in: GK-AsylVfG, II 2 vor § 1 Rdnr. 276ff.

[205] BVerwG, Urt. v. 18. 10. 83, Buchholz 310 § 108 VwGO Nr. 139 = InfAuslR 84, 20 (21f).

c) Die Regelvermutungen

(1) Eine asylerhebliche *Gruppenverfolgung* liegt vor, wenn eine Gruppe als solche Ziel politischer Verfolgung ist, so daß jedes einzelne Gruppenmitglied allein deswegen, weil es die gruppenspezifischen Merkmale aufweist, mit beachtlicher Wahrscheinlichkeit politische Verfolgung zu befürchten hat. Daraus ergibt sich nach Ansicht des Bundesverwaltungsgerichts eine *Regelvermutung*, daß Gruppenangehörige als von dem Gruppenverfolgungsschicksal unmittelbar betroffen anzusehen sind, wenn nicht Tatsachen diese Regelvermutung widerlegen. Auf eine irgendwie geartete statistische Wahrscheinlichkeit kommt es nach Meinung des Gerichts dann nicht mehr an.[206]

Weiter soll eine Regelvermutung bestehen, daß jedem Ehegatten eines politisch Verfolgten das gleiche Schicksal droht, wenn im Verfolgerstaat im Zusammenhang mit der Verfolgung des einen Ehegatten auch Repressalien gegen den anderen vorgekommen sind. In diesem Fall müssen keine Einzelumstände für eine individuelle Verfolgungsgefahr des Ehegatten dargelegt werden; vielmehr ist die Widerlegung der Vermutung, daß der Verfolgerstaat auch auf den nahen Angehörigen zugreift, Sache der Behörde.[207] Eine ähnliche Regelvermutung wurde aus dem Schutzgedanken des Art. 16 II 2 GG zugunsten minderjähriger Kinder entwickelt, wenn Vergleichsfälle festgestellt wurden, in denen Kinder als Beuge- und Druckmittel gegen ihre Eltern benutzt wurden. Die Vermutung macht es nach Meinung des Bundesverwaltungsgericht entbehrlich zu prüfen und zu beweisen, daß dem Kind im konkreten Fall das gleiche Schicksal droht, sofern nicht die Behörde Umstände dartut, daß es sich um atypische Einzelfälle handelt.[208] Tragender Gesichtspunkt für diese Vermutung ist das Bestehen einer besonderen potentiellen Gefährdungslage, die daraus resultiert, daß unduldsame Staaten dazu neigen, anstelle des politischen Gegners, dessen sie nicht habhaft werden können, auf ihnen besonders nahestehende Personen zurückzugreifen und sie gewissermaßen stellvertretend oder zusätzlich Verfolgungsmaßnahmen auszusetzen.[209]

(2) Diese Regelvermutungen gehören zu den sog. *tatsächlichen Vermutungen* – in Abgrenzung zu den positiv normierten *gesetzlichen Vermutungen*[210] –, deren dog-

---

[206] BVerwG, Urt. v. 30. 10. 84, BVerwGE 70, 232 (236) = NVwZ 85, 574 = Buchholz 402.25 § 1 AsylVfG Nr. 27 = DÖV 85, 409; BVerfG, B. v. 2. 7. 80, BVerfGE 54, 341 (358); BVerwG, Urt. v. 2. 8. 83, BVerwGE 67, 314 (315) = NJW 83, 2588; Urt. v. 26. 3. 85, Buchholz 402.25 § 1 AsylVfG Nr. 31; Urt. v. 2. 7. 85, Buchholz 402.25 § 1 AsylVfG Nr. 35; Urt. v. 23. 2. 88, Buchholz 402.25 § 1 AsylVfG Nr. 81 = NVwZ 88, 635; Urt. v. 23. 6. 88, NVwZ 88, 637.

[207] BVerwG, Urt. v. 2. 7. 85, Buchholz 402.25 § 1 AsylVfG Nr. 34; Urt. v. 26. 4. 88, Buchholz 402.25 § 1 AsylVfG Nr. 84 = InfAuslR 88, 256; Urt. v. 21. 6. 88, Buchholz 402.25 § 1 AsylVfG Nr. 87.

[208] BVerwG, Urt. v. 13. 1. 87, NVwZ 87, 505 (507) = JZ 87, 508 m. Anm. Kimminich = Buchholz 402.25 § 1 AsylVfG Nr. 61; Urt. v. 27. 2. 87, Buchholz 402.25 § 1 AsylVfG Nr. 63.

[209] BVerwG, Urt. v. 13. 1. 87, Buchholz 402.25 § 1 AsylVfG Nr. 61 m. w. N.

[210] Dazu unten 7. Kapitel I.1.

matische Einordnung vielfach noch unklar ist.[211] Näher betrachtet beruhen die asylrechtlichen Regelvermutungen auf bestimmten, nicht positivierten Erfahrungen. Sie dienen dazu, von einer feststehenden Ausgangstatsache, der tatsächlichen Vermutungsbasis, – etwa der Zugehörigkeit zu einer besonderen Gruppe oder der politischen Verfolgung eines nahen Angehörigen –, mittels eines Obersatzes, – etwa, daß jeder Gruppenangehörige allein wegen seiner gruppenspezifischen Merkmale einer aktuellen Verfolgungsgefahr ausgesetzt ist oder daß der Verfolgerstaat zur Anwendung von Sippenhaft neigt –, auf eine offengebliebene Tatsache, die *individuelle*, hinreichend wahrscheinliche Bedrohung zu schließen. Die Regelvermutung entsteht durch Beobachtung eines Kollektivs und gibt Auskunft über regelmäßige Verläufe; folglich bleiben Ausnahmen stets möglich. Damit haben die Regelvermutungen alle Merkmale von Erfahrungssätzen.

Nun hat das Bundesverwaltungsgericht betont, daß es bei Vorliegen einer Regelvermutung auf eine irgend wie geartete *statistische* Wahrscheinlichkeit, mit der das einzelne Gruppenmitglied politische Verfolgung zu befürchten hat, nicht mehr ankommen soll,[212] was im Widerspruch dazu steht, daß Erfahrungssätze oben als Wahrscheinlichkeitsaussagen im objektiven Sinne erkannt wurden.[213] Wollte man die Aussage des Gerichts dahingehend interpretieren, daß statistische Werte generell entbehrlich sind, so könnte ihr nicht zugestimmt werden. Denn ohne Beobachtung der relativen Häufigkeit von Verfolgungen in einer Gruppe läßt sich die Gruppenverfolgung nicht von der Einzelverfolgung wegen gruppenspezifischer Merkmale wie Rasse, Religion etc. abgrenzen. Während bei ersterer die Gruppe als solche bedroht ist, sollen bei der zweiten Fallgruppe aus bestimmten Anlässen nur einzelne oder einige Mitglieder aus der Gruppe herausgegriffen werden, die Gruppe selbst aber unverfolgt bleiben. Bei dieser Differenzierung hilft Motivforschung nicht weiter: Verfolgungsziel sind jeweils dieselben Gruppenmerkmale. Diese Unterscheidung ist daher – wenn überhaupt – nur mittels der objektiven Wahrscheinlichkeit, mit der innerhalb der Gruppe oder bei nahen Angehörigen Verfolgungen vorkommen, durchführbar, mit anderern Worten: mittels eines Erfahrungssatzes. Richtig ist jedoch, daß es dort, wo es um die Feststellung des Einzelschicksals geht, die Statistik grundsätzlich nicht weiterhilft.[214] Wenn das Bundesverwaltungsgericht nun meint, daß allein die Regelvermutung ausreicht, jeden einzelnen Gruppenangehörigen als individuell Betroffen anzusehen, so kann dies nur bedueten, daß der objektiven Wahrscheinlichkeitsaussage eine solche Überzeugungskraft zukommt, daß sie das subjektive Element des Wahrscheinlichkeitsurteils weitgehend zurückdrängt. Dem Erfahrungssatz kommt mit anderen Worten ein solcher Beweiswert zu, daß er für sich allein ausreicht, die individuelle Verfolgungsgefahr zu beweisen. Damit stellt sich die Regelvermutung als Erfahrungs*grund*satz im obigen Sinne

---

[211] Hierzu Prütting, Gegenwartsprobleme, S. 50 ff.
[212] BVerwG, Urt. v. 30. 10. 84, BVerwGE 70, 232 (236 und Ls. 2).
[213] S. o. 3. Kapitel B.IV.1.a).
[214] S. o. 2. Kapitel II.

dar.[215] Die Verwendung von Regelvermutungen ist somit ein *prima-facie-Beweis*.[216]

d) Der „Wahrscheinlichkeitsbeweis"

Das Bundesverwaltungsgericht hat in der oben genannten Entscheidung auf einen sog. „Wahrscheinlichkeitsbeweis" Bezug genommen.[217] Er soll zur Anwendung kommen, wenn die festgestellten Umstände in einem solchen Maße für das Vorliegen einer weiteren noch zu beweisenden Tatsache sprechen, daß diese als eingetreten vermutet werden kann.[218] Diese wenig klare Definition deutet an, daß es sich offenbar um eine mittelbare Beweisführung unter Zuhilfenahme von Vermutungen handeln soll, wobei diese einen hohen Beweiswert entwickeln.[219] Da die Vermutungen als Erfahrungsgrundsätze erklärt werden konnten, die geeignet sind, den Vollbeweis zu erbringen und in dieser Funktion dem Anscheinsbeweis entsprechen, kann auch der „Wahrscheinlichkeitsbeweis" als prima-facie-Beweis definiert werden.

2. Wirkungsweise und Funktion von Erfahrungssätzen

Zur Beantwortung der Frage, ob und inwieweit die asylrechtlichen Erfahrungssätze eine der Grundrechtsverbürgung entsprechende Beweiserleichterung darstellen, ist auf ihre – vor allem beim Anscheinsbeweis – noch umstrittene Funktion einzugehen.

a) Beweislastumkehr

Eine erhebliche Beweiserleichterung wäre es, wenn die Erfahrungssätze eine Beweislastverteilung zu Lasten der Behörde bewirkten.

In der Rechtsprechung des Bundesverwaltungsgerichts wurde vereinzelt vertreten, daß die tatsächlichen Vermutungen die Beweislast umkehren.[220] Insbesondere dem „Wahrscheinlichkeitsbeweis" wird diese Wirkung zuerkannt.[221] Daß das Gericht die Darlegung von Umständen zur Widerlegung der Regelvermutung der Behördenseite auferlegt,[222] könnte ebenfalls für eine Abweichung von der nach An-

---

[215] S. o. 3. Kapitel B.IV.1.a).
[216] Ebenso Blomeyer, Gutachten, S. 41; Tietgen, Gutachten, S. 64, für die tatsächlichen Vermutungen des Bundesverwaltungsgerichts im allgemeinen; a.A. Rothkegel, in: GK-AsylVfG, II 2 vor § 1 Rdnr. 264ff, 273ff.
[217] BVerwG, Urt. v. 17. 5. 83, BVerwGE 67, 195 (199), Hervorhebung im Original.
[218] BVerwG, Urt. v. 21. 11. 68, Buchholz 310 § 86 VwGO Anh. Nr. 40.
[219] Rothkegel, in: GK-AsylVfG, II 2 vor § 1 Rdnr. 259.
[220] Nachweise bei: Berg, Die verwaltungsrechtliche Entscheidung, S. 98 Fn. 82.
[221] BVerwG, Urt. v. 21. 11. 68, Buchholz 310 § 86 VwGO Anh. Nr. 40; zust. Rothkegel, in: GK-AsylVfG, II 2 vor § 1 Rdnr. 243, 259.
[222] S. o. 3. Kapitel IV.1.a).

sicht des Gerichts üblichen[223] Beweislastverteilung sprechen. Nach *Köfner* bedeuten tatsächliche Vermutungen zumindest faktisch eine Umkehrung der Beweislast.[224]

Die These von der Beweislastumkehr ist bereits überzeugend widerlegt. Sie führt zu einer Vermischung von Beweiswürdigung und Beweislast. Denn die Beweislastentscheidung setzt zwingend ein non liquet, d.h. die Unaufklärbarkeit des Sachverhalts, voraus. Die Erfahrungssätze führen aber gerade zum Nachweis des fraglichen Tatbestandsmerkmals. Der Schluß von bewiesenen auf nicht bewiesene Tatsachen ermöglicht die Überzeugungsbildung. Der Richter entscheidet aufgrund eines feststehenden Sachverhalts. Liegen dagegen – von Amts wegen – zu berücksichtigende Zweifel an der Typizität des Geschehens vor, ist der Erfahrungssatz nicht mehr anwendbar. Damit kann er keinen Beitrag zur Lösung des non liquet mehr leisten. Somit schließen sich eine Auswirkung auf die Beweislast und eine Funktion im Rahmen der Beweiswürdigung gegenseitig aus.[225] Darüber hinaus wird sich zeigen, daß die Beweislast einer abstrakt-normativen, rechtssatzmäßigen Regelung bedarf.[226] Da die Erfahrungssätze auf tatsächlichen Beobachtungen beruhen, fehlt ihnen die normative Kraft zur Umkehr der gesetzlich legitimierten Beweislastverteilung.[227]

b) Erfahrungssätze als Beweismaßreduktion

Weit verbreitet ist die Ansicht, die mit dem Anscheinsbeweis eine Herabminderung des Beweismaßes verbindet.[228] Das Bundesverwaltungsgericht hatte früher ebenfalls mit Hinweis auf Erfahrungssätze eine Reduktion der Beweisstärke angenommen.[229] Doch auch diese These verkennt die unterschiedlichen Funktionen von konkreter Beweiswürdigung und abstrakt-generellem Beweismaß. Wie oben ausgeführt, haben Erfahrungssätze entsprechend ihres unterschiedlichen Wahrscheinlichkeitsgrades verschiedene Beweiswerte. Sie können sowohl eine an Sicherheit grenzende als auch eine überwiegende Wahrscheinlichkeit begründen. Ihre Anwendung als solche sagt daher noch nichts darüber aus, welches vorgegebene Beweismaß generell erreicht werden muß. Wenn nun ein Erfahrungssatz minderen Gewichts als für die richterliche Überzeugung ausreichend erachtet wird – wie in der Praxis häufig[230] –, liegt in Wirklichkeit eine zusätzliche stillschweigende, aber gedanklich klar von der Anwendung des Erfahrungssatzes zu trennende Beweismaßreduktion vor, die nicht wegen der Verwendung des Erfahrungssatzes als solcher, sondern aus anderen Gründen

---

[223] Dazu unten 7. Kapitel I.
[224] Köfner/Nikolaus, Probleme des Asylrechts, S. 52 (83).
[225] Berg, Die verwaltungsrechtliche Entscheidung, S. 96 ff; Prütting, Gegenwartsprobleme, S. 97 ff.
[226] Dazu unten 8. Kapitel II.
[227] Ähnlich Prütting, Gegenwartsprobleme, S. 98; Berg, Die verwaltungsrechtliche Entscheidung, S. 100; Tietgen, Gutachten, S. 65.
[228] Vgl. nur zum Asylrecht Rothkegel, in: GK-AsylVfG, II 2 vor § 1 Rdnr. 257; Bertrams, DVBl 87, 1181 (1184).
[229] S. o. 3. Kapitel A.I.
[230] Hierzu Prütting, Gegenwartsprobleme, S. 100 ff.

erfolgt.[231] Eine solche Beweismaßreduktion hat das Bundesverwaltungsgericht jedoch – wie oben ausgeführt[232] – im Asylrecht mittlerweile aufgegeben.

Darüber hinaus ist auch hier ist zu fragen, woher ein konkreter Satz der Lebenserfahrung die Legitimation nehmen sollte, das rechtssatzmäßig festgelegte generelle Beweismaß abzuändern.[233]

c) Beweiswürdigung

(1) Beeinflussen Erfahrungssätze weder die Beweislast noch das Beweismaß, folgt daraus, daß Indizien- und Anscheinsbeweis ausschließlich Elemente der konkreten Beweiswürdigung sind. Sie dienen der Tatsachenfeststellung, indem sie den Nachweis im Wege einer mittelbaren Beweisführung erlauben. Damit zeigt sich ihre beweiserleichternde Funktion: Erfahrungssätze erweitern die Ermittlungsbasis der Behörden und Gerichte, das heißt, den Kreis der Tatsachen, auf den Behörden und Gerichte ihre Feststellungen erstrecken können, um die Tatbestandsmerkmale nachzuweisen. Denn wenn eine entscheidungserhebliche Tatsache dem Beweis nicht zugänglich ist, können mittelbar relevante, aber nachweisbare Umstände herangezogen werden, die mittels eines Erfahrungssatzes eine Schlußfolgerung auf die fragliche Tatsache erlauben. Ferner erleichtern Erfahrungssätze den Beweis, in dem sie die Ermittlung der konkreten Einzelumstände eines Geschehens entbehrlich machen. Wo Einzelpunkte offenbleiben, können sie durch den Erfahrungssatz überbrückt werden.[234] Das zeigt sich besonders deutlich bei den Regelvermutungen: Der Nachweis konkreter, für eine individuelle Verfolgungsbetroffenheit sprechender Umstände wird dort entbehrlich, wo die Vermutung eingreift.

(2) Aus der Verankerung in der Beweiswürdigung folgt weiter: Eine Differenzierung zwischen Vermutungen, Anscheinsbeweis und Wahrscheinlichkeitsbeweis anhand ihrer beweisrechtlichen Auswirkungen ist nicht begründbar. Der prima-facie-Beweis reduziert das Beweismaß ebensowenig wie Wahrscheinlichkeitsbeweis und tatsächliche Vermutungen.[235] Umgekehrt können Wahrscheinlichkeitsbeweis und tatsächliche Vermutungen die Beweislast genausowenig umkehren wie der Beweis des ersten Anscheins.[236] Alle drei beweisrechtlichen Phänomene beruhen auf Erfahrungssätzen mit einem besonders hohen Beweiswert und dienen ihrer Funktion nach ausschließlich dem Nachweis einer konkreten Tatsachenbehauptung im Einzelfall.

(3) Weiter wird deutlich, warum eine „Vermutung, daß ein Asylbewerber im Zweifel politisch Verfolgter ist",[237] *in diesem Zusammenhang* nicht anerkannt wer-

---

[231] Prütting, Gegenwartsprobleme, S. 110.
[232] S. o. 3. Kapitel A.III.
[233] Prütting, Gegenwartsprobleme, S. 101.
[234] Prütting, Gegenwartsprobleme, S. 110; Berg, Die verwaltungsrechtliche Entscheidung, S. 104.
[235] A. A. Rothkegel, in: GK-AsylVfG, II 2 vor § 1 Rdnr. 259.
[236] A. A. Rothkegel, in: GK-AsylVfG, II 2 vor § 1 Rdnr. 243, 259, 264.
[237] Rothkegel, in: GK-AsylVfG, II 2 vor § 1 Rdnr. 266 unter Berufung auf Randelzhofer, in: Maunz/Dürig, Komm. z. GG, Art. 16 II 2 Rdnr. 119.

den kann. Der Unterschied zu den hier erörterten Vermutungen ist nicht, daß diese sich nur entweder auf das Merkmal „politisch" oder auf das Merkmal „Verfolgung" beziehen,[238] sondern daß sie die *Tatsachenebene* und nicht die Rechtsanwendung betreffen. Ob jemand aufgrund der im Rahmen der Beweiswürdigung festgestellten Tatsachen als politisch Verfolgter im Sinne der Verfassung angesehen werden kann, ist eine Frage der Subsumtion. Die „Vermutung der politischen Verfolgung" kann daher nur im untechnischen Sinne die Vorwirkungen des Asylschutzes vor Abschluß des Anerkennungsverfahrens[239] oder aber eine Beweislastregel meinen.[240]

Geklärt ist schließlich auch das Verhältnis von Glaubhaftmachung und Erfahrungssatz. Die Grundsätze der Glaubhaftmachung müssen nicht etwa den Erfahrungssätzen weichen,[241] sondern sind daneben und gemeinsam mit diesen anwendbar als Konsequenz der Tatsache, daß sie unterschiedliche beweisrechtlichen Institute – die Beweisstärke einerseits, die konkrete Beweiswürdigung andererseits – betreffen.

3. Stellungnahme

a) Der Rückgriff auf Erfahrungen als Normalfall

Es hat sich gezeigt, daß Erfahrungssätze und Regelvermutungen in der Tat dort einen Beweis ermöglichen, wo er ohne ihre Anwendung scheitern müßte, und so über eine gewisse Beweisnot hinweghelfen. Nun ist dies keine asylrechtliche Besonderheit. Ohne den Rückgriff auf die Lebenserfahrung ist eine juristische Überzeugungsbildung in keinem Rechtsgebiet denkbar.[242] Besonders dort, wo es auf subjektive Tatbestandselemente und innere Tatsachen ankommt, erlangen Erfahrungssätze verstärkt Bedeutung. Da die Rechtsprechung maßgeblich auf die Motivation des Herkunftsstaates abstellt, ist das besondere Gewicht der Erfahrungssätze im Asylrecht deshalb in erster Linie nicht ein Ausdruck der Verfahrensrelevanz des Grundrechts, sondern eine Konsequenz der Auslegung des Begriffs „politische Verfolgung".[243]

b) Das Problem der Legitimation

(1) Die Problematik ihrer Anwendung zeigt sich bei der näheren Betrachtung der von den Verwaltungsgerichten aufgestellten Erfahrungssätze:

Das Bundesverwaltungsgericht hat zwar einer Gruppenverfolgung die Wirkung einer Regelvermutung zugesprochen, die Tatsache einer Gruppenverfolgung, das

---

[238] So Rothkegel, in: GK-AsylVfG, II 2 vor § 1 Rdnr. 267.
[239] Randelzhofer, in: Maunz/Dürig, Komm. z. GG. Art. 16 II 2 Rdnr. 119.
[240] Dazu unten Zweiter Teil.
[241] Dies stellt Bertrams, DVBl 87, 1181 (1185) zur Diskussion.
[242] Tietgen, Gutachten, S. 63; Berg, Die verwaltungsrechtliche Entscheidung, S. 97.
[243] A. A. BVerwG, Urt. v. 17. 5. 83, BVerwGE 67, 195 (198).

heißt, den Erfahrungssatz, daß jedes Mitglied der Gruppe allein wegen seiner Gruppenzugehörigkeit einer aktuellen Bedrohung ausgesetzt ist, aber nur selten anerkannt.[244]

Die Regelvermutung, daß Ehegatten und minderjährige Kinder eines politisch Verfolgten ebenfalls einer Verfolgungsgefahr ausgesetzt sind, soll gelten, ohne daß es der Prüfung bedarf, ob die Anwendung von Sippenhaft einer allgemeinen Praxis im Verfolgerstaat entspricht.[245] Andererseits soll diese Regelvermutung bei Angehörigen eines anderen Verwandschaftsgrades nicht gelten, selbst wenn auch bei ihnen Fälle von Sippenhaft vorgekommen sind.[246]

Weiter hat das Gericht Verletzungen der Menschenwürde, insbesondere der Folter, eine indizielle Wirkung im Hinblick auf eine politische Verfolgungsmotivation beigemessen, nicht aber ein hinreichendes Gewicht, nach Art des prima-facie-Beweises eine richterliche Überzeugung von dieser Motivation zu begründen.[247] Selbst diese Indizwirkung wird verneint, wenn körperliche Übergriffe unterschiedslos zur Erzwingung von Aussagen bei Verdacht von politischen wie nichtpolitischen Straftaten erfolgen.[248]

Nach Auffassung des Bayerischen Verwaltungsgerichtshofs entspricht es der Lebenserfahrung, daß derjenige, der sich in seiner Heimat ernstlich aus asylrelevanten Gründen verfolgt fühlt, dies sofort nach seiner Einreise in die Bundesrepublik Deutschland den zuständigen Behörden offenbart.[249]

Die Vorinstanz zur Bundesverwaltungsgerichtsentscheidung vom 22. 3. 83[250] berief sich auf einen allgemeinen Erfahrungssatz, daß Kurden nicht schon deshalb verfolgt würden, weil sie sich zu ihrer Volksgruppe bekennen und eine eigene Sprache sprechen. Das Bundesverwaltungsgericht ließ die Geltung dieses Satzes offen.

Im Urt. v. 18. 10. 83 hob das Bundesverwaltungsgericht eine Entscheidung auf, die sich auf den Erfahrungssatz stützte, daß zur mündlichen Verhandlung nicht erschienene Asylbewerber keinen Asylgrund haben.[251]

Das Verwaltungsgericht Köln stellte den Erfahrungssatz auf, daß pakistanische Staatsangehörige in der Regel aus asylfremden Gründen Aufenthalt in der Bundesrepublik Deutschland nehmen und wies die Klage ab, weil der Kläger nicht in

---

[244] Z.B. bei den syrisch-orthodoxen Christen in der Türkei, vgl. BVerwG, Urt. v. 2. 8. 83, BVerwGE 67, 314; Urt. v. 2. 7. 85, Buchholz 402.25 § 1 AsylVfG Nr. 35; nicht aber bei den srilankischen Tamilen, vgl. Urt. v. 3. 12. 85, BVerwGE 72, 269 ff.
[245] BVerwG, Urt. v. 13. 1. 87, Buchholz 402.25 § 1 AsylVfG Nr. 61; Urt. v. 27. 2. 87, Buchholz 402.25 § 1 AsylVfG Nr. 63.
[246] BVerwG, Urt. v. 26. 4. 88, Buchholz 402.25 § 1 AsylVfG Nr. 84.
[247] BVerwG, Urt. v. 17. 5. 83, BVerwGE 67, 184 (194).
[248] BVerwG, Urt. v. 27. 5. 86, BVerwGE 74, 226 (229) = NVwZ 86, 930.
[249] BayVGH, Urt. v. 19. 4. 77, in: Marx, Rechtsprechungssammlung 108 Nr. 10 S. 880; dazu, daß es für ein solches Verhalten aber viele verständliche Gründe gibt: Herrmann, ZAR 81, 111 (112).
[250] BVerwG, Urt. v. 22. 3. 83, Buchholz 310 § 108 VwGO Nr. 133.
[251] BVerwG, Urt. v. 28. 10. 83, Buchholz 310 § 108 VwGO Nr. 139.

besonderem Maße seine Pflicht zur Aufklärung des Sachverhalts erfüllt und seine guten Gründe für eine Verfolgungsfurcht mit genauen Einzelheiten vorgetragen habe.[252] Das Bundesverwaltungsgericht hat diesen Satz zwar nicht bestätigt,[253] seine Überprüfung aber abgelehnt, weil es sich um eine Frage der Beweiswürdigung ohne rechtsgrundsätzliche Bedeutung handele.[254]

(2) Schon dieser kurze Überblick zeigt, daß das eigentliche Problem der Erfahrungssätze nicht in ihrer Wirkungsweise, sondern in ihrer Legitimation liegt.[255] Sie können in gleicherweise zugunsten wie zu Lasten des Asylsuchenden aufgestellt werden und haben oft streitentscheidende Wirkung. Sie stellen zwar ihrer Natur nach objektive Wahrscheinlichkeitsaussagen dar, entstammen aber in Ermangelung statistischer Werte letztlich doch dem persönlichen Erfahrungsschatz des Beamten oder Richters. Damit werden Erfahrungssätze zur Einbruchstelle außerrechtlicher Kriterien,[256] was angesichts der Zurückhaltung des Revisonsgericht bei der Überprüfung von Erfahrungssätzen besonders bedenklich ist.[257] Die Grenze zum reinen Vorurteil ist fließend.[258] Ein Erfahrungssatz ist deshalb nur gerechtfertigt, wenn er rational begründet und empirisch durch eine nicht unerhebliche objektive Wahrscheinlichkeit gestützt ist,[259] wobei der ihm zukommende Beweiswert am Wahrscheinlichkeitsgrad zu orientieren ist.

Die oben dargestellte Rechtsprechung demonstriert aber, wie Wertungen zu Erfahrungssätzen generalisiert werden. So erscheint es bedenklich, wenn das Bundesverwaltungsgericht meint, daß es im Falle der Vermutung zugunsten des Ehegatten eines politisch Verfolgten nicht darauf ankomme, ob die Vergleichsfälle Ausdruck einer allgemeinen Praxis im Herkunftsstaat sind und es der Behördenseite auferlegt, darzutun, daß die festgestellten Vergleichsfälle atypische Einzelfälle sind.[260] Hier wird nicht mehr aufgrund des Erfahrungssatzes die Einzeltatsache, sondern der Erfahrungssatz als solcher vermutet. Umgekehrt wird die Geltung der Regelvermutung für entferntere Verwandte auch für den Fall abgelehnt, in dem ein Erfahrungssatz für Sippenhaft spricht. Zur Begründung wird lediglich ausgeführt, nur bei engen Familienangehörigen liege die Sippenhaft „allgemein besonders nahe".[261] Wo-

---

[252] VG Köln, Urt. v. 2. 4. 80, in: Marx, Rechtsprechungssammlung 108 Nr. 22 S. 883ff = InfAuslR 80, 242 m. abl. Anm. Marx, InfAuslR 81, 49.
[253] So aber Marx a.a.O.
[254] BVerwG, B. v. 8. 7. 81, in: Marx, Rechtssprechungssammlung 108 Nr. 42 S. 895.
[255] Berg, Die verwaltungsrechtliche Entscheidung, S. 111; ähnlich unter dem Gesichtspunkt der Gesetzesbindung: Rothkegel, in: GK-AsylVfG, II 2 vor § 1 Rdnr. 258.
[256] Köfner, in: Köfner/Nikolaus, Probleme, S. 52 (84), mit weiteren Beispielen aus der Rechtsprechung; Marx, InfAuslR 81, 49 (49).
[257] BVerwG, Urt. v. 25. 2. 82, NVwZ 82, 683.
[258] Prütting, Gegenwartsprobleme, S. 109.
[259] Berg, Die verwaltungsrechtliche Entscheidung, S. 111; Prütting, Gegenwartsprobleme, S. 109; Hailbronner, Ausländerrecht, F 1 Rdnr. 925 S. 562.
[260] BVerwG, Urt. v. 2. 7. 85, Buchholz 402.25 § 1 AsylVfG Nr. 34; Urt. v. 13. 1. 87, NVwZ 87, 505 (507).
[261] Urt. v. 26. 4. 88, Buchholz 402.25 § 1 AsylVfG Nr. 84.

her das Gericht diesen Erfahrungssatz nimmt, wenn es nicht auf die allgemeine Praxis des Verfolgerstaates und damit auf die generelle Häufigkeit der Vergleichsfälle ankommen soll, bleibt offen. Auch bei Vermutungen zugunsten Asylsuchender ist aber die sachliche Berechtigung von Sätzen fraglich, die sich nicht auf Wahrscheinlichkeitsaussagen stützen können. Die tatsächlichen Vermutungen nähern sich hier den gesetzlichen Vermutungen, die jedoch – anders als die hier in Frage stehenden, auf Erfahrungssätzen beruhenden tatsächlichen Vermutungen – positivrechtlich normiert sind.[262]

Auch im Hinblick auf ihre Überzeugungskraft und ihren Beweiswert bestehen erhebliche Bedenken gegen eine von objektiven Wahrscheinlichkeitsaussagen losgelöste Anwendung von Erfahrungssätzen. So hat das Bundesverwaltungsgericht die Indizwirkung der Folter nur darauf gestützt, daß „der Folter in der Vergangenheit typischerweise politische Motive zugrundelagen".[263] Völlig offen bleibt, wie und aufgrund welcher Tatsachen dieser Erfahrungssatz gewichtet wird, welche Überzeugungskraft aufgrund welchen Wahrscheinlichkeitsgrades dem Indiz Folter zukommt. *Schwäble* hat überzeugend dargestellt, wie dieser Mangel an Gewichtung (i.V.m. der Betonung der staatlichen Motivation) diese Indizwirkung im Verlauf der Rechtsprechungspraxis zu einer „inhaltsleeren Formel" degradiert hat, wobei schwerste Übergriffe gleichgewichtig neben Belanglosigkeiten angesiedelt werden, ungeachtet der Frage, ob politische Motivation typischerweise eher näher oder ferner liegt.[264] Wenn *Schwäble* vorschlägt, Übergriffe nach vermutlicher Wahrscheinlichkeit zu ordnen, wobei die Anforderungen an die Prüfung politischer Motivation umso höher sind, je eher sie typischerweise politisch motiviert sind,[265] so entspricht dies der Sache nach der hier vertretenen Auffassung, daß Erfahrungssätzen entsprechend der ihnen innewohnenden Wahrscheinlichkeit eine unterschiedliche Überzeugungskraft zukommt.

c) Die Auswirkungen auf die Sachverhaltsermittlung

Das Urteil des Verwaltungsgerichts Köln[266] macht ein weiteres Problem der Verwendung von Erfahrungssätzen deutlich: Der Erfahrungssatz tritt an die Stelle konkreter Sachverhaltsermittlungen.[267] Anstatt das individuelle Verfolgungsschicksal aufzuklären, schloß das Gericht allein aus der Nationalität auf die Unbegründetheit des Antrags. Dies ist mit dem Amtsermittlungsermittlungsgrundsatz unvereinbar, denn dieses Prinzip verlangt, daß das Gericht von sich aus die Umstände berücksichtigt, die gegen die Typizität des Geschehens sprechen. Ein Erfahrungssatz ist

---

[262] Dazu unten 7. Kapitel I.
[263] BVerwGE 67, 184 (194).
[264] Schwäble, DÖV 87, 183 (185).
[265] Schwäble a.a.O. S. 186.
[266] VG Köln, Urt. v. 2.4.80, in: Marx, Rechtsprechungssammlung 108 Nr. 22 S. 883 ff. = InfAuslR 80, 242 m.abl.Anm. Marx, InfAuslR 81, 49.
[267] Marx, InfAuslR 81, 49 (49); Berg, Die verwaltungsrechtliche Entscheidung, S. 111.

daher unter Geltung des Untersuchungsgrundsatzes nur subsidär anwendbar, nämlich wenn die Sachverhaltsermittlungen im konkreten Fall keine Anhaltspunkte für Abweichungen ergeben.[268]

Damit hängt zusammen, daß – wohl aufgrund der zivilprozessualen Herkunft des Anscheinsbeweises – die Tendenz zu beobachten ist, einem Beteiligten bei der Verwendung von Erfahrungssätzen verstärkte Behauptungslasten im Hinblick auf die Widerlegung dieser Sätze aufzuerlegen.[269] Es kann jedoch nicht richtig sein, daß ein Erfahrungssatz, noch bevor seine Anwendbarkeit überhaupt feststeht, schon geeignet sein soll, dem Asylbewerber oder der Behördenseite prozessuale Pflichten aufzuerlegen.[270]

d) Ergebnis

Als Ergebnis kann festgehalten werden, daß die Berücksichtigung von Erfahrungen und typischen Geschehensabläufen sich als Indizienbeweis und die Verwendung von Regelvermutungen sich als Anscheinsbeweis darstellen. Beide Beweisarten sind im Recht schlechthin übliche Hilfsmittel der Überzeugungsbildung. Sie sind Elemente der konkreten Beweiswürdigung und beeinflussen weder das Beweismaß noch die Beweislast. Die gesteigerte Bedeutung von Erfahrungssätzen folgt vor allem aus der Entscheidungserheblichkeit subjektiver Tatsachen und Motivationen im Asylrecht. Daher können Erfahrungssätze nicht als Ausdruck einer spezifisch asylrechtlichen, grundrechtlich gebotenen Beweiserleichterung verstanden werden. Aufgrund ihrer problematischen Legitimation und ihrer teilweise fragwürdigen Anwendung in der Praxis ist die Aufstellung von Erfahrungssätzen trotz ihrer großen praktischen Bedeutung nicht das Instrument, das geignet ist, den sachtypischen Beweisnotstand des Asylbewerbers in verfahrensrechtlich abgesicherter Weise zu überwinden. Die Herkunft des Erfahrungssatzes aus dem persönlichen Erfahrungs- und Wertungsbereich des Rechtsanwenders läßt diesen nicht als hinreichende Garantie für einen Grundrechtsschutz durch Verfahren erscheinen.

V. Der Sachvortrag des Asylbewerbers als Beweiserleichterung?

1. Die Rechtsprechung des Bundesverwaltungsgerichts

Das Bundesverwaltungsgericht hat den Tatsachengerichten eine wohlwollende Beurteilung der Aussage des Asylbewerbers nahegelegt und betont, daß dem persönlichen Vorbringen gegenüber der sonstigen Prozeßpraxis *gesteigerte Bedeutung*

---

[268] Berg, Die verwaltungsrechtliche Entscheidung, S. 106; vgl. auch BVerwG, Urt. v. 19. 8. 86, DVBl 87, 47 (48): Das Tatsachengericht darf nicht beim Rückgriff auf Erfahrungen auf die Prüfung und Würdigung des Einzelfalles verzichten.
[269] VG Köln a.a.O.; BVerwG, Urt. v. 2. 7. 85, Buchholz 402.25 § 1 AsylVfG Nr. 34; Urt. v. 17. 5. 83, BVerwGE 67, 195 (199).
[270] Ähnlich Tietgen, Gutachten, S. 65.

zukomme. Der Richter sei aus Rechtsgründen nicht gehindert, eine Parteibehauptung ohne Beweisaufnahme als wahr anzusehen. Das gelte für das Asylverfahren mit seinen typischen Beweisschwierigkeiten in besonderem Maße.[271]

Es wird die Ansicht vertreten, daß diese Formulierung im Ergebnis auf eine Reduzierung der Beweisanforderungen hinausläuft.[272] Dem kann nicht zugestimmt werden. Wie oben[273] ausgeführt, wurde in derselben Entscheidung das Beweismaß erhöht. Das Gericht spricht hier vielmehr den Beweiswert der persönlichen Aussage an, indem es Glaubhaftmachung mit Glaubwürdigkeit gleichsetzt. Die Frage, ob der Richter dem Parteivortrag glaubt, gehört nun aber zum Kernbereich der konkreten Beweiswürdigung.

2. Der Grundsatz der freien Beweiswürdigung

Die gesteigerte Bedeutung des Sachvortrags ist zunächst nur eine faktische Konsequenz der Tatsache, daß andere Beweismittel regelmäßig nicht zur Verfügung stehen. Je weniger Beweismittel zur Verfügung stehen, desto größer ist das Gewicht der vorhandenen Beweismittel.

Wenn das Bundesverwaltungsgericht die Bedeutung der Parteiaussage über das Faktische hinaus rechtlich verankern möchte, so stößt es an die Grenzen des Grundsatzes der freien Beweiswürdigung. Dessen Einführung hatte vor allem zum Ziel, die *Beweisregeln* abzuschaffen, die den Beweiswert der einzelnen Beweismittel festlegten.[274] Eine verbindliche Festlegung des Aussagewertes ist mit diesem Prinzip deshalb unvereinbar. Das Bundesverwaltungsgericht konnte eine wohlwollende Bewertung nur *nahelegen*. Die Beurteilung, welcher Wahrscheinlichkeitsgrad einer konkreten Aussage zukommt und ob dieser ausreicht, um eine Behauptung als bewiesen anzusehen, ist die alleinige Domäne des Tatsachenrichters. Dessen freie Würdigung ist – in den Grenzen des Willkürverbots und allgemeingültiger Auslegungsregeln – nicht revisibel.[275] Mit dem „Wohlwollensgebot" kann das Bundesverwaltungsgericht somit nur Anhaltspunkte für die richterliche Beweiswürdigung geben. Dessen rechtseinheitliche Anwendung kann jedoch nur in den aufgezeigten engen revisionsgerichtlichen Grenzen durchgesetzt werden.

Darüber hinaus gibt auch die Würdigung des konkreten Beweiswertes einer Aussage dem außerrechtlichen Vorverständnis des Rechtsanwenders besonderen Raum.

---

[271] BVerwG, Urt. v. 16. 4. 85, BVerwGE 71, 180 (181 f).
[272] Rothkegel, in: GK-AsylVfG, II 2 vor § 1 Rdnr. 306; Walter, Freie Beweiswürdigung, S. 228, zu BVerwG, B. v. 6. 2. 78, NJW 78, 1277 zum Kriegsdienstverweigerungsrecht.
[273] S.o. 3. Kapitel A.III.
[274] Walter, Freie Beweiswürdigung, S. 85.
[275] Prütting, Gegenwartsprobleme, S. 65 f; Kopp, VwGO, § 137 Rdnr. 25a.

3. Die Anforderungen an die Glaubwürdigkeit

Betrachtet man die Anforderungen an die Glaubwürdigkeit des Asylbewerbers, so erscheint es auch für den wohlwollenden Richter oder Beamten außerordentlich schwer, das vom Bundesverwaltungsgericht verlangte hohe Regelbeweismaß, – d. h. eine an Sicherheit grenzende Wahrscheinlichkeit der behaupteten Tatsachen – allein durch die Aussage des Asylsuchenden zu erreichen.

Die Forderung nach einem schlüssigen, substantiierten und lückenlosen Sachvortrag hinsichtlich der persönlichen Erlebnissphäre wurde oben schon geschildert.[276] Darüber hinaus wird die Glaubwürdigkeit in der Praxis vor allem daran gemessen, ob sich der Asylbewerber in Widersprüche verwickelt.[277] Nachteilig wird regelmäßig auch ein gesteigertes Vorbringen gewertet.[278] Beides ist jedoch im Hinblick auf die Begründetheit der Verfolgungsfurcht von begrenzter Aussagekraft.[279] Fehlerquellen können beim Anwalt, bei der Übersetzung durch den Dolmetscher oder in der Fragetechnik der Behörde liegen.[280] Die lange Verfahrensdauer kann Erinnerungslücken erzeugen. Stützt sich der Asylbewerber hingegen auf schriftliche Notizen oder stereotype Sätze, drängt sich der Verdacht eines präparierten „Flüchtlingsschicksals" auf. Gesteigertes Vorbringen kann durch psychischen Druck, Verdrängungsmechanismen, Mißtrauen gegenüber Behörden aufgrund schlechter Erfahrungen in Herkunftsland, Verständigungsschwierigkeiten durch unterschiedliche Begriffsinhalte, u. U. durch das Bedürfnis, Angehörige im Heimatland zu schützen und ähnliches begründet sein.[281] Auch die in der Praxis üblichen Fragen nach Zahlen und Daten sind nicht unbedingt aussagekräftig, wenn nach dem Lebenskreis des Ausländers ein Denken in zeitlichen Dimensionen nicht üblich ist.

So schwierig es also für den mit dem Asylrecht befaßten Beamten oder Richter ist, aus dem Vorbringen des Asylbewerbers eine zutreffende Überzeugung zu gewinnen, so schwierig ist es für den Asylantragsteller, den Anforderungen an den Sachvortrag zu genügen. Dabei scheint gerade der echte Flüchtling benachteiligt, der unvorbereitet, nicht von Schlepperorganisationen präpariert und nicht von Emigrantenorganisationen unterstützt, in der Bundesrepublik Deutschland Zuflucht sucht.[282]

---

[276] S. o. 3. Kapitel III.3. und Schaeffer, Asylberechtigung, S. 141 ff.; Rothkegel, in: GK-AsylVfG, II 2 vor § 1 Rdnr. 303 f.
[277] BVerwG, Urt. v. 20. 8. 74, Buchholz 402.24 § 28 AuslG Nr. 6; Urt. v. 22. 4. 86, NVwZ 86, 928 (929); Urt. v. 23. 2. 88, Buchholz 402.25 § 1 AsylVfG Nr. 79; Urt. v. 21. 6. 88, BVerwGE 78, 332 = DVBl 88, 1028 = NVwZ 88, 737.
[278] BVerwG, Urt. v. 16. 4. 85, BVerwGE 71, 180 (183).
[279] Ebenso Rothkegel, in: GK-AsylVfG, II 2 vor § 1 Rdnr. 304.
[280] Stelkens, ZAR 85, 15 (23).
[281] Stelkens, ZAR 85, 15 (20, 23); Fritz, in: GK-AsylVfG, § 12 Rdnr. 134 ff; Marx, in: ai, Bewährungsprobe, S. 149 ff, 210 f.
[282] Rittstieg, ZRP 81, 153 (159 f.).

4. Stellungnahme

Angesichts der außerordentlichen Schwierigkeiten bei der Würdigung des persönlichen Vorbringens und der Tatsache, daß der Grundsatz der freien Beweiswürdigung feste Beweisregeln und die revisionsrechtliche Überprüfung der konkreten Beweisbewertung verbietet, scheint es nicht ausreichend, der Verfassungsmaxime vom Grundrechtsschutz durch Verfahren allein im Rahmen der Beweiswürdigung Rechnung zu tragen.[283] Die gesteigerte Bedeutung des Sachvortrags hat sich nicht als verfahrensrechtliche Beweiserleichterung erwiesen. Darüber hinaus besteht die Gefahr, den Sachbezug zum eigentlichen Verfahrensgegenstand zu verlieren: Die politische Verfolgungsgefahr, nicht die persönliche Glaubwürdigkeit ist zu prüfen. Verfolgt werden können auch unglaubwürdige Personen. Die persönliche Glaubwürdigkeit ist nicht mehr als ein Hilfsmittel.[284]

C. Ergebnis

Der Grundsatz vom Grundrechtsschutz durch Verfahren gewinnt durch die spezifische Verfahrensabhängigkeit des Grundrechts auf Asyl ein besonderes Gewicht für die asylrechtlichen Beweisfragen. Diese Verfassungsmaxime verlangt es, daß die Effektuierung des Grundrechts auf Asyl nicht an unerfüllbaren Beweisanforderungen scheitert. Da der Asylbewerber in Bezug auf die im Ausland entstandenen Asylgründe einem grundrechtstypischen Beweisnotstand ausgesetzt ist, sind Beweiserleichterungen unabdingbar. Weil die Verfassung zu beweisrechtlichen Detailfragen schweigt, ist eine Gesamtanalyse der asylrechtlichen Beweiswürdigung, soweit sie denkbare Beweiserleichterungen betrifft, erforderlich. Als Rechtsinstitute, die sich neben dem Beweismaß allgemein oder asylspezifisch als Beweiserleichterung anbieten, kommen insbesondere der Untersuchungsgrundsatz, die Verwendung von Erfahrungssätzen, wozu auch die Regelvermutungen und der Anscheinsbeweis zu zählen sind, und die Bewertung des eigenen Sachvortrags des Asylbewerbers in Betracht. Es hat sich jedoch gezeigt, daß diese Institute nicht geeignet bzw. nicht ausreichend erscheinen, um die Durchsetzung des Asylrechts verfahrensrechtlich sicherzustellen.

Damit erscheint grundsätzlich eine abstrakt-generelle Herabstufung des Beweismaßes für die im Ausland entstandenen Asylgründe im Wege einer verfassungskonformen Auslegung des gesetzlichen Regelbeweismaßes erforderlich. Der neueren Rechtsprechung des Bundesverwaltungsgerichts, die eine deutliche Absage an die

---

[283] Im Ergebnis ähnlich: Rothkegel, in: GK-AsylVfG, II 2 vor § 1 Rdnr. 306: „Verlegenheitslösung"; Bertrams, DVBl 87, 1181 (1187).
[284] Vgl. Rothkegel, in: GK-AsylVfG, II 2 vor § 1 Rdnr. 297 ff.

C. Ergebnis

früher vertretene, als Glaubhaftmachung bezeichnete Beweismaßreduzierung darstellt, kann daher nicht gefolgt werden.

Da jedoch beweisrechtliche Defizite durch Beweiserleichterungen an anderer Stelle ausgeglichen werden können, kann die Forderung nach einer Herabminderung der Beweisstärke an dieser Stelle nur als *vorläufiges* Ergebnis festgehalten werden. Denn eine weitreichende Erleichterung des Nachweises der Verfolgungsgefahr würde es darstellen, wenn die Ungewißheit der tatsächlichen Voraussetzungen der politischen Verfolgung, das heißt die materielle Beweislast, zu Lasten der staatlichen Seite ginge. Die endgültige Entscheidung für oder gegen eine Beweismaßreduzierung muß daher bis zur Klärung der Beweislastproblematik im zweiten Teil dieser Untersuchung zurückgestellt werden.

Viertes Kapitel. Das Beweismaß für im Inland entstandene Asylgründe

I. Grundsätzliches

1. Der Begriff

Unter dem Begriff Inlandstatsachen wurden oben die asylerheblichen Tatsachen und Vorgänge zusammengefaßt, die sich erst im Gastland ereignen. Diese Umstände sind naturgemäß Nachfluchtgründe, während der Umkehrschluß nicht gilt: Da sich auch nach der Einreise die politischen Verhältnisse durch Machtwechsel und ähnliches im Heimatland gravierend ändern können, sind nicht alle Auslandstatsachen Vorfluchtgründe.[1] Die letztgenannten Asylgründe entstehen regelmäßig ohne Zutun des Asylbewerbers und sind daher sog. *objektive* Nachfluchtgründe, während die Inlandstatsachen oft willentlich herbeigeführt und dann als *subjektive* (gewillkürte, selbstgeschaffene) Nachfluchtgründe bezeichnet werden.

2. Das Beweismaß

Für die Inlandstatsachen hat die Rechtsprechung stets Vollbeweis gefordert.[2] Entgegen der Ansicht von *Marx* beruht dies nicht auf der Absicht, einen Asylrechtsmißbrauch abzuwehren.[3] Vielmehr entspricht das Erfordernis des vollen Beweises dem gesetzliche Regelbeweismaß und bedarf daher – anders als eine Herabstufung der Beweisstärke – keiner weiteren Begründung. Da die asyltypischen Beweisprobleme, die nach der hier vertretenen Ansicht eine Beweismaßreduzierung erforderten, ihren gemeinsamen inneren Grund im Auslandsbezug des Asylfalles haben, ist in Bezug auf Vorgänge innerhalb der Bundesrepublik Deutschland eine beweismäßige Privilegierung gegenüber anderen Grundrechtsträgern nicht gerechtfertigt. Es gilt daher das hohe gesetzliche Regelbeweismaß.[4]

---

[1] S. o. 3. Kapitel A. II. 1.

[2] BVerwG, B. v. 29. 11. 77, BVerwGE 55, 82 (83); B. v. 20. 8. 74, Buchholz 402.24 § 28 AuslG Nr. 6.

[3] Marx, in: Marx/Strate/Pfaff, AsylVfG, § 1a Rdnr. 31.

[4] Wenn Marx, a. a. O., daraus, daß der volle Beweis zu erbringen ist, zugleich auf eine Beweislast des Asylbewerbers schließt, beruht dies wohl auf einer fehlenden Differenzierung zwischen subjektiver und objektiver Beweislast. Dazu oben 1. Kapitel III.

II. Die gewillkürten Nachfluchtgründe

1. Die Rechtsprechung

a) Die Rechtsprechung des Bundesverwaltungsgerichts führte rechtslogisch konsequent zur Anerkennung der selbstgeschaffenen Nachfluchtgründe. Da allein eine Zukunftsprognose hinsichtlich der Verfolgungsgefahr bei Rückkehr in den Heimatstaat als entscheidungserheblich galt, wurde eine zeitlich kausale Abfolge von Verfolgungsgrund, Verfolgung und Flucht entbehrlich. Es kam nicht mehr darauf an, ob die Verfolgung vor der Ausreise bereits in die Wege geleitet war.[5] Da allein die Motivation des Verfolgerstaates zählte, spielte es keine Rolle mehr, ob der Asylbewerber die vermeintliche politische Überzeugung tatsächlich besaß.[6] Daher war es nach Ansicht des Gerichts grundsätzlich ohne Bedeutung, ob der Asylbewerber „ohne Not", z. B. durch Stellung eines Asylantrags, in eine selbstverschuldete Zwangslage geraten war, denn „wenn eine Verfolgungsgefahr tatsächlich bestehe, könne von einem „scheinbaren Asylgrund" nicht mehr gesprochen werden".[7]

Der auf der Hand liegenden Möglichkeit einer Asylprovokation begegnete das Bundesverwaltungsgericht, indem es die Prognosebasis erweiterte. Die Anerkennung erfolgte nicht allein aufgrund der Stellung des Aslylantrags oder des Beitritts zu einer Emigrantenorganisation, sondern erst, wenn weitere gewichtige Umstände hinzutraten, die für das Bekanntwerden dieser Aktivitäten im Herkunftsstaat und eine asylrelevante Reaktion sprachen.[8]

b) Die Rechtsprechung des Bundesverwaltungsgericht entsprach dem humanitären Grundgedanken des Asylrechts,[9] hat sich aber als nicht konsensfähig und als Einbruchstelle für einen Mißbrauch des Asylverfahrens erwiesen.

Das Bundesverfassungsgericht hatte in mehreren Auslieferungsverfahren subjektive Nachfluchtgründe grundsätzlich anerkannt, aber wegen ihres Ausnahmecha-

---

[5] BVerwG, Urt. v. 24. 4. 79, Buchholz 402.24 § 28 AuslG Nr. 13; Urt. v. 3. 12. 85, NVwZ 86, 307 (308); Urt. v. 26. 3. 85, BVerwGE 71, 175 (177); und st. Rspr.
[6] BVerwG, Urt. v. 29. 11. 77, BVerwGE 55, 82 (85); Urt. v. 31. 3. 81, BVerwGE 62, 123 (124); Urt. v. 21. 11. 78, Buchholz 402.24 § 28 AuslG Nr. 12; Urt. v. 24. 4. 79, Buchholz 402.24 § 28 AuslG Nr. 13 und st. Rspr.
[7] BVerwG, Urt. v. 8. 11. 83, BVerwGE 68, 171 (172f); Urt. v. 15. 7. 86, NVwZ 87, 59f; Urt. v. 15. 7. 86, DVBl 87, 45 (46); Urt. v. 21. 10. 86, NVwZ 87, 332 (333); a. A. BayVGH, Urt. v. 27. 3. 83, NVwZ 84, 57; VGH Bad.-Württ., Urt. v. 26. 6. 85, VBlBW 86, 152ff; VGH Bad.-Württ., Urt. v. 11. 4. 85, VBlBW 86, 184.
[8] BVerwGE 55, 82 (85); BVerwGE 68, 171 (175); NVwZ 87, 332 (334); Buchholz 402.25 § 1 AsylVfG Nr. 28.
[9] Vgl. nur BVerwG, Urt. v. 15. 7. 86, DVBl 87, 45 (47): „Der Asylbewerber genießt politisches Asyl nicht deshalb, weil er Asylantrag gestellt hat, sondern weil sein Heimatstaat in so hohem Maße unduldsam ist, daß er schon im Grunde belanglose Handlungen... zum Anlaß politischer Verfolgung nimmt." Anders aber BVerfG, B. v. 26. 11. 86, BVerfGE 74, 51 (64), wo diese Rechtsprechung als nur scheinbar humanitär bezeichnet wird.

rakters die Anlegung eines besonders strengen Maßstabs verlangt.[10] Dabei stellte es darauf ab, ob die politischen Aktivitäten Ausdruck einer echten politischen Gegnerschaft zum Herkunftsstaat oder nur vorgeschoben und nicht ernsthaft waren.[11] In einer neueren Grundsatzentscheidung hat das Gericht nunmehr die Eignung von gewillkürten Nachfluchtgründen für die Anerkennung über den Sonderfall des Auslieferungsverfahrens hinaus grundsätzlich in Frage gestellt. Das Asylgrundrecht setze von seinem Tatbestand her grundsätzlich einen *kausalen Zusammenhang* zwischen Verfolgung und Flucht voraus. Bei selbstgeschaffenen Nachfluchttatbeständen könne eine Asylberechtigung in aller Regel nur dann in Betracht gezogen werden, wenn sie Ausdruck und Fortführung einer schon während des Aufenthalts im Heimatstaat vorhandenen und erkennbar betätigten festen Überzeugung sind, mithin als notwendige Konsequenz einer dauernden, die eigene Identität prägenden und nach außen kundgebenen Lebenshaltung erscheinen. Für eine exilpolitische Betätigung folge daraus, daß eine Asylrelevanz grundsätzlich ausscheide. Der anzulegende besonders strenge Maßstab für Ausnahmefälle gelte ebenso in materieller Hinsicht wie für die Darlegungslast und die Beweisanforderungen.[12]

2. Analyse

Auf die materiell-rechtliche Seite dieses Beschlusses kann hier nicht eingegangen werden.[13] Im Rahmen der vorgebenen Thematik interessiert die eher beiläufige Bemerkung des Gerichts zu den Beweisanforderungen.[14]

---

[10] BVerfG, B. v. 4. 2. 59, BVerfGE 9, 174 (181); B. v. 19. 2. 75, BVerfGE 38, 398 (402); B. v. 13. 4. 83, BVerfGE 64, 46 (59).

[11] BVerfG, B. v. 9. 1. 63, BVerfGE 15, 249 (255); B. v. 13. 4. 83, BVerfGE 64, 46 (60).

[12] BVerfG, B. v. 26. 11. 86, BVerfGE 74, 51 (66) = NVwZ 87, 311 (313) = DVBl 87, 130 (133) = DÖV 87, 202 = InfAuslR 87, 56 = BayVBl 87, 143; BVerfG, B. v. 17. 11. 88, InfAuslR 89, 31 f; das BVerwG hat sich wegen der Bindungswirkung des Beschlusses angeschlossen: Urt. v. 19. 5. 87, BVerwGE 77, 258 = Buchholz 402.25 § 1 AsylVfG Nr. 68 = DVBl 87, 1115 m. Anm. Quaritsch = InfAuslR 87, 229; seitdem st. Rspr.

[13] Hierzu zustimmend: Quaritsch, DVBl 87, 360; Kimminich, in: Festschrift für Zeidler Bd. I, S. 939 (952ff); weniger weitgehend Schwäble, DÖV 87, 183 (193, insbes. Fn. 55); kritisch R. Hofmann, NVwZ 87, 299; J. Hofmann, DÖV 87, 491; ders., ZAR 87, 115; Brunn, NVwZ 87, 301; Wolf, InfAuslR 87, 60; Schumacher, DVBl 87, 294; Treiber, ZAR 87, 151; Marx, in: Marx/Strate/Pfaff, AsylVfG, § 1a Rdnr. 11 ff; Rothkegel, in: GK-AsylVfG II 2 vor § 1 Rdnr. 214ff.

[14] BVerfG, B. v. 26. 11. 86, BVerfGE 74, 51 (66). Korbmacher, Festschrift für Zeidler Bd. I, S. 901 (913) stellt aber zur Diskussion, ob sich die Bedeutung des Beschlusses nicht in den unterschiedlichen Nachweisanforderungen erschöpft und tatbestandlich alles beim alten bleibt. Aus den vom Bundesverfassungsgericht und insbesondere vom Bundesverwaltungsgericht gezogenen beweisrechtlichen Konsequenzen des Beschlusses kann jedoch geschlossen werden, daß es sich auch um eine tatbestandliche Neufassung handelt, vgl. dazu unten 10. Kapitel B., D.

a) Der „besonders strenge" Maßstab hinsichtlich der Darlegungslast

Das Bundesverfassungsgericht hat nicht näher ausgeführt, inwiefern sich der besonders strenge Maßstab im Hinblick auf die Darlegungslast des Asylbewerbers auswirken soll. Welche hohen Anforderungen bereits unabhängig von der Art des geltend gemachten Asylgrundes an die Mitwirkungspflichten des Asylbewerbers gestellt werden, wurde oben schon geschildert.[15] Die sog. Darlegungslast hat sich längst zu einer partiellen subjektiven Beweislast verdichtet. Es muß davon ausgegangen werden, daß das Bundesverfassungsgericht diese Entwicklung nunmehr gebilligt hat und möglicherweise auch auf die Umstände außerhalb des persönlichen Erfahrungsbereichs des Asylsuchenden erstrecken will. Eine solche Auslegung ist jedoch im Hinblick auf den Untersuchungsgrundsatz nicht unproblematisch und hätte zumindest einer ausführlicheren Begründung bedurft. Aus der Äußerung des Bundesverfassungsgerichts kann aber auch darauf geschlossen werden, daß im Rahmen der Beweiswürdigung eine wohlwollende Beurteilung der persönlichen Aussage, wie sie das Bundesverwaltungsgericht vorschlägt,[16] bei den subjektiven Nachfluchtgründen nicht mehr erfolgen soll. Dies erschwert die Geltendmachung subjektiver Nachfluchtgründe in besonderem Maße, weil es für deren Anerkennung nach der Auffassung des Gerichts verstärkt auf Motive und Überzeugungen des Asylbewerbers anzukommen scheint, also auf subjektive Elemente, für die häufig kein anderes Beweismittel als die eigene Aussage zur Verfügung steht.

b) Die „besonders strengen" Anforderungen hinsichtlich des Beweises

Oben wurde festgestellt, daß für Inlandstatsachen bereits das hohe Regelbeweismaß gilt. Setzt man den besonders strengen Maßstab hinsichtlich der Beweisanforderungen beim Beweismaß an, so bleibt für Inlandstatsachen nur noch eine Erhöhung des Beweismaßes auf eine Offensichtlichkeit, eine Evidenz. Dies steht aber im Widerspruch zum gesetzlichen Regelbeweismaß und hätte daher einer eingehenden Begründung und Rechtfertigung bedurft und in der Entscheidung eindeutig zum Ausdruck kommen müssen.

Ein weiterer Ansatzpunkt für das Beweismaß bietet sich darin, daß das Bundesverfassungsgericht die Relevanz von Inlandstatsachen an bestimmte Auslandstatsachen knüpft, insbesondere an die erkennbar betätigte politische Überzeugung. Das Bundesverfassungsgericht hat möglicherweise zum Ausdruck bringen wollen, daß die für Auslandstatsachen grundsätzlich anerkannten Beweiserleichterungen – nach der hier vertretenen Auffassung eine Beweismaßreduzierung –, für die Auslandstatsachen, die für die subjektiven Nachfluchtgründe relevant sind, nicht gelten.

Schließlich ist dieser Beschluß dahingehend ausgelegt worden, daß der Asylbewerber für die subjektiven Nachfluchtgründe die Beweislast tragen soll.[17] Die Be-

---

[15] S. o. 3. Kapitel B.III.3., V.
[16] S. o. 3. Kapitel B.V.
[17] Quaritsch, DVBl 87, 360 (361).

weislastproblematik soll in anderem systematischen Zusammenhang erörtert werden. Bereits an dieser Stelle kann aber angedeutet werden, daß nach der Rechtsprechung des Bundesverwaltungsgerichts im allgemeinen die materielle Beweislast auch bisher schon zu Lasten des Asylbewerbers ging, so daß die Entscheidung des Bundesverfassungsgerichts insoweit keine neue Aussage enthält. Sie ist allerdings eine klare Absage an die in der Literatur vertretene These von einer materiellen Beweislast des Staates.[18]

III. Ergebnis

Für Inlandstatsachen gilt das gesetzliche Regelbeweismaß der an Sicherheit grenzenden Wahrscheinlichkeit.

Hinsichtlich subjektiver Nachfluchtgründe will das Bundesverfassungsgericht einen besonders strengen Maßstab an die Beweisanforderungen anlegen. Der konkrete beweisrechtliche Ansatz des Bundesverfassungsgerichts und dessen mögliche Auswirkungen bleiben im Dunkeln.[19] Die Interpretation des „besonders strengen Maßstabs" dahingehend, daß der Asylbewerber die Darlegungs- und Beweislast für die subjektiven Verfolgungsgründe tragen soll, ist denkbar, führte aber nicht zu einer beweisrechtlichen Sonderbehandlung der gewillkürten Nachfluchtgründe und hätte keiner ausdrücklichen Hervorhebung bedurft, weil die ständige Rechtsprechung dem Asylbewerber Darlegungs- und Beweislast – auch bei den objektiven Asylgründen – bereits auferlegt. Am überzeugendsten erscheint die Auslegung, daß eine wohlwollende Beweiswürdigung nicht gerechtfertigt ist und Beweiserleichterungen hinsichtlich solcher Auslandstatsachen, an die die relevanten Inlandstatsachen anknüpfen, entfallen.

---

[18] Dazu unten 9. Kapitel VIII.2.a).
[19] Kritisch zu den Beweisanforderungen auch Wolf, InfAuslR 87, 69 (74).

Fünftes Kapitel. Beweismaß und Gefahrenprognose

Art. 16 II 2 GG wird dahingehend ausgelegt, daß eine Asylberechtigung besteht, wenn politische Verfolgung mit beachtlicher Wahrscheinlichkeit droht.[1] Es genügt also eine bestimmte Wahrscheinlichkeit eines Schadenseintritts, mit anderen Worten: eine *Gefahr*.[2] Nun wurde aber auch die Anwendung der Beweismaßes als Anlegung eines Wahrscheinlichkeitsmaßstabes definiert. Das Beweismaß ist der Wahrscheinlichkeitsgrad, der erreicht sein muß, damit eine Tatsache verfahrens- oder prozeßrechtlich als bewiesen behandelt werden kann.[3] Es stellt sich daher die Frage, in welchem Verhältnis und welchem systematischen Zusammenhang beide Wahrscheinlichkeitsurteile stehen; insbesondere ist zu untersuchen, wie die Forderung des Bundesverwaltungsgerichts nach der vollen richterlichen Überzeugung von der Wahrheit[4] damit zu vereinbaren ist, daß für die Anerkennung der Asylberechtigung nach ständiger Rechtssprechung eine beachtliche Wahrscheinlichkeit genügt.[5]

I. Das Verhältnis von Beweismaß und materiellem Recht

1. Identität von Beweismaß und materieller Rechtsauslegung

Der Sinn einer Beweismaßdiskussion im Verwaltungsrecht wird von *Nell* grundlegend in Frage gestellt. Seiner Ansicht nach ist das Problem, mit welchem Wahrscheinlichkeitsgrad ein Tatbestandsmerkmal festgestellt werden muß, eine Frage der Abwägung, Auslegung und Anwendung des materiellen Rechts. Zum einen folge dies daraus, daß das materielle Verwaltungsrecht Tatbestandsmerkmale verwende, die Ungewißheit voraussetzen und von vornherein nur Wahrscheinlichkeitsurteile zulassen (z.B. der Gefahrenbegriff).[6] Zum anderen sei das materielle Verwaltungsrecht immer schon auf seine Durchsetzung im Verfahren angelegt. Daher sei die Frage nach dem für die richterliche Entscheidung maßgeblichen Beweismaß identisch mit dem für die Verwaltungsentscheidung unter Ungewißheit maßgeblichen Wahrscheinlichkeitsgrad.[7] Wenn die Frage nach der materiell-rechtlich richtigen

---

[1] BVerwG, Urt. v. 31. 3. 81, Buchholz 402.24 § 28 AuslG Nr. 27; Urt. v. 3. 12. 85, Buchholz 402.25 § 1 AsylVfG Nr. 42.
[2] Zum Gefahrenbegriff statt vieler Friauf, Polizei- und Ordnungsrecht, in: v. Münch, Besonderes Verwaltungsrecht, S. 181 (201 ff).
[3] S.o. 2. Kapitel III.
[4] BVerwG, Urt. v. 16. 4. 85, BVerwGE 71, 180.
[5] Z.B. BVerwG, Urt. v. 29. 11. 77, BVerwGE 55, 82.
[6] Nell, Wahrscheinlichkeitsurteile, S. 215.
[7] Nell, Wahrscheinlichkeitsurteile, S. 216.

Entscheidung beantwortet sei, bleibe für die Beweismaß- (und die Beweislast-) frage nichts zu beantworten übrig.[8]

2. Gemeinsamkeiten und Unterschiede von Beweismaß und materieller Rechtsauslegung

Der These von einer Identität von materiell-rechtlicher Auslegung und Beweismaß im öffentlichen Recht kann nur eingeschränkt zugestimmt werden.

a) Eine Identität der erforderlichen Wahrscheinlichkeitsurteile und damit des anzulegenden Wahrscheinlichkeitsmaßstabs liegt allerdings vor, soweit es um die Auslegung des Tatbestandsmerkmals der Verfolgungsgefahr geht. Dies ergibt sich aus dem Begriff der Gefahr:

Die Beurteilung einer Gefahr verlangt eine Prognose, d.h. die Vorausschau zukünftiger Entwicklungen.[9] Das bedeutet, daß das Tatbestandsmerkmal Gefahr ein Wahrscheinlichkeitsurteil erfordert[10] und begriffsnotwendig ein Element der Ungewißheit enthält. Zukünftige Ereignisse sind nicht im eigentlichen Sinne beweisbar, sondern können stets nur vermutet werden.[11] Welcher Wahrscheinlichkeitsgrad für die Annahme einer Gefahr ausreicht, läßt sich nicht generell festlegen. Es besteht vielmehr eine umgekehrte Proportionalität von Schadensausmaß und Schadenswahrscheinlichkeit[12]: Je größer das zu erwartende Schadensausmaß, desto geringer sind die Anforderungen an die Wahrscheinlichkeit des Schadenseintritts.[13] Es zeigt sich, daß der Gefahrenbegriff notwendigerweise ein Subjekt voraussetzt, weil das Vorliegen einer Gefahr nicht mehr objektiv aus sich heraus, sondern erst nach einer Abwägung durch die zum Handeln berufene Person festgestellt werden kann. Darüber hinaus sind im Asylrecht materielles und Verfahrensrecht untrennbar miteinander verknüpft, weil das Grundrecht auf Asyl regelmäßig in einem Verwaltungsverfahren durchgesetzt werden muß. Anerkennung der Asylberechtigung ist ohne Prognose der Verfolgungsgefahr durch die Behörde im Rahmen eines Verfahrens nicht denkbar. Damit ist nun in der Tat eine Identität materiell-rechtlicher Auslegung und prozessualer oder verfahrensmäßiger Feststellung gegeben. Denn wenn der Beamte oder Richter in einem abwägenden Wahrscheinlichkeitsurteil zu dem Ergebnis kommt, daß das materiell-rechtliche Tatbestandsmerkmal Gefahr gegeben

---

[8] Nell, Wahrscheinlichkeitsurteile, S. 217, zu dieser These im Hinblick auf die Beweislast unten 6. Kapitel IV. Ähnlich für das Zivilprozeßrecht: Greger, Beweis und Wahrscheinlichkeit, S. 196 ff. Er ordnet sämtliche Beweiserleichterungen als materiell-rechtliche Besonderheiten ein. Hiergegen überzeugend Prütting, Gegenwartsprobleme, S. 88 ff.
[9] Friauf, a.a.O. S. 201.
[10] Ossenbühl, in: Festgabe f. d. Bundesverfassungsgericht, S. 509.
[11] Im Ergebnis ebenso BVerwG, Urt. v. 16. 4. 85, BVerwGE 71, 180 (181 f.).
[12] So ausdrücklich z.B. Nell, Wahrscheinlichkeitsurteile, S. 124, 163.
[13] BVerfG, B. v. 8. 8. 78, BVerfGE 49, 89 (138); BVerwG, Urt. v. 6. 9. 74, BVerwGE 47, 31 (40); Martens, in: Drews/Wacke/Vogel/Martens, Gefahrenabwehr, S. 224; Friauf, Polizei- und Ordnungsrecht, in: v. Münch, Besonderes Verwaltungsrecht, S. 202.

I. Das Verhältnis von Beweismaß und materiellem Recht

ist, dann wird er diese Gefahr auch verfahrensrechtlich für hinreichend erwiesen halten. Materiell-rechtliche Auslegung und verfahrensrechtliche Prüfung sind ein- und derselbe Vorgang. Der materiell-rechtlich genügende Wahrscheinlichkeitsgrad bestimmt daher auch den für den Beweis einer Gefahr ausreichenden Überzeugungsgrad, das Beweismaß.[14] Dieses an die Gefahr anzulegende Beweismaß kann, da der Gefahrenbegriff ein Wissensdefizit im Hinblick auf zukünftige Entwicklungen begrifflich einschließt, mit dem Regelbeweismaß der vollen Überzeugung nicht identisch sein.[15] Für das Asylrecht ergibt sich daraus, daß die Auslegung des Tatbestandsmerkmals politische Verfolgung als Verfolgungsgefahr zu einem weiteren „Beweismaß" im Sinne eines weiteren Wahrscheinlichkeitsmaßstabes führt.

b) Das Bundesverwaltungsgericht will in seiner Entscheidung zur Wiedereinführung des Vollbeweises für Auslandstatsachen[16] in einem obiter dictum das hohe Regelbeweismaß der an Sicherheit grenzenden Überzeugung offenbar auf die Gefahrenprognose übertragen. Zunächst weist es – im Einklang mit der hier vertretenen Ansicht – darauf hin, daß schon aus dem Gefahrenbegriff folge, daß ein „voller Beweis" der Verfolgungsgefahr nicht erbracht werden könne. Dies ändere aber nichts daran, daß das Gericht von der Richtigkeit seiner Prognose die volle richterliche Überzeugung erlangt haben müsse.[17] Diese Aussage enthält zunächst eine Selbstverständlichkeit: Derjenige, der die Prognose trifft, ist identisch mit demjenigen, der sie im Verfahren überprüft.[18] Wenn der Richter oder Verwaltungsbeamte zu einer bestimmten Zukunftsprognose im Wege eines Wahrscheinlichkeitsurteils gelangt ist, wird er diese auch für richtig halten. Der Satz: „Ich prognostiziere politische Verfolgung, halte diese Aussage aber für falsch" ergibt keinen Sinn. Soweit aber das Bundesverwaltungsgericht eine Beweismaßerhöhung bezweckt haben sollte, kann dem nach dem hier vertretenen subjektiven Wahrscheinlichkeitsbegriff nicht zugestimmt werden. Denn die Überzeugung von der Richtigkeit einer Gefahrenprognose bedeutet Überzeugung von der Wahrscheinlichkeit eines Schadenseintritts. Da die Überzeugung von einer Wahrscheinlichkeit identisch ist mit einem Für-Wahrscheinlich-Halten,[19] können an die Prognose als solche und an den hierauf bezogenen Überzeugungsgrad des Richters oder Verwaltungsbeamten nicht verschiedene Maßstäbe angelegt werden. Wenn der Rechtsanwender von einer überwiegenden Wahrscheinlichkeit voll überzeugt ist, bedeutet dies nichts anderes, als daß er etwas für überwiegend wahrscheinlich hält. Eine Erhöhung des Überzeugungsgrades im Hinblick auf die Verfolgungsprognose könnte daher nur erfolgen, wenn die Auslegung des Begriffs der beachtlichen Wahrscheinlichkeit in Richtung auf eine an Sicherheit grenzende Wahrscheinlichkeit geändert würde. Dies hat das

---

[14] Nell, Wahrscheinlichkeitsurteile, S. 215 ff.
[15] Im Ergebnis ebenso BVerwG, Urt. v. 16. 4. 85, BVerwGE 71, 180 (181 ff).
[16] BVerwG, a.a.O.
[17] BVerwG, a.a.O.
[18] Dazu, daß auch für Verwaltungsverfahren und Verwaltungsprozeß dieselben Wahrscheinlichkeitsmaßstäbe gelten: Nell, Wahrscheinlichkeitsurteile, S. 216.
[19] S.o. 2. Kapitel II. III; dies verkennt wohl auch Bertrams, DVBl 87, 1181 (1189).

Bundesverwaltungsgericht aber nicht beabsichtigt, wie sich aus späteren Entscheidungen ergibt (dazu unten II.).

c) Trotz den hier dargestellten Gemeinsamkeiten von materiell-rechtlicher Rechtsanwendung und Beweisstärke bleibt die Beweismaßdiskussion notwendig. Fragt man, wie die Forderung des Bundesverwaltungsgerichts nach der vollen richterlichen Überzeugung von der Wahrheit damit zu vereinbaren ist, daß in ständiger Rechtsprechung eine beachtliche Wahrscheinlichkeit der politischen Verfolgung für ausreichend erachtet wird, so ergibt sich, daß hier verschiedene Ebenen der asylrechtlichen Entscheidung angesprochen sind. Denn die eigentliche Gefahrenprognose ist zu unterscheiden von der zugrundeliegenden Tatsachenfeststellung:

(1) Die im Asylrecht notwendige Zukunftsprognose erfordert eine Gesamtschau, eine umfassende Würdigung und Bewertung einer Vielzahl von einzelnen Ereignissen und Informationen.[20] Die eigentliche wertende Prognose setzt damit die Ermittlung einer Vielzahl von Tatsachen voraus, die als möglichst objektive Elemente dem subjektiven Wahrscheinlichkeitsurteil zugrundegelegt werden müssen, wenn es sich nicht um eine rein willkürliche Entscheidung handeln soll. Die Feststellung dieser Prognosebasis kann nun nicht gleichgesetzt werden mit der vorausschauenden Gesamtwürdigung als solcher. Denn die Frage, von welcher Tatsachenlage auszugehen ist, ist eine andere als die, ob dieses Tatsachenmaterial in seiner Gesamtheit die Annahme einer Verfolgungsgefahr rechtfertigt. Erstere ist das verfahrensrechtliche Problem der Sachverhaltsfeststellung, letztere das der eigentlichen Rechtsanwendung, der Subsumtion. Ohne die erhebliche praktische Wechselwirkung leugnen zu wollen, vollzieht sich damit die asylrechtliche Entscheidung – stark vereinfacht – in zwei grundsätzlichen Schritten[21]: Der Ermittlung der Tatsachenbasis sowie der darauf beruhenden wertenden Prognose.

(2) Diese Unterscheidung kann von verschiedenen Ansätzen her in Frage gestellt werden.

Ossenbühl und *Philippi* definieren eine Tatsache als „realen Sachverhalt", beziehen aber zukünftige Sachverhalte in den Tatsachenbegriff mit ein und verstehen deren Feststellung als Prognoseentscheidungen.[22] Denn diese Thematik könne man weder als Auslegung noch als rechtliche Deduktion einordnen, sondern im richterlichen Syllogismus nur dem Untersatz zuschlagen.[23] Es kann dahingestellt bleiben, ob diese Einordnung im Hinblick auf die spezifisch verfassungsprozeßrechtliche Themenstellung der Autoren ihre Berechtigung hat. Für die Gefahrenprognose von Verwaltungsbehörde und Tatsachengericht kann sie nicht gelten. Wie oben dar-

---

[20] BVerwG, Urt. v. 12.7.83, Buchholz 402.25 § 1 AsylVfG Nr. 10; Urt. v. 31.7.84, Buchholz 402.25 § 32 AsylVfG Nr. 4; Urt. v. 3.12.85, Buchholz 402.25 § 1 AsylVfG Nr. 42.

[21] Vgl. zum Verhältnis von Tatsachenermittlung und Prognose auch BVerwG, Urt. v. 31.7.84, Buchholz 402.25 § 32 AsylVfG Nr. 4; Berg, Die verwaltungsrechtliche Entscheidung, S. 73 m.w.N. Fn. 8 und 9.

[22] Philippi, Tatsachenfeststellungen des Bundesverfassungsgerichts, S. 5; Ossenbühl, in: Festgabe f.d. Bundesverfassungsgericht, S. 458 (466).

[23] Ossenbühl a.a.O.

I. Das Verhältnis von Beweismaß und materiellem Recht

gestellt, ist eine Gefahr kein objektiv existierender, in Zukunft feststellbarer Sachverhalt, der dem Tatbestand einer Rechtsnorm zugeordnet werden kann, sondern in erster Linie das Ergebnis von Abwägung und Auslegung des materiellen Rechts.

Weitere Zweifel an der Unterscheidbarkeit von Tatsachenfeststellung und eigentlicher Prognose ergeben sich daraus, daß nicht nur die Festellung zukünftiger, sondern auch vergangener und gegenwärtiger Tatsachen als Herstellung eines subjektiven Wahrscheinlichkeitsurteils gesehen wurde.[24] Ein Unterschied im Charakter eines Wahrscheinlichkeitsurteils über gegenwärtig schon feststehende, aber unbekannte Tatsachen, eines „diagnostischen" Wahrscheinlichkeitsurteils in der Terminologie von *Hoffmann-Riem*,[25] und einem Wahrscheinlichkeitsurteil über zukünftige Ereignisse, eines „prognostischen" Wahrscheinlichkeitsurteils,[26] wird von *Nell* bestritten. Beide beruhen auf der Begrenztheit menschlicher Erkenntnis und seien untrennbar miteinander verbunden, weil das typische Wahrscheinlichkeitsurteil aus diagnostischen und prognostischen Elementen zusammengesetzt sei.[27] Gerade im Asylrecht scheint die Trennung besonders schwierig, weil die Gefahrenprognose eine umfassende Analyse der politischen Situation im Herkunftsstaat des Asylbewerbers voraussetzt, die ohne Beurteilung zukünftiger, sich oft sprunghaft ändernder Entwicklungen nicht möglich ist und subjektiven Wertungen in hohem Maße Raum gibt.

Dennoch besteht m. E. ein wesentlicher Unterschied. Bei vergangenen und gegenwärtigen Tatsachen besteht nur eine subjektive Ungewißheit; in der Realität haben sich die Ereignisse zugetragen oder nicht, der Umstand liegt vor oder nicht. Die Notwendigkeit, ein Wahrscheinlichkeitsurteil zu fällen und einen bestimmten Wahrscheinlichkeitsgrad, das Beweismaß, festzulegen, folgt daher allein aus der prozessualen Situation, aus dem Informationsdefizit des Richters oder Verwaltungsbeamten. Anders liegt es bei der Beurteilung zukünftiger Geschehensabläufe. Hier ist die Ungewißheit begriffsimmanent. Ein zukünftiger Sachverhalt kann noch nicht real sein.[28] Daher ist das Beweismaß in erster Linie eine Verfahrensfrage: Welcher Ungewißheitsgrad ist bei der Feststellung realer Sachverhalte in einem Verfahren noch vertretbar? Der materiell-rechtliche Tatbestand, unter den der Sachverhalt subsumiert werden soll, kann dieses prozessuale Problem nicht beantworten.[29] Soweit sich hingegen ein Tatbestand auf zukünftige Geschehensabläufe bezieht, ist die Ungewißheit ein Element des Tatbestandsmerkmals. Es stellt sich daher über die

---

[24] Nell, Wahrscheinlichkeitsurteile, S. 33, 80 ff.
[25] Hoffmann-Riem, in: Festschrift für Wacke, S. 331 ff.
[26] Hoffmann-Riem, a. a. O.
[27] Nell, Wahrscheinlichkeitsurteile, S. 80 f, allerdings im Hinblick auf den Begriff der Anscheinsgefahr; ähnlich Berg, Die verwaltungsrechtliche Entscheidung, S. 73: nahezu jeder Beweis stelle ein Werturteil dar.
[28] Engisch, Logische Studien, S. 42.
[29] Womit nicht gesagt werden soll, daß das materielle, insbesondere das Verfassungsrecht, nicht das Beweismaß beeinflußt.

verfahrensbedingte Unsicherheit hinaus und in erster Linie das Problem, welchen Ungewißheitsgrad das materielle Recht akzeptiert.[30]

3. Ergebnis

Damit läßt sich als Ergebnis festhalten: Die Sachverhaltsfeststellung kann von der wertenden Gefahrenprognose unterschieden werden. Daher kann an den Tatsachennachweis ein anderer Wahrscheinlichkeitsmaßstab angelegt werden als an die Wahrscheinlichkeit eines Schadenseintritts. Wenn das Bundesverwaltungsgericht einerseits die volle richterliche Überzeugung von einem Sachverhalt verlangt, sich andererseits aber mit einer beachtlichen Wahrscheinlichkeit begnügt, trennt es stillschweigend zwischen der Feststellung der Prognosebasis und der eigentlichen Prognoseentscheidung. Damit sind Beweismaß und materiell-rechtliches Wahrscheinlichkeitsurteil nicht vollständig identisch.

Da aber der materiell-rechtliche Wahrscheinlichkeitsgrad den im Verfahren erforderlichen Überzeugungsgrad mitbestimmt, ergibt sich im Asylrecht ein weiteres „Beweismaß". Neben dem Wahrscheinlichkeitsgrad für den Nachweis von Inlands- bzw. Auslands*tatsachen* existiert ein zusätzlicher Wahrscheinlichkeitsgrad für die verfahrensmäßige Feststellung des Tatbestandsmerkmals Verfolgungs*gefahr*.

II. Der Wahrscheinlichkeitsgrad

Im Grunde ein materiell-rechtliches Problem, aber aus den genannten Gründen von unmittelbarem Einfluß auf das verfahrensrechtliche Beweismaß ist die Frage, welcher Wahrscheinlichkeitsmaßstab an den Gefahrenbegriff anzulegen ist.

1. Die „beachtliche" Wahrscheinlichkeit

a) Nach ständiger Rechtsprechung muß dem Asylsuchenden eine politische Verfolgung mit beachtlicher Wahrscheinlichkeit drohen. Die „beachtliche" Wahrscheinlichkeit hat das Bundesverwaltungsgericht – soweit ersichtlich – erstmals durch einen Klammerzusatz als *überwiegende* Wahrscheinlichkeit definiert.[31] Im Urteil vom 1. 10. 1985[32] hat es dazu ausgeführt, ein Anspruch auf Asyl bestehe nicht schon dann, wenn die befürchtete Verfolgungsmaßnahme „im Bereich des Möglichen" liege, nämlich in gleichem Maße wahrscheinlich wie unwahrscheinlich sei. Voraussetzung für die Anerkennung sei vielmehr, daß die politische Verfolgung mit

---

[30] Zutreffend daher Stree, In dubio pro reo, S. 94 ff, 104.
[31] BVerwG, B. v. 12. 7. 83, Buchholz 402.25 § 1 AsylVfG Nr. 10: beachtliche (= überwiegende) Wahrscheinlichkeit.
[32] BVerwG, Urt. v. 1. 10. 85, Buchholz 402.25 § 1 AsylVfG Nr. 37 = VBlBW 86, 60 m. krit. Anm. Kimminich, gegen VGH Bad.-Württ., Urt. v. 2. 7. 84, VBlBW 85, 306.

II. Der Wahrscheinlichkeitsgrad

beachtlicher, *d.h. überwiegender* Wahrscheinlichkeit drohe. Dennoch hat z.B. der 12. Senat des Verwaltungsgerichtshofs Baden-Württemberg an seiner bisherigen Rechtsprechung festgehalten, daß eine überwiegende Wahrscheinlichkeit nicht erforderlich sei.[33]

b) Die Kontroverse zwischen dem Bundesverwaltungsgericht und dem Verwaltungsgerichtshof Baden-Württemberg beruht vor allem auf begrifflichen Mißverständnissen.

(1) Wenn das Bundesverwaltungsgericht die Verwendung des Begriffs der „Möglichkeit" ablehnt, so ist ihm insoweit zuzustimmen, als dieser Begriff sowohl für die Gefahrenprognose als auch für das Beweismaß ohne Wert ist, weil er einer Graduierung nicht zugänglich ist. Ein Ereignis ist möglich oder nicht möglich – wie hoch seine Verwirklichungschancen sind, läßt sich nur mit dem Begriff der Wahrscheinlichkeit ausdrücken.[34] Dem Berufungsgericht kann daher zunächst nur entgegengehalten werden, daß es einen nichtssagenden Begriff verwendete, der den tatsächlich angelegten Wahrscheinlichkeitsmaßstab nicht verdeutlichen kann. Darüber hinaus ist dem Bundesverwaltungsgericht zuzugeben, daß der Begriff der „Möglichkeit" es nicht ausschließt, daß nur ein sehr geringer Wahrscheinlichkeitsgrad vom Verwaltungsgerichtshof für ausreichend erachtet wurde.

Andererseits wird dem Bundesverwaltungsgericht zurecht entgegengehalten, daß auch die „beachtliche" Wahrscheinlichkeit zunächst einmal eine substanzlose Leerformel ist.[35] Die Gleichsetzung von „beachtlich" mit „überwiegend" hätte daher einer vom Bundesverwaltungsgericht bisher nicht gegebenen Begründung bedurft.

(2) Der Verwaltungsgerichtshof Baden-Württemberg trennt in der oben genannten Entscheidung zunächst zwischen den persönlichen Erlebnissen und Verhaltensweisen des Asylbewerbers und den allgemeinen politischen Verhältnissen im Verfolgerstaat, die vom Asylbewerber weder bewiesen noch glaubhaftgemacht werden, sondern nur im Wege einer Prognose und unter Auswertung umfangreicher Erkenntnisquellen ermittelt werden könnten. Dies schließe es aus, für diesen Tatsachentypus überwiegende Wahrscheinlichkeit zu fordern. Eine Quantifizierung wäre nur denkbar, wenn es zuverlässige Verfahrensweisen gäbe, für den jeweiligen Einzelfall festzustellen, der Asylbewerber habe mit mehr als fünfzigprozentiger Wahrscheinlichkeit mit Verfolgungsmaßnahmen zu rechnen. Die Tatsache, daß es im Herkunftsstaat – im vorliegenden Fall in der Türkei – häufig zu politisch motivierter Folter komme, lasse für sich genommen noch kaum den Schluß zu, dem einzelnen Asylbewerber drohe solche Verfolgung mit überwiegender Wahrscheinlichkeit. Er könnte möglicherweise ebensogut, etwa durch Zufall, unbehelligt bleiben. Statistiken über die Zahl der tatsächlichen Folterungen seien dem Senat nicht bekannt. Die vom Bundesverwaltungsgericht verlangten „guten Gründe" für eine Verfolgungsfurcht verschlössen sich quantifizierender Betrachtung und könnten nur im Einzel-

---

[33] VGH Bad.-Württ., Urt. v. 26. 9. 85, VBlBW 86, 389.
[34] Nell, Wahrscheinlichkeitsurteile, S. 121 ff.
[35] Schwäble, DÖV 87, 183 (190).

fall in wertender, sämtliche entscheidungserheblichen Erkenntnisse über die Lage im Verfolgerstaat einbeziehender Betrachtungsweise festgestellt werden. Es genüge deshalb, wenn politisch motivierte Übergriffe, wie sie der Asylbewerber befürchte, tatsächlich häufig vorkämen und daß sie von ihm aufgrund dieser Tatsache, ungeachtet bezifferbarer Wahrscheinlichkeiten, als konkrete Bedrohung empfunden werden müßten.[36]

(3) Dem 12. Senat des Verwaltungsgerichtshofs Baden-Württemberg kann in seinem Ausgangspunkt nicht zugestimmt werden. Das Gericht geht offenbar davon aus, daß Glaubhaftmachung bzw. Vollbeweis und Prognoseentscheidung sich gegenseitig ausschließen und erstere auf die persönliche Sphäre des Asylbewerbers, letzere auf die allgemeinen Verhältnisse im Heimatstaat anzuwenden sind. Dies trifft nach der hier vertretenen Auffassung nicht zu, da bei einer Gefahrenprognose zwischen der Tatsachenfeststellung und der eigentlichen Prognoseentscheidung zu trennen ist. Glaubhaftmachung und Vollbeweis bezeichnen das auf der Tatsachenebene anzuwendende Beweismaß, die Prognoseentscheidung, das heißt die eigentliche Rechtsanwendung, kann erst in einem zweiten Schritt auf der Grundlage der mit dem erforderlichen Beweismaß festgestellten Tatsachen – seien sie auf die persönliche Sphäre, seien sie auf die allgemeine Situation im Heimatland des Asylbewerbers bezogen –, getroffen werden.

Ebensowenig kann dem Verwaltungsgerichtshof darin zugestimmt werden, daß eine Prognose eine Quantifizierung ausschließt: Die Gefahrenprognose ist – wie oben dargestellt – das typische Beispiel für ein juristisches Wahrscheinlichkeitsurteil und deshalb einer Abstufung nach Wahrscheinlichkeitsgraden nicht nur in besonderer Weise zugänglich, sondern ihrem Wesen nach darauf angewiesen: Eine juristische Entscheidung aufgrund einer Prognose, das heißt der Vorhersage eines zukünftigen ungewissen Ereignisses, erfordert es zwingend, daß ein bestimmter Wahrscheinlichkeitsgrad, der unterhalb der absoluten Gewißheit liegt, für ausreichend erachtet wird.[37]

Betrachtet man jedoch die weiteren Ausführungen des Verwaltungsgerichtshofs, so fällt auf, daß er im Grunde die Einwände formuliert, die gegen die Verwendbarkeit des *objektiven* Wahrscheinlichkeitsbegriffs für juristische Wahrscheinlichkeitsurteile sprachen[38]: Wenn das Gericht ausführt, daß Statistiken nicht zur Verfügung stehen und im Einzelfall ohne Aussagewert sind, und wenn es betont, daß der Einzelne durch Zufall unbehelligt bleiben könnte, so stellt es nicht anderes dar als die Ungeeignetheit der statistischen Wahrscheinlichkeit für die juristische Entscheidungsfindung. Da der Einzelne zu einer Minderheit gehören kann, ist die Häufigkeit, mit der ein Ereignis in einem Kollektiv auftritt, im konkreten Einzelfall nur mittelbar von Bedeutung. Wenn der Verwaltungsgerichtshof im folgenden die Pro-

---

[36] VGH Bad.-Württ., Urt. v. 26. 9. 85, VBlBW 86, 389 (390f); Schwäble, DÖV 87, 183 (190).
[37] A. A. Schwäble, DÖV 87, 183 (190).
[38] S. o. 2. Kapitel II.

II. Der Wahrscheinlichkeitsgrad

gnose als wertende Einzelfallentscheidung unter Einbezug der entscheidungserheblichen Erkenntnisse bezeichnet, so beschreibt er damit eine Wahrscheinlichkeitsurteil im Sinne des normativ-subjektiven Wahrscheinlichkeitsbegriffs.[39]

Mit anderen Worten: Die Argumente des Verwaltungsgerichtshofs richten sich nicht gegen den Wahrscheinlichkeitsmaßstab der überwiegenden Wahrscheinlichkeit, sondern gegen den objektiven Wahrscheinlichkeitsbegriff, der in Statistiken und Prozentzahlen denkt.[40]

(4) Entspricht die Ablehnung des objektiven Wahrscheinlichkeitsbegriffs der hier vertretenen Ansicht, so geht sie dennoch an der Sache vorbei. Denn das Bundesverwaltungsgericht hat mit keinem Wort angedeutet, daß es Wahrscheinlichkeit in einem statistischen Sinne verstanden wissen will. Das Gericht hat die überwiegende Wahrscheinlichkeit nicht im Hinblick auf ein Kollektiv definiert, indem es etwa zum Ausdruck brachte, daß überwiegende Wahrscheinlichkeit nur vorliege, wenn über fünfzig Prozent der Angehörigen eines bestimmten Personenkreises verfolgt werden, und es nicht einmal ausreichen solle, wenn erfahrungsgemäß jeder zweite Asylbewerber, der zum einschlägigen Personenkreis zählt, Übergriffen ausgesetzt sei.[41] Vielmehr stellte das Gericht stets auf das Individualschicksal ab: Die Prognose soll aufgrund des festgestellten *individuellen* Schicksals erfolgen; maßgeblich ist, ob *der Asylbewerber* bei einer Rückkehr asylerhebliche Maßnahmen zu erwarten hat bzw. eine Wiederholungsverfolgung *für ihn* mit hinreichender Wahrscheinlichkeit ausgeschlossen ist.[42] Das Berufungsgericht wird gerügt, weil es nicht in der Lage war, die beachtliche Wahrscheinlichkeit *gerade* dem Kläger drohender Mißhandlungen zu bejahen. Das Bundesverwaltungsgericht geht demnach – bewußt oder unbewußt – von einer subjektiv verstandenen überwiegenden Wahrscheinlichkeit aus.[43]

c) Damit erklärt sich ein Teil der Meinungsverschiedenheiten durch die Verwendung unterschiedlicher Wahrscheinlichkeitsbegriffe; es blieb aber bislang offen, welcher Wahrscheinlichkeitsgrad im subjektiv-normativen Sinne zutreffend ist.

---

[39] S. o. 2. Kapitel II.
[40] Ebenso Kimminich, VBlBW 86, 60 (63), der die überwiegende Wahrscheinlichkeit dahingehend versteht, daß eine Maßnahme in fünfzig Prozent aller Fälle angewendet wird.
[41] So aber VGH Bad.-Württ., Urt. v. 26. 9. 85, VBlBW 86, 389 (390f); Kimminich, VBlBW 86, 60 (63).
[42] BVerwG, Urt. v. 1. 10. 85, Buchholz 402.25 § 1 AsylVfG Nr. 37 = VBlBW 86, 60 m. krit. Anm. Kimminich.
[43] Dies hat das Bundesverwaltungsgericht mittlerweile klargestellt. Im Urteil v. 23. 2. 88, Buchholz 402.25 § 1 AsylVfG Nr. 80, führt es aus, eine beachtliche Wahrscheinlichkeit sei – auch wenn sie mit überwiegender Wahrscheinlichkeit gleichgesetzt werde – nicht unter rein quantitativen Gesichtspunkten zu beurteilen. Wann eine Furcht als asylrechtlich beachtlich anzusehen sei, hänge von den Umständen des Einzelfalles ab und entziehe sich rein quantitativer oder statistischer Bewertung. Ein Grundsatz, daß eine politische Verfolgung mit mehr als fünfzigprozentiger Wahrscheinlichkeit bzw. in jedem zweiten aller denkbaren Fälle drohen müsse, sei in dem Urteil v. 1. 10. 85 nicht enthalten. A.A. aber *Schwäble*, DÖV 89, 419 (421), der dies nicht für eine Klarstellung, sondern für die Aufgabe der früheren Rechtsprechung zur überwiegenden Wahrscheinlichkeit hält.

Hierbei liegt die Schwierigkeit darin, daß juristische Wahrscheinlichkeitsgrade zahlenmäßig nicht und sprachlich nur schwer ausdrückbar sind. Ein allgemeinverbindlicher und vermittelbarer Wahrscheinlichkeitsmaßstab kann nur grob umschrieben werden.

Hinzu kommt, daß der Gefahrenbegriff relativ ist: Schadenswahrscheinlichkeit und Schadensausmaß stehen zueinander in einem Verhältnis der umgekehrten Proportionalität; das Gewicht des Schutzgutes beeinflußt den maßgeblichen Wahrscheinlichkeitsgrad.[44] Im Asylrecht wird das zu erwartende Schadensausmaß in Verbindung mit den asylrechtlichen Schutzgütern in der Regel durch den Begriff der *Zumutbarkeit* der Rückkehr in den Heimatstaat ausgedrückt. Die Formel des Bundesverwaltungsgerichts, daß eine Anerkennung erfolge, wenn dem Asylbewerber politische Verfolgung mit beachtlicher Wahrscheinlichkeit drohe, so daß ihm eine Rückkehr in den Herkunftsstaat nicht zumutbar sei, war daher für dieses gegenseitige Abhängigkeitsverhältnis offen: Die Wahrscheinlichkeit ist eben dann beachtlich, wenn eine Rückkehr unzumutbar ist, das heißt also, je größer die für den Asylbewerber zu erwartenden Belastungen sind, desto geringer kann die Wahrscheinlichkeit ihres Eintretens sein. Daher ergeben sich Bedenken gegen eine Gleichsetzung von „beachtlich" und „überwiegend". Die asylrechtlichen Schutzgüter und das drohende Schadensausmaß lassen sich im Asylrecht nicht einheitlich gewichten. Der asylrechtliche Gefahrenbegriff erfordert somit eine Abwägung im konkreten Einzelfall und erscheint einer starren Fixierung des erforderlichen Wahrscheinlichkeitsgrades nicht zugänglich. Der Gefahrenbegriff muß offenbleiben für die individuelle Zumutbarkeit.[45]

Andererseits darf nicht außer Acht gelassen werden, daß Art. 16 II 2 GG eine Trennung der politisch Verfolgten von den Nichtverfolgten erfordert. Die Funktion des Asylverfahrens besteht wesentlich in einer Abgrenzung des berechtigten vom nichtberechtigten Personenkreises. Angesichts der Schwierigkeiten, juristische Wahrscheinlichkeiten sprachlich zu umschreiben, erscheint es nicht schlechthin unzulässig, den erforderlichen Wahrscheinlichkeitsgrad mit „überwiegend" zu umschreiben. Damit ist ausgedrückt, daß nach der Einschätzung des zur Entscheidung berufenen Juristen nach Gesamtwürdigung aller erheblichen Umstände diese mehr für als gegen den Eintritt einer politischen Verfolgung sprechen müssen, daß jedoch eine hohe oder an Sicherheit grenzende Wahrscheinlichkeit nicht erforderlich ist. Eine so verstandene überwiegende Wahrscheinlichkeit stellt sich dann als Mittelweg dar zwischen der Abgrenzungsfunktion des Verfahrens, das eine gewisse Grenzziehung erfordert, und dem Gewicht der asylrechtlichen Schutzgüter, die eine Herabstufung des Wahrscheinlichkeitsmaßstabs verlangen. Die Umschreibung der beacht-

---

[44] S. o. 5. Kapitel I.2.
[45] Ebenso Schwäble, DÖV 87, 183 (190). Das Bundesverwaltungsgericht trägt dem Rechnung, in dem es betont, daß eine begründete Verfolgungsfurcht auch dann vorliegen kann, wenn weniger als eine fünfzigprozentige statistische Wahrscheinlichkeit für das Eintreten des befürchteten Ereignisses sprechen, vgl. Urt. v. 15. 3. 88, BVerwGE 79, 143 ff = Buchholz 402.25 § 1 AsylVfG Nr. 83 = NVwZ 88, 838.

lichen Wahrscheinlichkeit als überwiegende Wahrscheinlichkeit kann daher als eine Art von Leitlinie akzeptiert werden: Sie darf eine individuelle Abwägung unter Zumutbarkeitsaspekten nicht ausschließen, kann aber einen Anhaltspunkt für den Regelmaßstab bieten.[46]

2. Die Wiederholungsverfolgung

a) Andere Maßstäbe legt die Rechtsprechung im Fall der sog. Vorverfolgung an. Nach Ansicht des Bundesverfassungsgerichts kann einem Asylbewerber, der bereits einmal politisch verfolgt worden ist, der Schutz des Art. 16 II 2 GG bei Änderung der politischen Verhältnisse nur dann versagt werden, wenn bei Rückkehr in diesen Staat eine Wiederholung der Verfolgungsmaßnahmen mit hinreichender Wahrscheinlichkeit ausgeschlossen ist.[47] Das Gericht stützt sich hierbei auf den Gesichtspunkt der *Zumutbarkeit*: Es widerspräche dem humanitären Charakter des Asylrechts aus Art. 16 II 2 GG, einem Asylsuchenden, der bereits einmal das Verfolgungsschicksal erlitten hat, das Risiko der Wiederholung aufzubürden. Das Bundesverwaltungsgericht hat diese Entscheidung in ständiger Rechtsprechung dahingehend ausgelegt, daß in den Fällen der Vorverfolgung ein „herabgestufter Wahrscheinlichkeitsmaßstab" gelte. Es genügt nach Ansicht des Gerichts für die Anerkennung, wenn Anhaltspunkte vorliegen, die die Möglichkeit erneuter Verfolgung nicht ganz entfernt erscheinen lassen. An die Wahrscheinlichkeit des Ausschlusses einer Wiederholung seien hohe Anforderungen zu stellen. Zu Gunsten des Asylbewerbers fielen die schweren und bleibenden – auch seelischen – Schäden der bereits erlittenen Verfolgung ins Gewicht.[48]

b) Die in dieser Rechtsprechung liegende Beweislastproblematik soll an anderer Stelle behandelt werden.[49] Im vorliegenden Zusammenhang interessiert die Herabminderung des Wahrscheinlichkeitsgrades. Wenn die Wiederholung von Verfolgungsmaßnahmen mit hoher Wahrscheinlichkeit *ausgeschlossen* sein muß, genügt ein sehr geringer Wahrscheinlichkeitsgrad zur Annahme einer für die Anerkennung ausreichende Verfolgungsgefahr. Das Erfordernis einer überwiegenden Wahrscheinlichkeit wird aus Zumutbarkeitsgründen aufgegeben. Die Schwere der Schadensfolgen für die Person des Asylbewerbers ist demnach ausschlaggebend für die

---

[46] Die Bedeutung der Abwägung hat nun auch das Bundesverwaltungsgericht wieder betont: Es komme auf die zusammenfassende Bewertung des zur Prüfung gestellten Sachverhalts und die verständige Würdigung aller Umstände des Falles an. Die für eine Verfolgung sprechenden Umstände müßten größeres Gewicht besitzen als die dagegen sprechenden Tatsachen, so daß der Schadenseintritt nicht mehr nur in gleicher Weise wahrscheinlich wie unwahrscheinlich sei, vgl. Urt. v. 23. 2. 88, Buchholz 402.25 § 1 AsylVfG Nr. 80; Urt. v. 15. 3. 88, BVerwGE 79, 143; kritisch Schwäble, DÖV 89, 419 (420 ff).
[47] BVerfG, B. v. 2. 7. 80, BVerfGE 54, 341 ff (Ls. u. S. 360 f.).
[48] BVerwG, Urt. v. 31. 3. 81, Buchholz 402.24 § 28 Nr. 37; Urt. v. 27. 4. 82, BVerwGE 65, 250; Urt. v. 25. 9. 84, BVerwGE 70, 169; Urt. v. 2. 8. 83, BVerwGE 67, 314.
[49] Dazu unten 10. Kapitel A.

Herabstufung des Wahrscheinlichkeitsgrades. Damit bestätigt diese Rechtsprechung den obigen Befund von der umgekehrten Proportionalität von Schadensausmaß und Schadenswahrscheinlichkeit für das Asylrecht: Die Gefahr ist keine objektive Größe, sondern vom Ausmaß der Folgen einer Gefahrenrealisierung und dem Gewicht des Schutzgutes abhängig.[50] Der Wahrscheinlichkeitsgrad für die Wiederholungsgefahr sinkt, weil die zu erwartenden Belastungen durch eine Rückkehr schwerwiegender als im Fall einer Erstverfolgung erscheinen.[51]

---

[50] Nell, Wahrscheinlichkeitsurteile, S. 173 f.

[51] Vgl. etwa BVerwG, Urt. v. 23. 2. 88, NVwZ 88, 636, hierzu krit. aus der Sicht des Gleichheitssatzes: Schwäble, DÖV 87, 183 (189). Auch die Rechtsprechung zur sog. latenten Gefährdungslage, vgl. Urt. v. 6. 12. 88, DVBl 89, 716, u. Urt. v. 17. 1. 89 DVBl 89, 722, zeigt, wie der für das Vorliegen einer Gefahr erforderliche Wahrscheinlichkeitsgrad unter Zumutbarkeitsgesichtspunkten variiert wird.

ZWEITER TEIL: DIE BEWEISLAST IM ASYLRECHT

Sechstes Kapitel. Grundlagen und Bedeutung der Beweislast

I. Methodische Grundfragen

1. Eine Entscheidung ergeht nach den Regeln der objektiven Beweislast, wenn der Sachverhalt nach Ausschöpfung aller Beweismittel unaufgeklärt bleibt, die entscheidungserhebliche Tatsache also weder zur Überzeugung des Richters oder Beamten bewiesen noch widerlegt werden konnte (non liquet). Beweislastregeln sind nach der inzwischen herrschenden Meinung meist ungeschriebene *Entscheidungsnormen* (*Hilfsnormen, Ergänzungsrechtssätze, Operationsregeln*), die zum einschlägigen Tatbestand hinzutreten und dem Richter oder Verwaltungsbeamten trotz des non liquet in der Tatfrage eine Entscheidung in der Rechtsfrage erlauben.[1] Sie weisen an zu entscheiden, *als ob* die fragliche Tatsache gegeben oder nicht gegeben ist.[2] Beweislastregeln haben keine beweisschaffende Funktion, sondern die Wirkung einer *Fiktion*.[3] Diese Fiktion kann sowohl eine negative Entscheidungsanweisung (Feststellung des Nichtvorliegens der zweifelhaft gebliebenen Tatsache) als auch eine positive Anweisung beinhalten.[4]

Nach allgemeiner Ansicht ist die Beweislastverteilung aus dem Inhalt des einschlägigen Rechtssatzes zu ermitteln, im Verwaltungsprozeß also aus dem materiellen Verwaltungs- und Verfassungsrecht.[5]

2. Im übrigen ist vieles strittig. Den Fragen der formalen Rechtsanwendung soll hier jedoch kein breiter Raum gewidmet werden. *Prütting* hat überzeugend nachgewiesen, daß bei der gebotenen strikten Trennung zwischen der methodischen Frage, wie das Recht im non-liquet-Fall *angewandt* wird, und dem eigentlichem Inhalt der Beweislastentscheidung die verschiedenen Rechtsanwendungsmodelle[6] ohne Einfluß auf die eigentliche *Verteilung* der Beweislast auf die Beteiligten bleiben.[7] Zu wessen Lasten sich die Unaufklärbarkeit des Sachverhalts auswirkt, ist aber die für

---

[1] Prütting, Gegenwartsprobleme, S. 16; Leipold, Beweislastregeln, S. 30, S. 59 ff; Musielak, Grundlagen, S. 21 ff; Rosenberg/Schwab, Zivilprozeßrecht, § 118 III 1 S. 722 f.

[2] Peschau, Beweislast, S. 12; Greger, Beweis und Wahrscheinlichkeit, S. 11; Musielak, Grundlagen, S. 21.

[3] Leipold, Beweislastregeln, S. 64 ff; Musielak, Grundlagen, S. 22; Prütting, Gegenwartsprobleme, S. 168; Peschau, Beweislast, S. 12; Greger, Beweis und Wahrscheinlichkeit, S. 11 f.

[4] Nachweise vgl. Fn. 3, zur Gegenansicht sogleich.

[5] Statt vieler vgl.: Lüke, JZ 66, 587 (591); Stern, Verwaltungsprozessuale Probleme, S. 155; Grunsky, Grundfragen, § 41 III 2 S. 426; Deppe, Beweislast, S. 29; Kopp, VwVfG, § 24 Rdnr. 26; zur Rechtsnatur der Beweislastregel vgl. Prütting, Gegenwartsprobleme, S. 175.

[6] Überblick bei Prütting, Gegenwartsprobleme, S. 113 ff.

die Verfahrensbeteiligten letztlich entscheidende Frage. Eine Ausnahme von der grundsätzlichen Trennbarkeit beider Fragen machen jedoch die Beweislasttheorien, für die sich die Beweislastverteilung reflexartig aus ihrem Verständnis von der Rechtsanwendung ergibt (dazu sogleich).

II. Beweislastentscheidung durch konstitutive Anerkennungsentscheidung?

1. Die These vom Prozeß als Rechtserzeugung

a) Nach *Leonhard* kann der Richter dann und nur dann nach dem Klagantrag entscheiden, wenn die Voraussetzungen des Anspruchs *erwiesen* sind.[8] Positiv laute dieser Satz: Wenn der Tatbestand a + b erwiesen ist, hat der Richter die Rechtswirkung festzustellen. Man könne ihn auch negativ fassen: Wenn a + b nicht erwiesen ist, dann darf der Richter die Rechtswirkung nicht feststellen. Die Beweislast stelle die Kehrseite des bürgerlichen Rechts dar.[9]

Leonhard wird allgemein als Vertreter der Lehre von der rechtserzeugenden Wirkung des Prozesses gesehen[10]: Das Erwiesensein einer Tatsache wird Element des Tatbestandes, die Rechtsfolge knüpft nicht an die Tatsache als solche, sondern an deren Feststellung im Prozeß an. Damit ist der Anspruch im non-liquet-Fall zwingend abzuweisen. Die Beweislastentscheidung ergibt sich aus dem prozeßbezogenen Inhalt der materiellen Norm selbst.

b) Diese Ansicht hat sich im Zivilprozeß nicht durchgesetzt. Sie widerspricht nicht nur dem Wortlaut der materiell-rechtlichen Normen, sondern vor allem der prozeßunabhängigen Ordnungsfunktion des Rechts.[11] Das Recht stellt außergerichtliche Verhaltensanforderungen; die Rechtsfolge entsteht, wenn der Tatbestand sich im tatsächlichen Geschehen verwirklicht und hängt nicht vor den prozessualen Zufälligkeiten der Beweisbarkeit im Einzelfall ab.[12]

2. Konstitutive Wirkung des Anerkennungsverfahrens?

Im Asylverfahren erscheint die Ablehnung dieser prozeßbezogenen Auffassung nicht in gleicher Weise unmittelbar einleuchtend. Angesichts der engen Verflechtung von materiellem Asylrecht und Verfahrensrecht wird die Anerkennungsentscheidung immer wieder als konstitutive Feststellung der Asylberechtigung betrach-

---

[7] Prütting, Gegenwartsprobleme, S. 164 ff.
[8] Leonhard, Beweislast, S. 127.
[9] A.a.O.
[10] M.E. nicht zweifelsfrei.
[11] Greger, Beweis und Wahrscheinlichkeit, S. 1; Leipold, Beweislastregeln, S. 26 ff.
[12] Leipold, Beweislastregeln, S. 26 ff; Musielak, Grundlagen, 18; Greger, Beweis und Wahrscheinlichkeit, S. 12; Prütting, Gegenwartsprobleme, S. 146 f.

tet.¹³ Würde die Asylberechtigung erst mit der abschließenden positiven Anerkennungsentscheidung verliehen, dann wäre die Entstehung des materiellen Asylrechts an die Nachweisbarkeit im Verfahren geknüpft; die Beweisbarkeit würde zum unausgesprochenen Tatbestandselement des Art. 16 II 2 GG.

Diese Auffassung macht jedoch die Grundrechtsentstehung von staatlicher Mitwirkung abhängig und widerspricht damit Art. 1 III GG,¹⁴ der eine „Vermutung für die Vollziehbarkeit der Grundrechtsnormen von Verfassungs wegen" begründet.¹⁵ Mangels eines grundrechtlichen Verfahrensvorbehalts würde eine durch einfaches Gesetzesrecht begründete konstitutive Verfahrenswirkung gegen den Vorrang der Verfassung verstoßen.¹⁶ Schon nach dem Wortlaut des Art. 16 II 2 GG wird dem politisch Verfolgten Asylrecht nicht etwa „gewährt", vielmehr „genießt" er Asylrecht. Daher steht es dem politisch Verfolgten nicht erst nach einem staatlichen Verleihungsakt, sondern unmittelbar mit der Tatbestandsverwirklichung zu.¹⁷ Die Anerkennungsentscheidung stellt daher die materielle Asylberechtigung – in ihrem Kernbereich¹⁸ – allenfalls deklaratorisch fest.

3. Ergebnis

Die Asylentscheidung hat grundsätzlich keine konstitutive Wirkung. Daher ergibt sich die Beweislastentscheidung nicht zwingend daraus, daß ein nicht erwiesener Verfolgungstatbestand die Rechtsfolge der Asylberechtigung nicht herbeiführen kann.

III. Die These von der Nichtanwendbarkeit der Norm

1. Das Rechtsanwendungsmodell Rosenbergs

In seinem grundlegenden Werk zur Beweislast vertritt *Rosenberg* den Standpunkt, daß der Richter eine Norm nur dann anwenden könne, wenn er von dem Vorhandensein ihrer tatsächlichen Voraussetzungen eine positive Überzeugung er-

---

¹³ Hailbronner, Ausländerrecht, F II Rdnr. 973 S. 589; Theis, BayVBl 77, 651 (652); OVG Münster, Urt. v. 11. 12. 74, DÖV 75, 578 (nur Ls.); Marxen, Ausländerrecht, § 28 AuslG Rdnr. 8; mißverständlich BVerfG, B. v. 20. 4. 82, BVerfGE 60, 253 (295): „gleichsam konstitutive Wirkung".
¹⁴ Gusy, Asylrecht und Asylverfahren, S. 262.
¹⁵ Dürig, in: Maunz/Dürig, Komm. z. GG, Art. 1 Rdnr. 94.
¹⁶ Gusy, Asylrecht und Asylverfahren, S. 262.
¹⁷ H. M., unabhängig von dem Streit um die Einordnung als negatives oder positives Statusrecht. Vgl. statt vieler: Rothkegel, in: GK-AsylVfG, II 2 vor § 1 Rdnr. 88; Randelzhofer, in: Maunz/Dürig, Komm. z. GG, Art. 16 II 2 Rdnr. 118; Kimminich, in: Bonner Kommentar, Art. 16 Rdnr. 307.356; v. Mangoldt/Klein, Das Bonner Grundgesetz, Art. 16 Anm. V 2c S. 503; Müller, in: Beitz/Wollenschläger, Handbuch Bd. II, S. 393f; Renner, NJW 84, 1257 (1260); Grützner, in: Die Grundrechte, S. 596.
¹⁸ Diese Ausführungen beschränken sich auf das Recht *auf* Asyl, die sog. Rechte *im* Asyl können hier noch ausgeklammert bleiben.

langt hat.[19] So ergebe sich, daß die Anwendung eines Rechtsatzes nicht nur unterbleibe, wenn der Richter von dem Nichtvorhandensein dieser Voraussetzungen *überzeugt* ist, sondern auch, wenn das Vorhandensein *zweifelhaft* geblieben ist.[20] Den Nachteil der Ungewißheit trägt dann zwangsläufig die Partei, deren Prozeßsieg die Anwendung des in Frage stehenden Rechtssatzes erfordert hätte.[21] Die inhaltliche Beweislastverteilung ist damit nicht mehr als ein Reflex der *Rosenberg*‹schen Rechtsanwendungslehre.

2. Kritik

So einleuchtend diese Sätze zunächst klingen, so überzeugend wurden sie von *Leipold* widerlegt.[22] Von den drei denkbaren Ergebnissen der richterlichen Sachverhaltsfeststellung „erwiesen", „widerlegt" und „non liquet" schlägt *Rosenberg* den Bereich des non liquet zum Bereich „widerlegt". Diese Zuordnung kann die einschlägige Rechtsnorm aber für sich genommen nicht leisten. Der Eintritt der Rechtsfolge muß bejaht werden, wenn die Tatbestandserfüllung erwiesen ist; er muß verneint werden, wenn die Tatbestandsverwirklichung widerlegt ist. Ist sie aber unklar geblieben, kann der Richter genausowenig unter den positiven wie unter den negativ formulierten Rechtssatz subsumieren. Es bedarf einer zusätzlichen Entscheidungsregel. *Rosenberg* hat die Doppelbedeutung des Wortes Nichtanwendbarkeit übersehen. Es kann zum einen eine negative Entscheidung meinen: Die Rechtsfolge wird verneint, weil ihre Voraussetzungen widerlegt sind. Zum anderen kann aber auch die Unmöglichkeit gemeint sein, wegen tatsächlicher Unklarheiten unter die Rechtsnorm zu subsumieren.[23]

3. Ergebnis

Damit bestätigt sich der oben dargestellte Ausgangspunkt. Ob im Fall des non liquet eine positive oder negative Sachentscheidung ergehen soll, kann nicht aus der anzuwendenden Norm selbst, sondern nur aus zusätzlichen Entscheidungsregeln gefolgert werden. Die Beweislastentscheidung ergibt sich somit nicht zwingend aus der Methode der Anwendung des materiellen Rechts. Im übrigen bleiben damit beide Entscheidungsalternativen, die positive und die negative Fiktion, offen. Ferner ist noch nichts darüber gesagt, ob der *Rosenberg*›schen Theorie nicht im Ergebnis, wenn auch mittels eines anderen Rechtsanwendungsmodells, d.h. der Verwendung von Sondernormen, zugestimmt werden muß.

---

[19] Rosenberg, Beweislast, S. 12.
[20] A.a.O., Hervorhebung von Verf.
[21] A.a.O. S. 5f, 12.
[22] Leipold, Beweislastregeln, S. 32 ff; und seitdem die ganz herrschende Meinung.
[23] Leipold, Beweislastregeln, S. 32 ff; Prütting, Gegenwartsprobleme, S. 149.

IV. Beweislastentscheidung durch das materielle öffentliche Recht?

1. Das non liquet als Element des Tatbestands

a) Oben wurde bereits die These *Nells* dargestellt, daß die verfahrensrechtliche Entscheidung unter Ungewißheit in der Auslegung und Anwendung des materiellen Rechts aufgeht, weil schon die materiell-rechtlichen Tatbestandsmerkmale Wahrscheinlichkeitsurteile verlangen und deshalb für die Beweislast- (und Beweismaß-)-frage nichts mehr zu entscheiden übrig bleibe.[24] Auch nach dieser These entscheidet das materielle Recht über die Beweislast. Anders als *Leonhard* kann sich *Nell* aber darauf stützen, daß das materielle öffentliche Recht in der Tat weitgehend auf verfahrensmäßige Verwirklichung angelegt ist.

b) Wie oben ausgeführt,[25] stellt die Gefahrenprognose ein subjektives, abwägendes Wahrscheinlichkeitsurteil dar, das für einen prozeß- oder verfahrensrechtlich abweichenden Wahrscheinlichkeitsgrad keinen Raum mehr läßt. Für die Beweislast bedeutet dies, daß es ein non liquet nicht mehr geben kann. Schon die Ausführungen zur *Rosenberg*‹schen Lehre haben angedeutet, daß das non liquet eine rein *prozessuale* Situation ist. Materiell-rechtlich ist der Tatbestand verwirklicht oder nicht; der dritte Bereich des Nichterwiesenseins ist nur im Hinblick auf die subjektive Unkenntnis des Rechtsanwenders vorstellbar. Diese prozessuale, vom materiellen Recht gelöste Situation ist nun nicht mehr denkbar, wenn die Ungewißheit wie beim Gefahrenbegriff bereits Element des materiellen Tatbestandsmerkmals ist. Denn dann sind nur noch zwei Bereiche möglich: Der erforderliche Wahrscheinlichkeitsgrad ist erreicht; die Unsicherheit ist nicht so groß, daß vom Vorliegen einer Gefahr nicht mehr ausgegangen werden kann. Oder der Wahrscheinlichkeitsgrad ist nicht erreicht; die verbleibende Ungewißheit, das Nichterwiesensein, zwingt dazu, eine Gefahr zu verneinen. Da der Rechtsbegriff selbst ein subjektives Wahrscheinlichkeitsurteil verlangt, ist die vom Begriff des non liquet vorausgesetzte Trennung von materiell-rechtlicher Tatbestandserfüllung und prozessualer Ungewißheit nicht mehr möglich. Die verbleibenden Zweifel werden schon über die zwischen Schadensausmaß und Schadenswahrscheinlichkeit abwägende Auslegung des Rechtsbegriffs gelöst.

Dieser spezifische Zusammenhang wurde in der Literatur und Rechtsprechung ansatzweise vor allem im Hinblick auf die Eignungsprognose von Beamtenbewerbern angedeutet.[26] Das begriffsnotwendige Unsicherheitselement spricht *Nierhaus* an, wenn er sagt, daß jede Prognoseproblematik wesensnotwendig infolge zukunftsbedingter Entwicklungsunsicherheiten ein non liquet enthalte.[27]

---

[24] Nell, Wahrscheinlichkeitsurteile, S. 215 ff, und s. o. 5. Kapitel I.
[25] S. o. 5. Kapitel I.
[26] Ausführlich hierzu Peschau, Beweislast, S. 135 ff m. w. N.
[27] Nierhaus, DVBl 77, 19 (22, insbes. Fn. 50).

Auch das Bundesverfassungsgericht meinte wohl den Vorrang des materiellrechtlichen Ansatzes, als es erklärte, daß es bezüglich der wertenden Prognose, ob der Beamtenbewerber in Zukunft Gewähr für seine Verfassungstreue bietet, keine Beweislast gebe.[28] Ähnlich meint *Breuer*, daß beim Verbleiben sachlich begründeter Zweifel ein Mangel im Tatbestand vorliege; es sei daher nicht notwendig von einer materiellen Beweislast zu sprechen. Diese prozessuale Fragestellung setze zu spät an.[29]

Auch *Weber-Grellet* erörtert unter dem Stichwort „Proferenzlastverteilung" nur die Anforderungen an die Überzeugungskraft einer Prognose.[30] Dies ist nichts anderes als die Frage nach der richterlichen Kontrolldichte aus einem anderen Blickwinkel: Je geringer der Überzeugsgrad zu sein braucht, desto größer ist der Beurteilungsspielraum der Behörde oder des Gesetzgebers. Dies ist kein Beweislast-, sondern ein materiell-rechtliches Problem.

2. Die verbleibende Bedeutung der Beweislast

a) Nach der hier vertretenen Ansicht ist die wertende Prognose der Verfolgungsgefahr zu unterscheiden von der Feststellung der tatsächlichen Prognosebasis.[31] Die Erörterungen zum Beweismaß haben bereits gezeigt, daß die Ermittlung von Tatsachen im Sinne realer Sachverhalte nicht wegen einer begriffsimmanenten Unsicherheit, sondern in der Regel nur wegen der subjektiven Ungewißheit des Rechtsanwenders, mit anderen Worten: wegen der prozessualen Situation, zweifelhaft bleibt. Damit ist hier der Fall des non liquet denkbar. Zur Entscheidung der Frage, ob eine unklar gebliebene Tatsache als gegeben oder nicht gegeben zu behandeln ist, bedarf es einer Beweislastregel.[32]

Nun ist zuzugeben, daß auch hinsichtlich der eigentlichen Prognose Tatsachenlage und subjektive Erkenntnis auseinanderfallen können. Der entscheidende Unterschied ist jedoch, daß dort die Auslegung des materiell-rechtlichen Tatbestandsmerkmals Anhaltspunkte gibt, welcher Unsicherheitsfaktor in der Tatfrage akzeptiert werden darf, wobei es gleichgültig ist, ob diese Unsicherheit aus einem grundsätzlichen Mangel an tatsächlichen Informationen und Erfahrungen, aus der prozessualen Widerlegung der behaupteten Tatsachen oder aus einem non liquet hinsichtlich der vorgetragenen Tatsachen resultiert. Demgegenüber haben sich die zu ermittelnden Tatsachen in der Realität verwirklicht oder nicht; sie geben daher keine Antwort auf die Frage, wie eine prozeßbedingte Unsicherheit zu lösen ist. Statt der

---

[28] BVerfG, B. v. 22. 5. 75, BVerfGE 39, 334 (353); ebenso Peschau, Beweislast, S. 133; BVerwG, Urt. v. 27. 11. 80, BVerwGE 61, 176 (189).

[29] Breuer, Der Staat 77, 21 (53 m. Fn. 179, 37).

[30] Weber-Grellet, Beweis- und Argumentationslast, S. 69 ff.

[31] S. o. 5. Kapitel I.

[32] Ebenso BVerwG, Urt. v. 27. 11. 80, BVerwGE 61, 176 (189): Hinsichtlich der tatsächlichen Grundlage der Verfassungstreueprognose bei Beamten bleibt eine Beweislastentscheidung möglich und nötig; zustimmend Peschau, Beweislast, S. 137.

zwei Bereiche im materiellen Recht (hinreichender Wahrscheinlichkeitsgrad erreicht oder nicht) entsteht somit eine Dreiteilung (widerlegt – erwiesen – non liquet).

b) Dies lenkt den Blick auf eine wenig erörterte Frage: Fingiert die Beweislastentscheidung positiv oder negativ die behauptete *Tatsache* oder das *Tatbestandsmerkmal* als solches? Im zweiten Fall würde die hier vorgenommen Differenzierung fragwürdig, weil die Beweislastentscheidung zur Feststellung einer positiven oder negativen Prognoseentscheidung, nämlich zur Feststellung oder Verneinung einer Verfolgunggefahr, führen müßte.

Nach *Leipold* ist es nur eine Formulierungsfrage, ob man sagt, das Tatbestandsmerkmal gilt als festgestellt, oder ob man die zugrundeliegende Tatsache als festgestellt behandelt.[33] *Musielak* hält den Schluß von einer bestimmten Tatsache auf die Erfüllung des Tatbestandselements für überflüssig, da die Beweislastnorm die Feststellung eines tatsächlichen Vorgangs so maßgerecht auf das Tatbestandsmerkmal zugeschnitten fingiere, daß sich der Schluß „verwirklicht" der „nicht verwirklicht" von selbst ergebe.[34]

Dies kann nicht richtig sein. Die Beweislastentscheidung überwindet Beweislosigkeit. Dem Beweis zugänglich sind aber grundsätzlich nur Tatsachen.[35] Die Fiktionswirkung der Beweislastregel kann sich daher nur auf Tatsachen erstrecken.

Sie ermöglicht eine Entscheidung, als ob Beweis erbracht wäre,[36] und kann daher die Rechtsanwendung nicht ersetzen. Deshalb versagt eine Gleichsetzung bei den normativen Tatbestandsmerkmalen.[37] Die Beweislast kann ihrer Funktion nach die wertende Abwägung, die beispielsweise der Gefahrenbegriff verlangt, nicht leisten. Selbst wenn – eine Beweislast der Behörde unterstellt – alle Tatsachenbehauptungen des Asylbewerbers als wahr fingiert würden, dürfte der Richter der Klage auf Anerkennung als Asylbewerber nicht stattgeben, wenn diese Tatsachenbehauptungen den Begriff der politischen Verfolgungsgefahr nicht ausfüllen. Da zwischen Tatsachenfeststellung und Tatbestandsmerkmal Subsumtion und Auslegung liegen, kann die Beweislast nur die Tatsachen fingieren.

3. Ergebnis

Der Gefahrenbegriff enthält begriffsnotwendig eine Entscheidung unter Ungewißheit und läßt insoweit für eine Beweislastentscheidung keinen Raum mehr. Von der prognostizierenden Bewertung der Verfolgungsgefahr ist jedoch die Ermittlung der Tatsachenbasis zu unterscheiden. Hierbei ist ein non liquet möglich, zu dessen Überwindung es einer Beweislastregel bedarf. Diese fingiert nicht das Tatbestandsmerkmal als solches, sondern die behaupteten Tatsachen.

---

[33] Leipold, Beweislastregeln, S. 66.
[34] Musielak, Grundlagen, S. 51.
[35] Thomas/Putzo, ZPO, Vorbem. zu § 284 Anm. 6.
[36] S.o. I. 1.
[37] Peschau, Beweislast, S. 12; Weber-Grellet, Beweis- und Argumentationslast, S. 30f.

V. Ersetzung der Beweislast durch das Beweismaß?

Eine Strömung in der neueren Prozeßrechtsliteratur proklamiert eine weitgehende oder völlige Ersetzung des „Alles oder Nichts"-Prinzip der Beweislast durch das Beweismaß oder hält beide beweisrechtliche Phänomene für identisch.

1. Die Wechselwirkung von Beweislast und Beweismaß

Ein Teil der Literatur erkennt grundsätzlich die Existenz der objektiven Beweislast an, plädiert aber für ein generell auf überwiegende Wahrscheinlichkeit herabgesetztes Beweismaß.[38] Wie oben dargestellt,[39] mindert eine Beweismaßherabsetzung das Gewicht der Beweislastfrage, weil ein non liquet nur noch in den Fällen besteht, in denen eine Tatsachenbehauptung nicht wahrscheinlicher als unwahrscheinlich ist. In diesen, im Asylrecht nicht seltenen Prozeßsituationen[40] ist eine Beweislastentscheidung unabdingbar. Darüber hinaus ist, unabhängig von der hier vertretenen Ansicht, die Erhöhung des Beweismaßes für Auslandstatsachen[41] zunächst einmal ein Faktum, an dem sich die weiteren Erörterungen zu orientieren haben. Die geänderte Rechtsprechungspraxis führt zu einer gesteigerten Bedeutung der Beweislast.

2. Die Lehren von der Verdrängung der Beweislast durch das Beweismaß

a) Ein Teil der Literatur steht auf dem Standpunkt, daß mit der Entscheidung über die Beweisstärke die Beweislast ebenfalls geklärt ist.

Nach *Maassen* geht es der deutschen Rechtslehre beim Begriff der objektiven Beweislast um die Beschreibung des objektiven Inhalts der subjektiven Beweislast. Dieser Inhalt werde aber schon durch die Tatbestandsmerkmale der Rechtsnorm und durch das Beweismaß bestimmt. Damit erübrige sich der verwirrende Begriff der objektiven Beweislast: Beweislast sei die subjektive Last, bestimmte Tatbestandsmerkmale mit einem bestimmten, im Beweismaß festgelegten Grad zu beweisen.[42]

Auch nach *Nell* ist der Begriff der objektiven Beweislast zu ersetzten durch den des Beweismaßes.[43] Es sei zu fragen, vom Erreichen welchen Überzeugungsgrades es abhängt, ob zugunsten der einen oder der anderen Partei zu entscheiden ist.

---

[38] Kegel, Festschrift für Kronstein, S. 321 (337).
[39] S. o. 1. Kapitel III 2.
[40] Man denke an den in BVerwG, Urt. v. 16. 4. 85, BVerwGE 71, 180 (182), angesprochenen Fall, daß der Richter mangels anderer Beweise sich nur noch schlüssig werden kann, ob er dem Asylbewerber glaubt oder nicht.
[41] S. o. 3. Kapitel III.
[42] Maassen, Beweismaßprobleme, S. 12.
[43] Nell, Wahrscheinlichkeitsurteile, S. 209 f.

V. Ersetzung der Beweislast durch das Beweismaß?

Für *Ekelöf* sind Beweisstärke und Beweislast identisch. Die Beweislastregeln geben seiner Ansicht nach darüber Auskunft, ob der festgestellte Beweisgrad hinreichend ist. Dieser werde auf einer Wahrscheinlichkeitsskala, die von 0 bis 100 reiche, von dem Beweislastpunkt symbolisiert. Wenn der nach der Bewertung der Beweismittel festgestellte Wahrscheinlichkeitsgrad auf der Skala links oder rechts vom Beweislastpunkt liege, sei dementsprechend die fragliche Tatsache als nicht gegeben oder gegeben anzunehmen.[44] Wenn der Beweislastpunkt genau in der Mitte der Skala liege, trage keine der Parteien die Beweislast.[45]

Motsch geht von dem Gedanken aus, daß Beweislastentscheidungen im Hinblick auf das tatsächliche Geschehen Fehlentscheidungen sind. Er hat eine sog. Entscheidungsgrenze E entwickelt, die sich aus einer Abwägung der Folgen der beiden denkbaren Fehlentscheidungen ergibt. Ist die Gesamtwahrscheinlichkeit aller Informationen über den konkreten Fall kleiner als E, so ist der Tatbestand zu verneinen. Ist sie größer oder *gleich* E, ist er zu bejahen.[46] Ein Tertium gebe es im Regelfall nicht. Zwar hält *Motsch* eine dreigliedrige Entscheidungsanweisung mit zwei Entscheidungsgrenzen E auf der Wahrscheinlichkeitsskala, zwischen denen dann der non liquet-Bereich liegt, theoretisch für möglich. Dies sei aber eine Scheinalternative, weil nach herrschender Lehre jedes non liquet in die Alternativen Ja oder Nein aufgelöst werden müsse.[47] Da im Zivilrecht die Entscheidungsgrenze bei 0, 5 liege, trete das Beweismaß an die Stelle der objektiven Beweislast.

b) Das non liquet wurde oben als dritter Bereich zwischen erwiesen und widerlegt erkannt.[48] Das Beweismaß könnte die Beweislast nur ersetzen, wenn es gelänge, den Bereich des non liquet auszuschalten, wenn also der Rechtsanwender bei einem reduzierten Beweismaß stets zu dem Ergebnis „widerlegt" oder „erwiesen" käme. Eine solche Möglichkeit nachzuweisen ist keinem der geschilderten Modelle gelungen. Sie alle haben gemeinsam, daß sie den Bereich des non liquet stillschweigend dem Bereich des „widerlegt" oder dem des „erwiesen" zuordnen:

(1) Auch bei dem Beweismaß der überwiegenden Wahrscheinlichkeit bleibt die Möglichkeit eines Gleichgewichts: Es kann genausoviel für wie gegen eine Tatsache sprechen. Wenn *Ekelöf* meint, in diesem Fall trage niemand die Beweislast, müßte er die Parteien eigentlich ohne Entscheidung nach Hause schicken.[49] Wenn *Motsch* im 50 : 50 Fall den Tatbestand bejahen will, dann liegt hierin eine stillschweigende Beweislastentscheidung, denn die Situation der völligen Unklarheit wird dem Bereich des Erwiesenseins zugeordnet, obwohl der Wahrscheinlichkeitsgrad sich weder dem einen noch dem anderen Bereich zuneigt, so daß das Beweismaß über die zutreffende Entscheidung keine Auskunft geben kann.

---

[44] Ekelöf, ZZP 75, 289 (289f).
[45] A.a.O. S. 298.
[46] Motsch, Vom rechtsgenügenden Beweis, S. 82ff.
[47] A.a.O. S. 83, 85.
[48] S.o. 6. Kapitel III.
[49] Prütting, Gegenwartsprobleme, S. 72.

Es zeigt sich, daß eine gedankliche Vermischung von Beweismaß und Beweislast gegeben ist: Die Frage, wann ein non liquet vorliegt, ist zu trennen von der Frage, wie dieses non liquet zu überwinden ist. Wenn nach *Ekelöf* der Beweis*last*punkt bestimmt, wann ein erforderlicher Wahrscheinlichkeitsgrad erreicht ist, so ist dies nicht anderes als die Definition des Beweismaßes.[50]

Motsch unterliegt zudem noch dem Irrtum, daß zwei gleichlautende Rechtsfolgen nicht auch durch verschiedene rechtliche Regelungen bewirkt werden könnten.

(2) Auch bei *Nell* und *Maassen* besteht die vermeintlich zweigliedrige Entscheidungsanweisung in Wirklichkeit aus drei Bereichen, wobei der dritte, das non liquet, unbewußt dem Bereich des „widerlegt" zugewiesen wird. Dies soll ein Beispiel verdeutlichen[51]: Gesetzt den Fall, das Beweismaß liege bei einer 75% Wahrscheinlichkeit, die Beweiswürdigung habe aber nur eine 60% Wahrscheinlichkeit ergeben. Die fragliche Tatsache ist dann nicht hinreichend erwiesen; dennoch wird sie der Richter nicht als widerlegt betrachten können, ist sie doch immer noch wahrscheinlicher als unwahrscheinlich. Wer hier die Tatsache als nicht vorhanden behandelt, schlägt das Nichterwiesensein dem Widerlegtsein zu und trifft damit eine Beweislastentscheidung. Das non liquet stellt sich somit als Bereich dar, bei welchem das Beweismaß nicht nur bestimmt, wann der Richter vom Vorhandensein, sondern auch, wann er vom Nichtvorhandensein einer Tatsache ausgehen darf.[52]

Schließlich verkennt *Maassen* die Tatsache, daß es nach allgemeiner Meinung eine objektive Beweislast auch ohne subjektive Beweislast geben kann; dies zeigt der Verwaltungsprozeß.

VI. Ergebnis

Die Theorien von der Beweislastentscheidung als logischer Schluß aus der Rechtsanwendung haben genausowenig überzeugen können wie die Thesen von der Verdrängung der Beweislast durch das materielle öffentliche Recht bzw. durch das Beweismaß. Daher sind Beweislastregeln grundsätzlich erforderlich. Darüber hinaus rückt die geänderte Rechtsprechungspraxis zum Beweismaß die Bedeutung der Beweislast nunmehr verstärkt ins Blickfeld.

---

[50] Prütting, Gegenwartsprobleme, S. 72.
[51] Im Anschluß an Prütting, Gegenwartsprobleme, S. 73.
[52] Prütting, Gegenwartsprobleme, S. 73.

Siebtes Kapitel. Die Verteilung der Beweislast im Asylverfahrensgesetz und in der Rechtsprechungspraxis

I. Die Beweisregeln im Asylverfahrensgesetz

1. Die gesetzlichen Vermutungen

Eine ausdrückliche gesetzliche Regelung der Beweislastverteilung gibt es im Asylrecht genauso wenig wie in anderen Rechtsmaterien. Die Beweislastverteilung ist regelmäßig aus dem materiellen Recht zu entwickeln. Es finden sich aber einige Beweislastsonderregeln in der Gestalt gesetzlicher Vermutungen, die Rückschlüsse auf die Vorstellungen des Gesetzgebers von der regulären Beweislastverteilung zulassen.

a) Die Wirkungsweise gesetzlicher Vermutungen

Gesetzliche Vermutungen können widerleglich oder unwiderleglich, auf ein Recht oder auf eine Tatsache bezogen sein. Während unwiderlegliche Vermutungen nur verkürzt gefaßte Gesetzestatbestände sind,[1] versteht die inzwischen herrschende Meinung die widerleglichen gesetzlichen Vermutungen als Beweislastnormen.[2] Denn bei Ungewißheit der tatsächlichen Voraussetzungen eines Tatbestandsmerkmals erlaubt eine solche Vermutung zu entscheiden, als ob das Tatbestandsmerkmal gegeben wäre (sog. Vermutungsfolge), sofern ein tatbestandsfremder Sachverhalt (sog. Vermutungsbasis) erwiesen ist. Widerlegliche gesetzliche Vermutungen sind also Entscheidungsregeln, die mittels einer Fiktion die Anwendung von Rechtssätzen ermöglichen, deren tatsächlich Voraussetzungen nicht feststehen.[3] Dies entspricht der Funktion der Beweislast.[4]

Die Wirkung auf die Parteien liegt zum einen darin, daß diese Vermutungen das Beweisthema verschieben.[5] Statt des Tatbestandsmerkmals ist die regelmäßig wesentlich leichter nachweisbare Vermutungsbasis zu beweisen. Die Vermutung ist damit eine *Beweiserleichterung* für denjenigen, zu dessen Lasten die Ungewißheit des Tatbestandsmerkmals gegangen wäre.[6]

---

[1] Prütting, Gegenwartsprobleme, S. 49; Leipold, Beweislastregeln, 102 ff.
[2] Grundlegend Leipold, Beweislastregeln, S. 79 ff; Musielak, Grundlagen, S. 60 ff (75); Rosenberg/Schwab, Zivilprozeßrecht, § 117 I 4 S. 712.
[3] Vgl. Musielak, Grundlagen, S. 71; Leipold, Beweislastregeln, S. 93; auch dazu, daß widerlegliche Vermutungen keine beweiserzeugende Funktion haben können.
[4] S.o. 6. Kapitel I.
[5] Peschau, Beweislast, S. 51; Blomeyer, Zivilprozeßrecht, § 67 II 2 b S. 354.
[6] Hartmann, in: Baumbach/Lauterbach/Hartmann/Albers, ZPO, § 292 Anm. 3 A; Blomeyer, Zivilprozeßrecht, § 67 II 2 b S. 354.

Steht die Vermutungsbasis einmal fest, wirkt die Vermutung für den Prozeßgegner wie eine Beweislastumkehr.[7] Denn ohne Vermutung würde es für den Prozeßgegner genügen, die Überzeugung des Gerichts vom Vorliegen des Tatbestandsmerkmals zu erschüttern (sog. Gegenbeweis). Aufgrund der Vermutung geht nun aber das Gericht ohne Beweis vom Vorliegen des Tatbestandsmerkmals aus.[8] Die Vermutung zwingt den Prozeßgegner somit zum Beweis des Gegenteils: Es genügt nicht mehr, beim Gericht Zweifel herbeizuführen, vielmehr muß er das Tatbestandsmerkmal zur Überzeugung des Gerichts *widerlegen*. Die Vermutung streitet zugunsten der beweisbelasteten Partei und nimmt ihr das Prozeßrisiko ab.[9]

Diese Grundsätze gelten auch unter der Herrschaft der Inquisitionsmaxime.[10] Wird das Gegenteil der Vermutung nicht eindeutig von der Behörde oder dem Gericht festgestellt, greift die Vermutung. Zweifel gehen nicht mehr zu Lasten der eigentlich mit der objektiven Beweislast belasteten Partei, sondern zu Lasten des Prozeßgegners. Nicht mehr das eigentliche Tatbestandsmerkmal, sondern die Vermutungsbasis bedarf der Feststellung.

Schließlich sind widerlegliche gesetzliche Vermutungen regelmäßig Beweislast*sonder*normen. Sie wären funktionslos, wenn sie keine Abweichung vom Normalfall der Beweislastverteilung brächten.[11] Da die Vermutungsfolge eine positive Fiktion des Tatbestandsmerkmals enthält, kann man davon ausgehen, daß der Gesetzgeber die negative Fiktion für den Regelfall hält.

b) Die Vermutungen des Asylverfahrensgesetzes

(1) Ausgangspunkt der asylrechtlichen Vermutungen ist § 2 I AsylVfG n. F., wonach ein Ausländer, der bereits in einem anderen Staat vor Verfolgung sicher war, nicht als Asylberechtigter anerkannt wird. In § 2 II 1 AsylVfG n. F.[12] wird nun diese anderweitige Verfolgungssicherheit vermutet, wenn der Ausländer sich vor der Einreise länger als drei Monate in einem anderen Staat aufgehalten hat, in dem ihm keine Verfolgung drohte. Dieselbe Vermutung gilt nach § 7 III AsylVfG n. F., wenn der Ausländer im Besitz eines von einem anderen Staat nach der Genfer Konvention ausgestellten Reiseausweises ist.

(2) Beide Vermutungen sind widerleglich. Für § 2 II 1 AsylVfG ergibt sich dies aus § 2 II 2 AsylVfG: Die Vermutung gilt nicht, wenn der Ausländer glaubhaft macht, daß eine Abschiebung in einen Staat, in dem ihm politische Verfolgung droht, nicht mit hinreichender Sicherheit auszuschließen war.

---

[7] Bruns, Zivilprozeßrecht, §§ 32 Anm. 166c S. 252; Tietgen, Gutachten, S. 55f; Leipold, Beweislastregeln, S. 93; Rosenberg, Beweislast, S. 216; Blomeyer, Zivilprozeßrecht, § 67 II 2b S. 354.
[8] Rosenberg/Schwab, Zivilprozeßrecht, § 117 I 4 S. 712.
[9] Rosenberg, Beweislast, S. 216f.
[10] Deppe, Beweislast, S. 80; Rosenberg, Beweislast, S. 223; Tietgen, Gutachten, S. 53.
[11] Leipold, Beweislastregeln, S. 91; Musielak, Grundlagen, S. 72.
[12] Eingeführt durch das Zweite Gesetz zur Änderung des Asylverfahrensgesetzes v. 6. 1. 87, BGBl I S. 87.

I. Die Beweisregeln im Asylverfahrensgesetz

Auch die Vermutung aus § 7 III AsylVfG ist nach allgemeiner Ansicht widerleglich.[13] Das war in den Beratungen des Rechtsausschusses unstreitig[14] und ergibt sich gesetzessystematisch aus § 292 ZPO iVm. § 173 VwGO, wonach Unwiderleglichkeit nur in den gesetzlich ausdrücklich geregelten Fällen vorliegt.[15]

(3) Schließlich gehören beide Normen zu den Tatsachen-, nicht zu den Rechtsvermutungen. Zweifel hieran könnten sich allenfalls daraus ergeben, daß die überwiegende Ansicht in der Literatur und die frühere Rechtsprechung des Bundesverwaltungsgerichts auf eine *rechtlich* gesicherte Zuflucht und ein bewußtes und gewolltes Zusammenwirken zwischen Flüchtling und Drittstaat abstellte.[16] Nachdem mit Änderungsgesetz v. 6. 1. 1987 in bewußter Abkehr von dieser Rechtsprechung der Begriff des anderweitigen *Schutzes* durch den der anderweitigen *Sicherheit* ersetzt wurde, ist ein solches Zusammenwirken nach dem Willen des Gesetzgebers nicht mehr erforderlich.[17]

(4) Entsprechend der oben geschilderten Wirkungsweise der widerleglichen gesetzlichen Vermutungen läßt sich nun die Beweislastverteilung hinsichtlich der anderweitigen Verfolgungssicherheit nach den gesetzlichen Vorstellungen erschließen: Da die Widerlegung der Vermutung gemäß § 2 II 2 AsylVfG zur Aufgabe des Asylbewerbers erklärt ist, streitet die Vermutung „zugunsten" der Behördenseite.[18] Damit geht das Asylverfahrensgesetz davon aus, daß die Ungewißheit hinsichtlich der tatsächlichen Voraussetzungen der Verfolgungssicherheit im Drittstaat ursprünglich und grundsätzlich zu Lasten der Behördenseite geht. Die Vermutungen kehren diese Verteilung der objektiven Beweislast zum Nachteil des Asylbewerbers um,[19] sofern der dreimonatige Aufenthalt im Drittstaat nachgewiesen ist.[20]

Dasselbe Ergebnis ergibt sich für § 7 III AsylVVfG aus der Funktion als Beweislastsonderregel. Zwar wird die Widerlegungspflicht nicht ausdrücklich dem Asylbewerber auferlegt. Da die anderweitige Verfolgungssicherheit aber als gegeben fin-

---

[13] Rühmann, in: GK-AsylVfG, § 7 Rdnr. 55; Schumacher, DÖV 82, 806.
[14] Protokoll Nr. 34 I S. 43 f der Sitzung des Rechtsausschußes v. 28. 4. 82.
[15] Tietgen, Gutachten, S. 53.
[16] BVerwG, Urt. v. 5. 6. 84, BVerwGE 69, 289 (293) = NVwZ 84, 732 (733); Rühmann, in: GK-AsylVfG, § 2 Rdnr. 65 ff; Hildner, ZAR, 83, 132 (133); Gusy, in: Beitz/Wollenschläger, Handbuch Bd. I, S. 258 f; kritisch Quaritsch, Recht auf Asyl, S. 134 f.
[17] Vgl. BT-Dr. 10/6416 S. 20 f; BT-Dr. 10/3678 S. 7, für verfassungsrechtliche Unbedenklichkeit: BVerwG, Urt. v. 24. 3. 87, NVwZ 87, 812 (812f) = InfAuslR 87, 223 m. krit. Anm. Ventzke; VG Ansbach, Urt. v. 16. 7. 87, InfAuslR 87, 298; verfassungsrechtliche Bedenken haben: VG Kassel, Urt. v. 15. 5. 87, InfAuslR 87, 300; HessVGH, Urt. v. 10. 3. 87, InfAuslR 87, 235; VG Stuttgart, Urt. v. 25. 5. 87, InfAuslR 87, 302.
[18] Es soll hier vom Regelfall ausgegangen werden, daß der Asylbewerber wegen der Ablehnung seines Asylantrages gegen die Bundesrepublik Deutschland klagt.
[19] Im Ergebnis ebenso: Rühmann, in: GK-AsylVfG, Stand Mai 1988, § 7 Rdnr. 57 und § 2 Rdnr. 80; Müller, ZRP 85, 223 (226); Huber, NVwZ 87, 391 (392); Ventzke, InfAuslR 87, 226 (227). Vgl. auch Marx, in: Marx/Strate/Pfaff, AsylVfG, § 2 Rdnr. 11, dessen Regel-Ausnahme-Argument jedoch ungenau ist.
[20] Die Erleichterung des Nachweises anderweitiger Verfolgungssicherheit war erklärtes Ziel der Gesetzesänderung, vgl. BT-Dr. 10/3677 S. 5.

giert wird und das Mißlingen des Gegenteilsbeweises die Asylberechtigung ausschließt, wirkt die Vermutung zugunsten der Behördenseite.

Wer die materielle Beweislast für die Vermutungsbasis, also den mindestens dreimonatigen Aufenthalt im Drittstaat bzw. die Ausstellung eines Reisepasses, trägt, ergibt sich nicht aus der Vermutung selbst. Im Regelfall obliegt sie demjenigen, zu dessen Nachteil die Beweislast bezüglich des vermuteten Tatbestandsmerkmals gehen würde,[21] hier also der Behördenseite.

2. Ergebnis

Nach dem Willen des Asylverfahrensgesetzes geht die Ungewißheit der tatsächlichen Voraussetzungen einer anderweitigen Verfolgungssicherheit grundsätzlich zu Lasten der Behörde. Diese generelle Beweislastverteilung ist aber durch die gesetzlichen Vermutungen und die sprachliche Fassung des Asylverfahrensgesetzes zum Nachteil des Asylantragstellers durchbrochen.

Da das einfache Gesetzesrecht nur nach Maßgabe der Verfassung Geltung beanspruchen kann, kann eine abschließende Stellungnahme zu dieser Regelung erst nach dem Versuch erfolgen, die unmittelbar aus Art. 16 II 2 GG folgende Beweislastverteilung zu ermitteln.[22]

II. Die Rechtsprechungspraxis

1. Asylfälle ohne Vorverfolgung

a) Das Bundesverfassungsgericht hat festgestellt, den Asylbewerber treffe keine Beweislast, wohl aber die Pflicht zur Aufklärung von Widersprüchen beizutragen und bei der Sachverhaltsaufklärung mitzuwirken.[23] Aus dem Zusammenhang mit den Mitwirkungspflichten und der Verweisung auf eine frühere Entscheidung, die zur Inquisitionsmaxime ergangen ist, ergibt sich, daß das Gericht hier die *subjektive* Beweislast anspricht, die es unter Geltung des Untersuchungsgrundsatzes nicht gibt.[24] Zur objektiven Beweislast hat sich das Bundesverfassungsgericht, soweit ersichtlich, bislang nicht grundsätzlich geäußert.

b) Das Bundesverwaltungsgericht stellte ohne nähere Begründung, allenfalls mit dem Hinweis auf die „allgemeinen Regeln" fest, daß der Asylbewerber mit der materiellen Beweislast (Nachweislast) beschwert sei.[25] Nicht ausgeräumte Zweifel gingen zu Lasten des Asylantragstellers.[26]

---

[21] Tietgen, Gutachten, S. 55; Deppe, Beweislast, S. 82.
[22] S. u. 10. Kapitel B.
[23] BVerfG, B. v. 9. 1. 87, BVerfGE 15, 249 (253); B. v. 14. 11. 79, BVerfGE 52, 391 (406).
[24] Ebenso Peschau, Beweislast, S. 26 Fn. 49.
[25] BVerwG, Urt. v. 1. 10. 85, VBlBW 86, 60 (61) m. Anm. Kimminich; Urt. v. 16. 4. 85, BVerwGE 71, 180 (181) = NVwZ 85, 658; Urt. v. 27. 4. 82, Buchholz 402.24 § 28 AuslG Nr. 43; Urt. v. 27. 4. 82, DÖV 83, 35 (37) = BVerwGE 65, 250 (insoweit dort nicht mehr abgedruckt); Urt. v. 21. 6. 88; DVBl 88, 1028 = InfauslR 88, 297.
[26] BVerwG, Urt. v. 4. 11. 65, Buchholz 402.22 Art. 1 GK Nr. 16.

2. Die Wiederholungsverfolgung

Besonderheiten gelten im Falle einer Vorverfolgung. Die Rechtsprechung wendet hier einen herabgestuften Wahrscheinlichkeitsmaßstab hinsichtlich der Wiederholungsgefahr an.[27] Da nach der hier vertretenen Ansicht zwischen Gefahrenprognose und Tatsachenfeststellung zu trennen ist,[28] ist damit die Beweislastfrage, die sich auf die Tatsachenebene bezieht, noch offen. Es spricht vieles dafür, daß mit dieser „Herabminderung der Nachweislast"[29] eine Beweislastverteilung zu Lasten des Staates, im Vergleich zur oben geschilderten Rechtsprechung also eine „Beweislastumkehr", verbunden ist.[30]

Zum einen muß nach Ansicht des Bundesverwaltungsgerichts die Wiederholungsgefahr *ohne ernsthafte Zweifel* an der Sicherheit des Asylbewerbers *ausgeschlossen* sein und geltend gemachtes Vorbringen *zur Überzeugung des Gerichts entkräftet werden*.[31] Lassen sich *ernsthafte Bedenken nicht ausräumen*, so sollen sie sich *zugunsten* des Asylbewerbers auswirken und zu seiner Anerkennung führen.[32] Diese Formulierungen deuten auf eine Regelung der Beweislast hin. Es geht dem Gericht anscheinend nicht nur darum, daß die Prognose einer geringen Verfolgungsgefahr zur Anerkennung führt, sondern auch um die Überwindung verbleibender Zweifel und Bedenken. Dieses Problem stellt sich aber auch auf der *Tatsachenebene*, und erfordert eine Beweislastentscheidung. Wenn unausräumbare Zweifel zugunsten des Asylbewerbers wirken, dann wird der „Nicht-erwiesen-Bereich", das non liquet, dem Bereich „Erwiesen" zugeordnet. Da das Bundesverwaltungsgericht die Anerkennung nur bei Auschluß der Wiederholungsgefahr, mit anderen Worten bei deren Widerlegung, versagt, sollen offenbar im Zweifelsfall die asylrelevanten Tatsachen positiv fingiert werden. Dies ist eine Beweislastentscheidung, die im Gegensatz zu der oben geschilderten Rechtsprechung für Asylfälle ohne Vorverfolgung steht.

Gestützt wird dieses Ergebnis dadurch, daß das Bundesverwaltungsgericht die Nachweislast bei der Wiederholungsverfolgung ausdrücklich von seiner sonstigen Rechtsprechung abgrenzte. Nachdem es im Urt. v. 27. 4. 82[33] die Anwendbarkeit

---

[27] S. o. 5. Kapitel II.2.
[28] S. o. 5. Kapitel I.
[29] BVerwG, Urt. v. 27. 2. 82, BVerwGE 65, 250 (252) = Buchholz 402.24 § 28 AuslG Nr. 37; Urt. v. 25. 9. 84, BVerwGE 70, 169 (170) = Buchholz 402.25 § 1 AsylVfG Nr. 26.
[30] Ebenso VG Karlsruhe, Urt. v. 30. 9. 81, in: Marx, Rechtsprechungssammlung, 110 Nr. 9 S. 912; Rühmann, ZAR 84, 30 (30); Köfner/Nikolaus, Grundlagen, S. 375 f; im Ergebnis auch Baumüller, in: GK-AsylVfG, Vorbem. zu § 1 Rdnr. 134 (Vorauflage); a. A. Renner ZAR 85, 62 (70).
[31] Z. B. Urt. v. 25. 9. 84, BVerwGE 70, 169 (170 f) = Buchholz 402.25 § 1 AsylVfG Nr. 26; Urt. v. 23. 4. 85, Buchholz 402.25 § 1 AsylVfG Nr. 33; Urt. v. 3. 12. 85, Buchholz 402.25 § 1 AsylVfG Nr. 42.
[32] BVerwG, Urt. v. 31. 3. 81, Buchholz 402.24 § 28 AuslG Nr. 27; Urt. v. 8. 2. 83, Buchholz 402.24 § 28 AuslG Nr. 43.
[33] BVerwG, Urt. v. 27. 4. 82, BVerwGE 65, 250 (251).

des herabgeminderten Maßstabs verneinte, stellte es fest, daß nunmehr die allgemeinen Grundsätze gälten, die den Asylsuchenden mit dem Nachweis der asylbegründenden Umstände belasten.[34]

3. Ergebnis

Es spricht viel dafür, daß in der Rechtsprechungspraxis die Beweislastverteilung für den Tatbestand der politischen Verfolgung divergiert. Grundsätzlich wird sie dem Asylbewerber auferlegt, im Falle einer Vorverfolgung aber wohl zu Lasten der Behördenseite gewendet.

---

[34] Keine Anhaltspunkte für eine Beweislastverteilung zugunsten des Asylbewerbers ergeben die wenigen Entscheidungen des Bundesverwaltungsgerichts zum neu entwickelten Begriff der *latenten Gefährdungslage*, vgl. Urt. v. 6. 12. 88, DVBl 89, 714, Urt. v. 17. 1. 89 DVBl 89, 722. Diese soll bestehen, wenn im Heimatstaat des Ausländers politische Verfolgung zwar nicht mit beachtlicher Wahrscheinlichkeit gedroht hat, aber auch nicht mit hinreichender Sicherheit ausgeschlossen werden kann, und führt nach Ansicht des Bundesverwaltungsgerichts zur Beachtlichkeit subjektiver Nachfluchtgründe. Das Gericht geht aber offenbar davon aus, daß die tatsächlichen Grundlagen, die eine latente Gefährdungslage begründen, etwa regimekritische Äußerungen, erwiesen sind.

Achtes Kapitel. Die Kriterien der Beweislastverteilung

Die vorhergehenden Erörterungen haben ergeben, daß es zwei Alternativen zur Lösung der Beweislastfrage gibt. Bei Ungewißheit der tatsächlichen Voraussetzungen des Asylanspruchs können die fraglichen Tatsachen positiv oder negativ fingiert werden. Sprachlich wird dies regelmäßig im Hinblick auf die Auswirkungen auf die Parteien ausgedrückt: Die Beweislast geht zugunsten oder zu Lasten des Asylbewerbers. Beide Alternativen sind methodisch denkbar[1] und werden in der Rechtsprechung praktiziert.[2]

Die grundlegenden Untersuchungen zur Beweislast im Verwaltungsrecht[3] haben gezeigt, daß es eine einheitliche Beweislastregel im öffentlichen Recht nicht gibt und nicht geben kann. Die „eigentümliche normative Offenheit" dieses Rechtsgebiets[4] zwingt vielmehr dazu, aus einer Vielzahl von Kriterien der Beweislastverteilung die für das jeweilige Rechtsgebiet sachgerechtesten auszuwählen.[5] Im folgenden sollen deshalb die verschiedenen Beweislastprinzipien im Hinblick auf ihre Eignung im Asylrecht untersucht werden.

I. Beweislastverteilung nach prozessualen Gesichtspunkten

1. Allgemeines

Nicht mehr ernsthaft vertreten wird eine Beweislastverteilung nach der Parteistellung bzw. der Klageart.

a) Das Bundesverwaltungsgericht hat in einer vereinzelt gebliebenen frühen Entscheidung festgestellt, bei der Anfechtungsklage trage der Kläger die Beweislast. Eine Aufhebung des angefochtenen Verwaltungsakts könne nur dann verlangt werden, wenn die Rechtswidrigkeit des Verwaltungsaktes feststehe.[6] Diese Entscheidung stieß zurecht auf einhellige Ablehnung.[7] Denn da der Verwaltung das Instru-

---

[1] S.o. 6. Kapitel I.
[2] S.o. 7. Kapitel II.
[3] Aus neuerer Zeit z.B. Peschau, Die Beweislast im Verwaltungsrecht; Berg, Die verwaltungsrechtliche Entscheidung bei ungewissem Sachverhalt; Sonntag, Die Beweislast bei Drittbetroffenenklagen.
[4] So ausdrücklich Dubischar, JuS 71, 385 (394).
[5] Es würde hier zu weit führen, den rechtlichen Geltungsgrund dieser Beweislastregeln zu untersuchen. Bachof, Verfassungsrecht, Verwaltungsrecht, Verfahrensrecht Bd. II, S. 193, schlägt die Qualifikation als „topoi" vor.
[6] BVerwG, Urt. v. 18. 4. 56, BVerwGE 3, 245 (246).
[7] Vgl. statt vieler: Tietgen, DVBl 56, 683 (684f); Dahlinger, NJW 57, 7 (8); Redeker, NJW 66, 1777 (1779); Deppe, Beweislast, S. 28; Lüke, JuS 61, 41 (44f); Peschau, Beweislast, S. 19ff; Berg, Die verwaltungsrechtliche Entscheidung, S. 178ff; a.A. früher Bettermann, DVBL 57, 84f, aufgegeben in: Referat, S. E 38f.

ment des Verwaltungsaktes in weiten Bereichen grundsätzlich zur Verfügung steht, kann sie kraft ihrer Hoheitsgewalt verbindliche Rechtsfolgen setzen und den Bürger unabhängig von den zugrundeliegenden materiellen Rechtspositionen in die Klägerrolle drängen. Obgleich beim Erlaß eines belastenden Verwaltungsakts materiellrechtlich die Behörde in einer „Angreiferstellung" ist, kommt dann prozeßrechtlich dem Bürger diese Position zu.[8] Wäre hiermit die objektive Beweislast verbunden, so müßte u. U. ein freiheitsbeschränkender Verwaltungsakt aufrechterhalten werden, obwohl seine tatsächlichen Voraussetzungen zweifelhaft geblieben sind.[9] Damit würden Eingriffe in grundrechtlich geschützte Freiheitsrechte ohne ausreichende Legitimation ermöglicht. Daß die Behörde sich durch den Erlaß eines Verwaltungsaktes ihrer Rechtfertigungspflicht für Freiheitsbeschränkungen entziehen kann, ist aber weder Sinn und Zweck dieses Rechtsinstruments[10] noch mit der Staatsauffassung des Grundgesetzes vereinbar.[11] Diese Ansicht übersieht also, daß die Beweislast eine gesetzliche Risikozuweisung ist, die eine Bewertung der Stellung der Parteien zum angestrebten Erfolg ausdrückt[12] und die an den materiell-rechtlichen Wertentscheidungen zu orientieren ist.

b) Anderes kann auch nicht bezüglich der Klageart gelten. Ob Verpflichtungs- oder Anfechtungsklage zu erheben ist, hängt von oft zufälligen, ohne Rücksicht auf die Beweislast erfolgten Formulierungen des Gesetzgebers ab.[13] Materiell-rechtliche und prozeßrechtliche Stellung sind keineswegs immer identisch, weil die Klageart an die Rechtsfigur des Verwaltungsaktes anknüpft. So muß der Bürger beim Verbot mit Erlaubnisvorbehalt Verpflichtungsklage erheben, obwohl er materiell ein grundrechtliches Freiheitsrecht geltend macht.[14] Andererseits ist unter Umständen Anfechtungsklage geboten, obwohl der Kläger eine Erweiterung seiner Rechtsposition erstrebt.

Der in der Literatur häufigen Formulierung, bei der Anfechtungsklage treffe die Behörde die Beweislast,[15] kann daher nur insoweit zugestimmt werden, als dieser „Faustregel" materiell-rechtliche Wertungen zugrundeliegen.[16]

---

[8] Deppe, Beweislast, S. 28; Lüke, JuS 61, 41 (45).
[9] Ule, Verwaltungsprozeßrecht, § 50 II 3 S. 276.
[10] Wolff/Bachof, Verwaltungsrecht Bd. I, § 46 I a S. 370 f.
[11] Dürig, in: Maunz/Dürig, Kom. z. GG, Art. 2 Rdnr. 26.
[12] Leipold, Beweislastregeln, S. 48; Greger, Beweis und Wahrscheinlichkeit, S. 13.
[13] Peschau, Beweislast, S. 20 m. Bsp.
[14] Stern, Verwaltungsprozessuale Probleme, S. 161.
[15] Redeker/v. Oertzen, VwGO, § 108 Rdnr. 13; Tschira/Schmitt Glaeser, Verwaltungsprozeßrecht, S. 289; Ule, Verwaltungsprozeßrecht, § 50 II 3 S. 275 ff; Eyermann/Fröhler, VwGO § 86 Rdnr. 6.
[16] Stern, Verwaltungsprozessuale Probleme, S. 155; Berg, Die verwaltungsrechtliche Entscheidung, S. 179.

2. Asylrechtliche Stellungnahme

Angesichts dessen erstaunt es, daß im Asylrecht immer wieder aus der Klageart Folgerungen für die Beweislast gezogen werden. Nach *Schaeffer* trägt der Asylbewerber „wie allgemein bei der Verpflichtungsklage" die Beweislast.[17] *Baumüller* will offenbar ebenfalls aus der Einordnung der asylrechtlichen Klage Konsequenzen für die Beweislast ziehen.[18] Er versteht das Asylrecht als Grundrecht des status negativus und deutet die Anerkennungsklage deshalb gegen die ständige Rechtsprechung als (ergänzte) Anfechtungsklage (§ 113 II VwGO), woraus eine „Umkehrung der Beweislast" und eine gegenüber der Verpflichtungsklage günstigere Beweislast folge.[19] Auch *Rothkegel* steht einer prozeßrechtlichen Anknüpfung der Beweislast, etwa an die Klageart, nicht ablehnend gegenüber.[20]

Diese Formulierungen geben zumindest zu Mißverständnissen Anlaß. Aus dem oben Gesagten folgt, daß sich im Asylrecht wie in jedem anderen Rechtsgebiet die Beweislastverteilung aus dem materiellen Recht ergibt. Die Klageart determiniert nicht die Beweislastverteilung. Daher ist es insoweit auch unschädlich, die Anerkennungsklage als Verpflichtungsklage einzuordnen.[21]

II. Beweislastverteilung nach Wahrscheinlichkeit

Obwohl die Wahrscheinlichkeit nur vereinzelt als ein taugliches Beweislastkriterium betrachtet wird, soll hierauf eingegangen werden, weil sie den Blick auf das Wesen der materiellen Beweislast lenkt.

1. Die konkrete Wahrscheinlichkeit

a) Die Beweislast nach der Wahrscheinlichkeit einer Tatsachenbehauptung im *konkreten* Prozeß zu verteilen, hat *Peters* vorgeschlagen:[22] Die Beweislastfrage könne erst im Anschluß an den konkreten Parteivortrag beantwortet werden. Es sei

---

[17] Schaeffer, Asylrecht, S. 138.
[18] NVwZ 82, 222 (222).
[19] Baumüller, NVwZ 82, 222 (224f); dagegen ausdrücklich BVerwG, Urt. v. 14. 5. 82, Buchholz 402.24 § 38 AuslG Nr. 2.
[20] Rothkegel, in: GK-AsylVfG, II 2 vor § 1 Rdnr. 85. Die von ihm zitierte Literatur bezieht sich jedoch auf die Zugehörigkeit der Beweislastregeln zum materiellen bzw. Prozeßrecht, nicht auf die Anknüpfung der Beweislastverteilung an prozessuale oder materiale Rechtspositionen.
[21] BVerwG, Urt. v. 14. 5. 82, Buchholz 402.25 § 31 AuslG Nr. 1; Urt. v. 21. 11. 83, Buchholz 310 § 113 VwGO Nr. 134; Urt. v. 8. 2. 83, Buchholz 402.24 § 28 AuslG Nr. 43 und st. Rspr.; anders aber im Kriegsdienstverweigerungsrecht: Urt. v. 25. 7. 73, BVerwGE 44, 17 (22); zustimmend Rühmann, NVwZ 82, 609 (609); VGH Kassel, Urt. v. 11. 8. 81, NVwZ 82, 136; a. A. VG Wiesbaden, Urt. v. 22. 4. 81, InfAuslR 81, 161; Kopp, VwGO, § 113 Rdnr. 66, Schlink/Wieland, DÖV 82, 426 (431); Baumüller, NVwZ 82, 222 (225).
[22] Peters, MDR 49, 66.

vorzuziehen, daß die Partei gewinne, die wahrscheinlich im Recht sei, und nicht die, welche wahrscheinlich im Unrecht sei. Hierbei komme alles auf die Umstände des einzelnen Falles , d.h. Zeit, Ort, und Person, an.[23] Auch *Kegel* wird zu den Vertretern dieser These gezählt. Er schlägt vor, die Beweislast dem aufzuerlegen, der zu seinen Gunsten etwas behauptet, was nicht überwiegend wahrscheinlich ist, weil die überwiegende Wahrscheinlichkeit das Beste sei, was wir haben können.[24] Aus den folgenden Erörterungen aber ergibt sich m. E., daß *Kegel* ein terminologischer Mißgriff unterlaufen ist: er meint wohl das *Beweismaß* der überwiegenden Wahrscheinlichkeit. Ebenfalls ohne klare Trennung von Beweismaß und Beweislast empfiehlt *v. Zezschwitz*, das Überwiegenheitsprinzip im Sinne *Ekelöfs* bei fehlender Beweislastregel zur Lösung besonderer Beweislagen, im konkreten Fall im Kriegsdienstverweigerungsrecht, zu verwenden,[25] wobei offenbar die Wahrscheinlichkeit der Behauptungen des Kriegsdienstverweigeres im konkreten Prozeß zugrundezulegen ist.[26]

b) Gegen diese Auffassung bestehen zahlreiche Bedenken. Die Beweislastverteilung nach konkreter Wahrscheinlichkeit setzt sich in Widerspruch zu den vorhandenen abstrakt-generellen Beweislastregelungen.[27] Sie bietet im Fall gleicher Wahrscheinlichkeiten keine Lösung und bedeutet den Abschied von jeglicher Vorhersehbarkeit, Kalkulierbarkeit und Rechtssicherheit der Beweislastentscheidung.[28] Dies ist mit dem Rechtsstaatsprinzip unvereinbar. Beweislastregeln weisen das Risiko der Unaufklärbarkeit des Sachverhalts einer Partei zu.[29] Diese gesetzliche Risikozuweisung muß durch Sachgründe und materielle Gerechtigkeitserwägungen legitimiert sein und darf nicht von den Zufälligkeiten des konkreten Prozesses abhängen.[30] Die Beweislast erfordert daher eine abstrakt-generelle, materiell-rechtliche Wertungen berücksichtigende Regelung.[31]

2. Die abstrakte Wahrscheinlichkeit

a) Nach *Reinecke* soll eine abstrakt verstandene Wahrscheinlichkeit der eigentliche Geltungsgrund sowohl für die ungeschriebene Grundregel, daß der Anspruchsteller die Beweislast für die anspruchsbegründenden Tatsachen trägt, als auch für

---

[23] A.a.O. S. 68f.
[24] Kegel, Festgabe für Kronstein, S. 321 (335).
[25] v. Zezschwitz, JZ 70, 233 (239), im Anschluß an Ekelöf, ZZP 75 (1962), 289.
[26] A.a.O. S. 240.
[27] Z.B. den gesetzlichen Vermutungen.
[28] Berg, Die verwaltungsrechtliche Entscheidung, S. 218; Prütting, Gegenwartsprobleme, S. 194; Peschau, Beweislast, S. 49f.
[29] Rosenberg, Beweislast, 186ff.
[30] Prütting, Gegenwartsprobleme, S. 85f; Greger, Beweis und Wahrscheinlichkeit, S. 13.
[31] Prütting, Gegenwartsprobleme, S. 85f, 195; Peschau, Beweislast, S. 49f; Leipold, Beweislastregeln, S. 48; Rosenberg, Beweislast, S. 186ff; Greger, Beweis und Wahrscheinlichkeit, S. 13.

zahlreiche Sonderregeln sein. Es sei der Sachverhalt zu beweisen, der nicht überwiegend wahrscheinlich ist.[32] Auch *Grunsky* geht davon aus, daß der Gesetzgeber das als das Normale angesehen wissen will, was nach normalen Lebensverhältnissen das Wahrscheinliche ist. Letzten Endes entscheide die Statistik über die Beweislastverteilung.[33]

b) Auf die Schwächen des statistischen Wahrscheinlichkeitsbegriffs wurde schon hingewiesen.[34] Er versagt für die Beweislastverteilung vor allem deshalb, weil er ein Kollektiv voraussetzt, dessen Bildung in der Rechtswissenschaft mehr oder weniger willkürlich ist. Denn je mehr charakteristische Merkmale zu Kennzeichnung der Vergleichsgruppe hinzugefügt werden, desto kleiner wird sie.[35] Dementsprechend verändert sich der Wahrscheinlichkeitsgrad.[36] Nun mag man einwenden, daß gerade im Asylrecht mit seiner Anknüpfung an typische Gruppenmerkmale die Kollektivbildung möglich ist. Jedoch fehlt auch hier empirisch gesichertes Zahlenmaterial, so daß der zugrundegelegte Wahrscheinlichkeitsmaßstab auf einer groben Schätzung des Rechtsanwenders beruhte, was im Hinblick auf die Vorhersehbarkeit der Beweislastentscheidung bedenklich wäre.[37] Vor allem gelten die Einwände gegen die konkreten Wahrscheinlichkeit auch hier: Für materiale Gerechtigkeitserwägungen läßt die Statistik keinen Raum. Das lebensmäßig Normale muß nicht immer das verfassungsrechtlich Gebotene sein.

3. Wahrscheinlichkeit als Element der Beweiswürdigung

Schließlich beruht das Kriterium der konkreten und der abstrakte Wahrscheinlichkeit auf einem, vor allem von *Prütting* aufgezeigten Mißverständnis.[38] Wie oben ausgeführt,[39] spielt die Wahrscheinlichkeit im Rahmen der Beweiswürdigung, insbesondere bei der Verwendung von Erfahrungssätzen und der Bestimmung des Beweismaßes eine maßgebliche Rolle: Sie hat eine beweisschaffende Wirkung. Soll sie nun daneben auch die Beweislast beeinflußen, würde das auf eine doppelte Berücksichtigung hinauslaufen. Hierin läge der Versuch, dem wahren Sachverhalt doch noch zum Durchbruch zu verhelfen.[40] Die Beweislast hätte beweiserzeugende Wirkung. Da sie aber zwingend ein non liquet, das heißt das endgültige Scheitern des

---

[32] Reinecke, Die Beweislastverteilung, S. 41 ff.
[33] Grunsky, Grundlagen, § 41 III 2 a aa S. 429.
[34] S. o. 2. Kapitel II.
[35] Peschau, Beweislast, S. 49; Prütting, Gegenwartsprobleme, S. 202 f.
[36] Reinecke kommt z. B. zur Beweislast des Anspruchstellers, weil der Vertragsschluß zwischen zwei Parteien im Vergleich mit der Gesamtheit der Bevölkerung unwahrscheinlich sei (a. a. O. S. 43). Nimmt man als Vergleichsgruppe die Parteien eines Rechtsstreits, muß dies keineswegs so sein, vgl. Peschau, Beweislast, S. 49; Prütting, Gegenwartsprobleme, S. 202 f.
[37] Prütting, Gegenwartsprobleme, S. 204.
[38] Prütting, Gegenwartsprobleme, S. 85 f, 195.
[39] S. o. 3. Kapitel IV.
[40] Prütting, Gegenwartsprobleme, S. 86; Berg, Die verwaltungsrechtliche Entscheidung, S. 217.

Beweises voraussetzt, würde sie sich letztlich selbst überflüssig machen. Dies zeigt, daß Wahrscheinlichkeitserwägungen ihren Platz ausschließlich in der Beweiswürdigung haben können. Die Beweislastverteilung beruht auf anderen Geltungsgründen.[41]

III. Beweislastverteilung nach Gefahrenbereichen und Einflußsphären

1. Grundsatz

Die Beweislastverteilung nach Gefahrenkreisen (Sphären, Verantwortungsbereichen) orientiert sich an der Nähe zum Beweisgegenstand. Das Aufklärungsrisiko soll die Partei tragen, deren Lebensbereich der Beweisgegenstand zugerechnet werden kann; sei es, weil sie die besseren Aufklärungsmöglichkeiten hat, sei es, weil die Ungewißheit in ihrer Verantwortungs- und Verfügungssphäre entstanden ist.[42] Der Sphärengedanke hat sich zwar als allgemeine Verteilungsregel im Zivilprozeß nicht durchgesetzt,[43] ist aber in einzelnen Rechtsmaterien, insbesondere im Schadensersatzrecht, als geeignetes Beweislastkriterium und gesetzgeberisches Verteilungsmotiv weitgehend anerkannt.[44] Die verwaltungsgerichtliche Rechtsprechung zog ihn nur selten heran.[45] Das verwaltungsrechtliche Schrifttum hält ihn trotz Bedenken wegen der prozessualen Anknüpfung grundsätzlich für ein brauchbares, wenn auch nicht für ein alleiniges Verteilungskriterium, sofern materiale Wertungen beachtet werden.[46]

2. Stellungnahme im Hinblick auf das Asylrecht

Ein kurzer Blick auf die Grundgedanken der Gefahrenkreistheorie zeigt ihre Unbrauchbarkeit für das Asylrecht.

a) Schon bei der Bestimmung des jeweiligen Gefahrenkreises tritt zur räumlich-gegenständlichen Abgrenzung das Element der Beherrschbarkeit, Verantwortlichkeit bzw. der Organisationsgewalt,[47] das sich aus der schadensersatzrechtlichen

---

[41] Vgl. statt vieler: Greger, Beweis und Wahrscheinlichkeit, S. 13; Musielak, Grundlagen, S. 29; Berg, Die verwaltungsrechtliche Entscheidung, S. 216; Peschau, Beweislast, S. 48 f.
[42] Prölss, Beweiserleichterungen, S. 75 f; Peschau, Beweislast, S. 56.
[43] Hierfür aber: Prölss, Beweiserleichterungen, S. 65 ff; Reinecke, Die Beweislastverteilung, S. 48 ff; kritisch Musielak, Grundlagen, S. 165 ff.
[44] Prütting, Gegenwartsprobleme, S. 213 ff.
[45] BVerwG, Urt. v. 30. 3. 78, BayVBl 78, 765 (767) m. Anm. Klückmann; Urt. v. 20. 4. 77, BVerwGE 52, 255 m. Anm. Nierhaus, BayVBl 78, 745; Überblick bei Peschau, Beweislast, S. 57.
[46] Peschau, Beweislast, S. 59; Weber-Grellet, Beweislast, S. 36; Bettermann, Referat, S. E 44; wohl auch Berg, Die verwaltungsrechtliche Entscheidung, S. 212, der den Sphärengedanken für sich genommen ablehnt.
[47] Prütting, Gegenwartsprobleme, S. 218; Weber-Grellet, Beweislast, S. 36; Prölss, Beweiserleichterungen, S. 83.

III. Beweislastverteilung nach Gefahrenbereichen und Einflußsphären

Herkunft dieser Theorie erklärt: Im Zweifel soll derjenige haften, der die Schadensverursachung hätte verhindern müssen.[48] Darüber hinaus wird maßgeblich auf die bessere Aufklärungsmöglichkeit der beweisbelasteten Partei abgestellt. Es wird als Gebot der Gerechtigkeit gesehen, daß derjenigen die Folgen der Beweislosigkeit trägt, der zur Aufklärung des Sachverhalts am besten in der Lage ist.[49] Damit erscheint die Abgrenzung der Sphären letztlich als Ergebnis einer Interessenbewertung.[50] Die Beweislastverteilung nach Verantwortungssphären ist damit ein Unterfall der Verteilung nach Zumutbarkeits- und Billigkeitserwägungen.[51]

Auf dieser Grundlage wird bereits fraglich, was die Sphäre des Asylbewerbers sein sollte. Es ist nicht ernstlich vertretbar, ausgehend von der räumlichen Nähe den Herkunftsstaat als Ganzes als Sphäre des Asylsuchenden zu bezeichnen, denn diesbezüglich fehlen ihm oft schon ausreichende Kenntnisse. Das Bundesverwaltungsgericht hat mehrfach betont, daß der Asylbewerber bei der Beibringung konkreter Tatsachen hinsichtlich der allgemeinen Umstände im Heimatland in einer schwierigen Lage sei, weil seine eigenen Kenntnisse und Erfahrungen sich häufig auf den engeren Lebenskreis beschränken und stets einige Zeit zurückliegen.[52] Aber auch wenn man die Sphäre des Asylantragstellers räumlich-gegenständlich auf den engeren Lebenskreis beschränkte, korrespondieren mit den besseren Kenntnissen keineswegs bessere Aufklärungsmöglichkeiten. Die Beweisschwierigkeiten müssen hier nicht nochmals geschildert werden.[53]

b) Keinesfalls übertragbar ist darüber hinaus der Gedanke der Verantwortlichkeit und Beherrschbarkeit des Lebenskreises. Der politische Flüchtling dieses Jahrhunderts ist nicht nur der politische Kämpfer und revolutionäre Aktivist im Sinne des klassischen Asylrechts, welcher staatliche Maßnahmen durch eigene Tätigkeit provoziert, sondern regelmäßig das Opfer staatlicher Machtausübung.[54] Das Asylrecht in der Verfassungswirklichkeit schützt heute auch und vor allem denjenigen, der wegen ihm schicksalhaft ohne eigenes Zutun anhaftender Eigenschaften wie Rasse, Religion etc. verfolgt wird.

Die Beweislastverteilung nach Sphären würde im Asylrecht daher mangels Beherrschbarkeit des Geschehens und darauf beruhender Aufklärungsmöglichkeiten an den dieser Lehre zugrundeliegenden Gerechtigkeitserwägungen vorbeigehen.[55]

---

[48] Prölss, Beweiserleichterungen, S. 76.
[49] Prölss, Beweiserleichterungen, S. 74 ff.
[50] Prütting, Gegenwartsprobleme, S. 218 f.
[51] Berg, Die verwaltungsrechtliche Entscheidung, S. 204 ff, 206, 212 f.
[52] BVerwG, Urt. v. 24. 11. 81, Buchholz 402.24 § 28 AuslG Nr. 31; Urt. v. 22. 3. 83, Buchholz 402.24 § 28 AuslG Nr. 44; Urt. v. 23. 11. 82, BVerwGE 66, 237 (239).
[53] S. o. 1. Kapitel II.
[54] Baumüller, in: GK-AsylVfG, Vorbem. zu § 1 Rdnr. 127 (Vorauflage); Marx, in: ai, Bewährungsprobe, S. 128.
[55] Weitere Bedenken ergeben sich aufgrund der zivilprozessualen Herkunft des Sphärengedankens, vgl. hierzu z. B. Berg, Die verwaltungsrechtliche Entscheidung, S. 212 f.

3. Ergebnis

Eine Beweislastverteilung nach Gefahrenbereichen widerspricht dem Schutzzweck des Art. 16 II 2 GG, weil dem räumlich-gegenständlichen Bereich, der dem Asylbewerber zugeordnet werden könnte, keine besseren Aufklärungsmöglichkeiten und keine Aufklärungsverantwortung entsprechen.

IV. Das Regel-Ausnahme-Argument

1. Grundsatz

Nach dem Verhältnis von Regel und Ausnahme obliegt demjenigen, der sich auf die Regeltatbestand beruft, die Beweislast für dessen tatsächliche Voraussetzungen, während derjenige, welcher eine Ausnahme geltend macht, das Aufklärungsrisiko für deren Tatsachengrundlage trägt.[56] Im Rahmen der Normentheorie, wonach der Anspruchsteller die Beweislast für die rechtsbegründenden, der Anspruchsgegner die für die rechtshindernden, rechtvernichtenden und rechtshemmenden Tatsachen trägt, ist das Regel-Ausnahme-Verhältnis ein Auslegungskriterium.[57] Insbesondere soll ein sprachlich gefaßtes Regel-Ausnahme-Verhältnis Ausdruck der vom Gesetzgeber gewollten Aufteilung in Grund- und Gegennormen und der damit intendierten Beweislastverteilung sein.[58] Im Verwaltungsprozeß wird das Regel-Ausnahme-Argument jedoch auch als eigenständiges Verteilungskriterium anstelle der Normentheorie behandelt,[59] wobei oft die grundrechtlich geschützte Freiheit als Regel, der Eingriff als Ausnahme gesehen wird.[60] Im hier interessierenden grundrechtsrelevanten Bereich wurde dieses Argument vor allem im Kriegsdienstverweigerungsrecht diskutiert. Einerseits diente es dazu, den Wehrpflichtigen von der Beweislast für seine Gewissensentscheidung zu entlasten, weil angesichts der „Präponderanz der Freiheit"[61] das Grundrecht der Gewissensfreiheit die Regel, die einfachgesetzliche Einschränkung durch die Wehrpflicht aber die Ausnahme sei.[62] Andererseits wird es zur Begründung des genau entgegengesetzten Ergebnisses herangezogen: Die allgemeine Wehrpflicht sei die Grundnorm, das Kriegsdienstverweigerungsrecht habe den Charakter eines Gegenrechts.[63] Schließlich wird dieses Schema für schlechthin unbrauchbar gehalten, weil die Berufung auf ein Grundrecht angesichts

---

[56] Peschau, Beweislast, S. 46.
[57] Rosenberg, Die Beweislast, S. 126 ff; Tietgen, Gutachten, S. 39.
[58] Gottwald, JURA 80, 225 (229).
[59] BVerwG, Urt. v. 10. 5. 61, BVerwGE 12, 236 (239 f); Peschau, Beweislast, S. 42 ff, 47 m. w. N.; Sonntag, Beweislast, S. 17 f.
[60] Leipold, Beweislastregeln, S. 194 f; Trompert, NJW 62, 2046; Hannover, DVBl 60, 381.
[61] Dürig, in: Maunz/Dürig, Komm. z. GG, Art. 2 Rdnr. 72.
[62] Arndt, JZ 60, 273 (274); Hannover, DVBl 60, 381 (381); Tietgen, Gutachten, S. 48.
[63] de Clerck, JZ 60, 13 (15); Hahnenfeld, DVBl 62, 284 (288).

seines Absolutheitscharakters nicht als Geltendmachung einer Ausnahme bezeichnet werden könne, die Wehrpflicht aber ebenfalls keine Ausnahme, sondern eine allgemeine Rechtspflicht sei.[64]

2. Asylrechtliche Stellungnahme

Es fällt schwer, das Regel-Ausnahme-Schema als eigenständiges Prinzip außerhalb der Normentheorie[65] auf das Asylrecht zu übertragen. Griffe man auf die statistische Häufigkeit zurück und stellte man dem Regelfall des „normalen" Ausländers die Ausnahme des politisch verfolgten Ausländers gegenüber, so ginge man an den verfassungsrechtlichen Grundentscheidungen vorbei. Maßgeblich ist, was der Verfassungsgeber als Normalfall verstanden wissen will, nicht, was das statistisch Wahrscheinliche ist. Beides kann, muß aber nicht übereinstimmen.[66] Die Frage aber, ob das Asylrecht normativ Regel oder Ausnahme ist, führt nicht weiter. Zu einer Regel-Ausnahme-Struktur gehört ein weiterer materiellrechtlicher Tatbestand, den man zum Asylrecht in Beziehung setzen könnte. Das Asylrecht stellt aber im System der Verfassung zunächst einmal ein eigenständiges Recht dar. Nach dem Willen der Verfassung besteht der Anspruch auf Asyl nicht „ausnahmsweise" oder „regelmäßig", sondern nur dann, aber auch stets dann, wenn die Tatbestandsvoraussetzungen erfüllt sind. Regel-Ausnahme-Schemata helfen hier nicht weiter. Auch die Tatsache, daß grundsätzlich kein allgemeines Einreiserecht für Ausländer besteht, beruht nicht auf einer „Gegennorm", sondern darauf, daß der Asylanspruch, der als einziges Grundrecht ein solches Einreiserecht gibt,[67] an bestimmte Tatbestandsmerkmale geknüpft ist. Dort, wo es nicht um den Eingriff in ein bestehendes Freiheitsgrundrecht, sondern um die Grundrechtsträgerschaft als solche geht, bringt das Regel-Ausnahme-Argument somit keine Lösung.[68, 69]

V. Die „in dubio pro"- Regeln

1. In dubio pro libertate

Ausgehend von der Präponderanz der Freiheit haben *P. Schneider* und *Auer* den Grundsatz „in dubio pro libertate" als Beweislastregel vorgeschlagen. Eine Ausgangsvermutung zugunsten des Menschen spreche dafür, daß dieser sich aller Wahr-

---

[64] BVerwG, Urt. v. 30. 10. 58, BVerwGE 7, 242 (250); Urt. v. 24. 7. 59, BVerwGE 9, 97 (100); Urt. v. 11. 5. 62, BVerwGE 14, 146 (148f); Bachof, Verfassungsrecht, Verwaltungsrecht, Verfahrensrecht Bd. II, S. 195f; Lüke, JZ 66, 587 (592).
[65] Dazu unten 7.Kapitel VIII.
[66] Peschau, Beweislast, S. 47; Leipold, Beweislastregeln, S. 56f; Weber-Grellet, Beweis- und Argumentationslast, S. 36; a. A. Dubischar, JuS 71, 385 (389); Michael, Beweislast, S. 145ff.
[67] Dazu ausführlich unten 8. Kapitel VIII.2.
[68] Anderes gilt für die Analyse der Struktur einer einzelnen Norm, dazu unten VIII. 1. c).
[69] Ebenso für Art. 4 III GG: Lüke, JZ 66, 587 (592).

scheinlichkeit nach rechtmäßig verhalte und in zureichender Weise selbst versorgen werde.[70] Alle Handlungen des Staates seien Ausnahmen von dieser freiheitlichen Regel und bedürften daher einer besonderen Legitimation.[71] Daher habe bei der Abwehr eines Eingriffs in die Freiheitssphäre des Bürgers der Staat die objektive Beweislast zu tragen,[72] während bei der Geltendmachung von Sozialansprüchen der Bürger das Prozeßrisiko trage, weil er sich auf eine Ausnahme von der Vermutung berufe, daß er in Freiheit ohne staatliche Intervention seine Existenz sichern könne.[73]

2. Stellungnahme

a) Der Wert der Freiheitsvermutung als Auslegungsregel und Instrument der Verfassungsinterpretation kann hier offenbleiben.[74] Gegen diesen Grundsatz als Beweislastregel ergeben sich erhebliche Bedenken. Er beruht auf einem schlichten Gegensatzdenken[75] und wird den differenzierten Güter- und Interessenabwägungen der Verwaltungsgesetze nicht gerecht.[76] Nicht nur Schutz *vor*, sondern auch *durch* den Staat wird zunehmend als Funktion der Grundrechte erkannt.[77] Die Suche nach der freiheitlicheren Lösung scheitert daher, wenn der Staat kollidierende Grundrechte Dritter auszugleichen oder durch soziale Leistungen die Freiheitsbetätigung des Einzelnen zu ermöglichen versucht.[78] Freiheitsbeschränkungen sind regelmäßig nicht Zweck, sondern Nebenfolge verwaltungsgesetzlicher Regelungen zum Schutz höherrangiger Rechtsgüter.[79] Auch hinsichtlich der Sozialansprüche widerspricht die Freiheitsvermutung im obigen Sinne den Grundentscheidungen der Verfassung für Menschenwürde und Sozialstaatlichkeit. Der Rechtskreis des Bürgers wird von vorneherein durch die grundgesetzlichen Garantien zur Realisierung eines menschenwürdigen Daseins bestimmt. Die Inanspruchnahme solcher Garantien ist keine Ausnahme von einer verfassungsrechtlichen Regel.[80]

b) Ein Blick auf das Asylrecht zeigt ebenfalls die Fragwürdigkeit eines Denkens in pauschalen Kategorien. Ohne hier bereits auf den Streit einzugehen, welchen

---

[70] P. Schneider, in: 100 Jahre deutsches Rechtsleben, S. 269 (274 ff, 280).
[71] Auer, Die Verteilung der Beweislast, S. 72.
[72] Auer, Die Verteilung der Beweislast, S. 80.
[73] P. Schneider, in: 100 Jahre deutsches Rechtsleben, S. 278 f; Auer, Die Verteilung der Beweislast, S. 79 f.
[74] Dazu vgl. Berg, Die verwaltungsrechtliche Entscheidung, S. 93 ff; Ossenbühl, DVBl 65, 649 (657 f); Hesse, Grundzüge des Verfassungsrechts, § 3 III 2 Rdnr. 72 S. 27.
[75] Peschau, Beweislast, S. 69.
[76] Berg, Die verwaltungsrechtliche Entscheidung, S. 192; differenzierend auch Gallwas, BayVBl 66, 310 (311).
[77] Vgl. statt vieler: Hesse, Grundzüge des Verfassungsrechts, § 10 I Rdnr. 304 S. 123, § 11 II 1 Rdnr. 349 S. 139 m. w. N.; Häberle, VVDStRL 30 (1972) 43 (109 ff, 66 ff, 90 ff, 103 ff).
[78] Peschau, Beweislast, S. 69; Berg, Die verwaltungsrechtliche Entscheidung, S. 193; Sonntag, Beweislast, S. 45.
[79] Berg, Die verwaltungsrechtliche Entscheidung, S. 192.
[80] Berg, Die verwaltungsrechtliche Entscheidung, S. 194 f.

V. Die „in dubio pro"-Regeln 107

Grundrechtsstatus das Asylrecht vermittelt,[81] läßt sich schon feststellen, daß der Asylanspruch neben einer Reihe von Abwehrrechten wie den Verboten von Zurückweisung, Abschiebung und Auslieferung in das Verfolgerland auch positive Schutzpflichten begründet. Das Gastland ist zur Aufnahme, u. U. zur Zurückweisung von Auslieferungsanträgen, regelmäßig zur Durchführung von Anerkennungsverfahren und ähnlichem verpflichtet. Darüber hinaus entnimmt das Bundesverwaltungsgericht Art. 16 II 2 GG auch eine staatliche Pflicht zur Schaffung eines menschenwürdigen Daseins.[82]

3. Weitere „in dubio pro"-Regeln

a) in dubio pro auctoritate

Nur noch als gedankliches Modell wird der Grundsatz „in dubio pro auctoritate" diskutiert.[83] Eine Ausgangsvermutung für die Rechtmäßigkeit des Handelns eines demokratisch legitimierten, nach Verfassungsprinzipien konstituierten Rechtsstaates versagt im Verwaltungsverfahren schon deshalb, weil das Verwaltungshandeln erst am Schluß des Verfahrens steht und daher keine Lösung für ein non liquet bringt, das sich während des Verfahrens ergibt.[84] Im übrigen wäre es mit dem Gebot effektiven Rechtsschutzes nicht vereinbar, wenn die Verwaltung dem Bürger generell durch Erlaß eines Verwaltungsaktes das Prozeßrisiko auferlegen könnte.[85] Auch hier gilt der Vorwurf des schlichten Gegensatzdenkens, das den Blick auf differenzierte Lösungen verstellt.[86]

b) in dubio pro „asyle"

Für den Nachweis der politischen Verfolgung wurde die Anwendung des Grundsatzes „in dubio pro reo" vorgeschlagen.[87] Ein solcher Grundsatz müßte im Asylrecht eigentlich „in dubio pro petitore"[88] oder „in dubio pro asyle"[89] heißen.

Gegen solche Prinzipien bestehen jedoch die gleichen Bedenken wie gegen die oben exemplarisch erörterte Freiheitsvermutung. Sie weisen zutreffend auf die be-

---

[81] Dazu unten 8. Kapitel VIII.2.
[82] BVerwG, Urt. v. 7. 10. 75, BVerwGE 49, 202 (203).
[83] Berg, Die verwaltungsrechtliche Entscheidung, S. 190f; Bettermann, Referat, S. E 39; Auer, Die Verteilung der Beweislast, S. 61ff; Sonntag, Beweislast, S. 47; Deppe, Beweislast, S. 89ff; Peschau, Beweislast, S. 70ff.
[84] Berg, Die verwaltungsrechtliche Entscheidung, S. 196f.
[85] Berg, Die verwaltungsrechtliche Entscheidung, S. 196; Peschau, Beweislast, S. 72.
[86] Berg, Die verwaltungsrechtliche Entscheidung, S. 195; ders., JuS 77, 23 (25); Peschau, Beweislast, S. 70; Weber-Grellet, Beweislast, S. 42.
[87] Marx, in: ai, Bewährungsprobe, S. 111 (137); anders aber in: Marx/Strate/Pfaff, AsylVfG, § 12 Rdnr. 107ff.
[88] In Anlehnung an das Sozialrecht, vgl. Köbl, in: Festschrift z. 25-jährigen Bestehen des BSG, S. 1042ff.
[89] Begriff nach Rothkegel, in: GK-AsylVfG, II 2 vor § 1 Rdnr. 42.

sondere Bedeutung der Grundrechte, auf den hohen Stellenwert der Bürger- und Menschenrechte im Grundgesetz und auf die Pflicht zur Legitimation staatlicher Eingriffe hin und sind daher bedeutsame Auslegungskriterien bei der Ermittlung der gesetzlichen Beweislastverteilung.[90] Sie sind aber als allgemeine Beweislastregelung ungeeignet, weil sie sich differenzierten Lösungen verschließen[91] Die Geltung des Grundsatzes in dubio pro reo beruht darauf, daß die Abwägung zwischen dem kriminalpolitischen Bedarf nach Abschreckung und dem Gebot der Gerechtigkeit, staatliche Strafsanktionen nur wegen erwiesener Straftaten zu verhängen, regelmäßig den absoluten Vorrang des Gerechtigkeitsgebots ergibt.[92] Ähnlich klare Interessengegensätze ergeben sich im Verwaltungsrecht in der Regel nicht. Eine grundsätzliche Bevorzugung der Grundrechte des Einzelnen würde verkennen, daß das Allgemeinwohl, in dessen Dienst die Verwaltung handelt, nichts anderes als eine Zusammenfassung der Grundrechte vieler ist, deren Gefährdung eine Einschränkung des Einzelgrundrechts zwingend erfordern kann.[93] Die wirkliche oder vermeintliche Grundrechtsposition als solche kann daher nicht ausnahmslos zu einer Entlastung vom Aufklärungsrisiko führen.[94] Die Tatsache, daß sich der Asylbewerber auf ein Grundrecht beruft und der Absolutheitscharakter der Grundrechte rechtfertigt daher für sich genommen noch keine Beweislast der Behörde.[95]

VI. Beweislastverteilung nach legislatorischen Qualifikationskompetenzen

1. Ein spezifisch verfassungsrechtliches Beweislastverteilungsprinzip leitet *Weber-Grellet* aus den von *Grabitz* anhand der verfassungsgerichtlichen Rechtsprechung systematisierten Stufen des gesetzgeberischen Gestaltungsspielraumes ab.[96] Im Bereich fundamentaler Freiheitsrechte ist der Gesetzgeber lediglich zur Konkretisierung von verfassungsrechtlich bereits vorgegebenen öffentlichen Interessen ermächtigt (sog. legislatorische Konkretisierungskompetenz). Bei einer weiteren Gruppe von Freiheitsrechten bedarf ein gesetzgeberischer Eingriff eines nachweis-

---

[90] Prütting, Gegenwartsprobleme, S. 249; Berg, Die verwaltungsrechtliche Entscheidung, S. 194, 231 f; für den in dubio pro libertate-Gedanken als Hilfsmittel: Gallwas, BayVBl 66, 310 (311); Held, Der Grundrechtsbezug des Verwaltungsverfahrens, S. 172 f.

[91] Ebenso Prütting, Gegenwartsprobleme, S. 245 ff; Berg, Die verwaltungsrechtliche Entscheidung, S. 224 f.

[92] Stree, In dubio pro reo, S. 12 ff; Berg, Die verwaltungsrechtliche Entscheidung, S. 223; Prütting, Gegenwartsprobleme, S. 245.

[93] Berg, Die verwaltungsrechtliche Entscheidung, S. 225; Gallwas, BayVBl 66, 310 (311). Generell zum grundrechtlichen Ausgleichsgedanken als Verfahrensaufgabe: Lerche, in: Lerche/Schmitt Glaeser/Schmidt-Aßmann, Verfahren als staats- und verwaltungsrechtliche Kategorie, S. 101 ff.

[94] Ebenso Berg, Die verwaltungsrechtliche Entscheidung, S. 225; v. Zezschwitz, JZ 70, 233 (234); de Clerck, JZ 60, 13 (14 f); Buss, DRiZ 66, 291 (292).

[95] Zur Berücksichtigung der Grundrechtsqualität als Auslegungskriterium aber unten 8. Kapitel VII.

[96] Weber-Grellet, Beweislast, S. 45 ff.

VI. Beweislastverteilung nach legislatorischen Qualifikationskompetenzen

baren überwiegenden öffentlichen Interesses (sog. positiv gebundene Qualifikationskompetenz). Bei einer dritten Gruppe beschränkt sich die verfassungsgerichtliche Überprüfung darauf, ob die verfolgten Zwecke eindeutig widerlegbar oder offensichtlich fehlsam sind (sog. negativ gebundene Qualifikationskompetenz). Schließlich gibt es Grundrechte, bei denen der Gesetzgeber die ihm zweckmäßig erscheinenden Ziele in den Rang öffentlicher Interessen erheben kann und nur der Willkürkontrolle unterliegt (sog. willkürfreie Qalifikationskompetenz).[97] Bei den ersten beiden Fallgruppen soll nun der Gesetzgeber die Beweislast für die der Grundrechtseinschränkung zugrundeliegenden Tatsachen tragen, bei der dritten und vierten Gruppe hingegen soll ihm die Unrichtigkeit seiner Annahmen nachgewiesen werden müssen. Die Beweislast trägt derjenige, der sich auf die Verfassungswidrigkeit des Gesetzes beruft.[98]

2. Es ist zweifelhaft, ob das Bundesverfassungsgericht diese Typologie tatsächlich im Hinblick auf die Beweislast entwickelt hat.[99] Wenn das Bundesverfassungsgericht fragt, ob die Annahmen des Gesetzgebers „eindeutig widerlegbar" sind[100] oder ob die Gefahren „nachweisbar" oder „höchstwahrscheinlich" sind,[101] dann handelt es sich nicht um Beweisfragen, sondern um das Problem der Prognosesicherheit, der damit verbundenen Kontrollintensität und dem Überzeugungsgrad, den die gesetzgeberische Abwägung für das Bundesverfassungsgericht erreichen muß. Es geht also wiederum um die materiell-rechtliche Abwägung.[102] Besonders deutlich wird dies, wenn die „Beweislast" für das Übermaßverbot erörtert wird.[103] Die Funktion der Beweislast besteht darin, beweisbedürftige Tatsachen zu *fingieren*.[104] Das Bundesverfassungsgericht entscheidet jedoch nicht, „als ob" die Geeignetheit und Erforderlichkeit einer gesetzlichen Maßnahme vorläge, sondern akzeptiert die Abwägung des Gesetzgebers oder ersetzt sie durch eigene Wertungen.

(2) Nach der hier vertretenen Auffassung von der Unterscheidbarkeit von Tatsachenfeststellung und Prognose könnte die geschilderte Typologie aber – über das Bundesverfassungsgericht hinausgehend – auf die Sachverhaltsermittlung übertragen werden. Für die erste und zweite Fallgruppe müßten die vom Gesetzgeber behaupteten Tatsachen im Zweifel als nicht vorhanden fingiert werden, für die dritte und vierte Fallgruppe als vorhanden.[105] Diese Regel zeigt aber selbst die Grenzen ihres Anwendungsbereichs auf. Sie ist nur dort von Wert, wo es um die Überprü-

---

[97] Grabitz, AöR 98 (1973), 568 (602); ders., Freiheit und Verfassung, S. 65 ff; Weber-Grellet, Beweislast, S. 47 f; Peschau, Beweislast, S. 82 f.
[98] Weber-Grellet, Beweislast, S. 48; Peschau, Beweislast, S. 83.
[99] A. A. Kriele, NJW 76, 777 (781); Grabitz, AöR 98 (1973) 568 (604, 606, 616 f); Weber-Grellet, Beweislast, S. 48; Peschau, Beweislast, S. 83.
[100] BVerfG, Urt. v. 18. 12. 68, BVerfGE 24, 367 (406).
[101] BVerfG, Urt. v. 11. 6. 58, BVerfGE 7, 377 (408); weitere Rechtsprechungsnachweise bei Grabitz, AöR 98 (1973) 568 (602 ff).
[102] S. o. 5. Kapitel I.
[103] Grabitz, AöR 98 (1973) 568 (616).
[104] S. o. S. 113 f.
[105] Ebenso Peschau, Beweislast, S. 83; Weber-Grellet, Beweislast, S. 48.

fung des gesetzgeberischen Gestaltungsspielraums, um die Gewichtung der Grundrechte und ihrer Schranken sowie den gesetzlichen Ausgleich von Interessenkollisionen geht. Sie beschränkt sich mithin auf den typischen Verfahrensgegenstand des *Verfassungsprozesses*. Die Verwaltungsverfahren, zu denen unzweifelhaft auch das Asylverfahren trotz der Grundrechtsqualität des Verfahrensgegenstandes zählt, haben ein ganz anderes Beweisthema: Es geht nicht darum, ob der Gesetzgeber einen bestimmten Begriff zu ein grundrechtseinschränkenden Tatbestandsmerkmal machen darf, sondern darum, ob dessen tatsächlichen Voraussetzungen vorliegen.[106] Deshalb ist es nicht ersichtlich, wie *Weber-Grellet* zu der Ansicht gelangen kann, im Asylrecht trage nach der Rechtsprechung des Bundesverfassungsgerichts die Beweislast für die politische Verfolgung „dem Umfang der legislatorischen Qualifikationskompetenz entsprechend" grundsätzlich nicht der Asylbewerber.[107] Zunächst verkennt *Weber-Grellet*, daß die von ihm zitierte Entscheidungen des Gerichts, wonach der Asylbewerber keine Beweislast trägt, sich auf die Beweis*führungs*last bezog.[108] Die Erörterungen zur Pflicht des Asylbewerbers zur Aufklärung von Widersprüchen betrafen die bei der Beweiswürdigung zu berücksichtigenden Mitwirkungpflichten und können nicht als Umkehr der verfassungsrechtlichen Beweislastverteilung im Sinne einer Sanktion verstanden werden.[109] Im übrigen handelte es sich um Verfassungsbeschwerden, deren Prüfungsmaßstab zwar ein Grundrecht, deren Prüfungsgegenstand aber eine Verwaltungsentscheidung und deren gerichtliche Überprüfung, nicht aber ein Gesetzesvorhaben ist, so daß die oben aufgestellte Beweislastregel keine Anwendung finden kann.

VII. Die folgenorientierte Güterabwägung

1. Grundsatz

Nach der entschiedenen Ablehnung aller „Faustregeln" und allgemeiner Prinzipien der Beweislastverteilung gelangt *Berg* zu dem Schluß, daß nur die Rückbesinnung auf die jeweiligen Ziele und Wertvorstellungen des einzelnen Rechtssatzes weiterhelfen könne („in dubio pro ratione legis").[110] Ausgehend von der Erkenntnis, daß jede Beweislastentscheidung im Hinblick auf die wahre Sach- und Rechtslage eine potentielle Fehlentscheidung ist, stellt er unter Heranziehung des Grundsatzes „in dubio pro reo" auf die Zumutbarkeit der Entscheidungskonsequenzen für den einzelnen und die Allgemeinheit ab. Die Beweislastverteilung ergibt sich für ihn aus einer folgenorientierten Abwägung: Welcher Beteiligte kann nach dem gesetzgeberischen Willen mit dem potentiellen Unrecht der Rechtsfolgen eher belastet wer-

---

[106] Peschau, Beweislast, S. 84.
[107] Weber-Grellet, Beweislast, S. 97.
[108] BVerfG, B. v. 9. 1. 63, BVerfGE 15, 249 (253 f); s. o. 7. Kapitel II.
[109] So aber Weber-Grellet, Beweislast, S. 97.
[110] Berg, Die verwaltungsrechtliche Entscheidung, S. 223 f, 243.

den[111]? Hierbei zieht *Berg* eine Reihe von Abwägungskriterien heran, die, ohne abschließend zu sein, in typischen Beweislastfällen in gleichartiger Weise zum tragen kommen sollen: der Schutz des Besitzstandes im weiteren Sinne, die Frage nach dem materiell-rechtlichen Regeltatbestand (dem „Grundverhältnis"), das Wertrangverhältnis der verfassungsrechtlichen Positionen, die Gefährdungsmomente für die Allgemeinheit und den Verhältnismäßigkeitsgrundsatz.[112]

Der Aspekt der Folgenorientierung wurde in grundrechtssensiblen Bereichen auch von anderen herangezogen. Nach den oft zitierten Worten von *Grunsky* ist der Schutz der Gewissensentscheidung in unserer Rechtsordnung so wichtig, daß es erträglicher scheine, einen Wehrdienstverweigerer zu Unrecht freizustellen, als über eine echte Gewissensentscheidung hinwegzugehen. Dies spreche für eine Beweislast der Behörde.[113] Ähnlich macht *Arndt* die Beweislastverteilung im Kriegsdienstverweigerungsrecht davon abhängig, daß bei einer Beweislast des Wehrpflichtigen u.U. Verfassungsrecht, bei der der Behörde nur einfaches Gesetzesrecht verletzt wird.[114] Diese Gedanken wurden von *Baumüller* auf das Asylrecht übertragen: Die tatsächliche Ungewißheit soll zu Lasten der Behörde gehen, weil es eher hinnehmbar erscheine, zwei nicht Verfolgte als Asylberechtigte anzuerkennen, als einen wirklich Verfolgten „freizugeben".[115]

Folgt man der hier vertretenen Ansicht, daß in der Rechtsprechung zum herabgestuften Wahrscheinlichkeitsmaßstab im Fall der Vorverfolgung eine „Beweislastumkehr" (im Verhältnis zur Beweislastverteilung in Asylfällen ohne Vorverfolgung) angedeutet wird,[116] so beruht diese Beweislastverteilung ebenfalls auf einer Folgenabwägung, denn diese Rechtsprechung basiert auf der *Unzumutbarkeit* der Belastungen einer Rückkehr des vorverfolgten Asylbewerbers ohne hinreichende Sicherheit vor erneuter Verfolgung.[117]

2. Stellungnahme

a) Die Vorzüge der folgenorientierten Abwägung

Der Grundsatz der Güterabwägung ist in hohem Maße geeignet, materiale, insbesondere verfassungsrechtliche Wertungen bei der Beweislastverteilung zu berücksichtigen. Anders als die „in dubio pro"-Regeln vermeidet er die pauschale Bevorzugung einzelner Abwägungselemente und ermöglicht differenzierte Lösungen. Er hat

---

[111] Berg, Die verwaltungsrechtliche Entscheidung, S. 223 ff; ders., JuS 77, 23 (26); ähnlich schon Leipold, Beweislastregeln, S. 132 f, 194.
[112] Berg, Die verwaltungsrechtliche Entscheidung, S. 229 ff.
[113] Grunsky, Grundlagen, § 41 III 2 S. 435; zust. Berg, MDR 74, 793 (796).
[114] Arndt, JZ 60, 273 (275).
[115] Baumüller, NVwZ 82, 222 (225), ders., in: GK-AsylVfG, Vorbem. zu § 1 Rdnr. 128, 140 (Vorauflage).
[116] S.o. 7. Kapitel II.2.
[117] BVerfG, B. v. 2.7. 80, BVerfGE 54, 341 (360).

den Vorzug einer gewissen Methodenehrlichkeit. Statt von irgendwelchen Faustregeln auszugehen, die im Einzelfall mehr oder weniger überraschend „umgekehrt" werden, weil sie dem Gerechtigkeitsempfinden zuwiderlaufen, wird die Argumentation vom Ergebnis her offengelegt; zugleich werden Gerechtigkeitserwägungen als wesensmäßiger Bestandteil in die Beweislasttheorie integriert.

b) Bedenken

(1) Bedenken können sich jedoch daraus ergeben, daß die in die folgenorientierte Abwägung einfließenden Abwägungskriterien so vielfältig sind wie die gesetzlichen Ziele selbst.[118] Zugespitzt formuliert, besteht die eigentliche Aussage des Verteilungsprinzips der „folgenorientierten Güterabwägung" darin, daß es überhaupt kein Verteilungsprinzip gibt. Die Einbeziehung aller nur denkbaren Interessen birgt die Gefahr eines übertriebenen Einzelfalldenkens und einer prinzipienlosen Subjektivität in sich.[119]

Nun gehört die Tatsache, daß notwendigerweise unbestimmte Abwägungs- und Auslegungskriterien anhand des Normzwecks konkretisiert werden müssen, zum juristischen Alltag und ist keine Besonderheit der Entwicklung von Beweislastregeln. Dennoch kann die Güterabwägungstheorie nur dann akzeptiert werden, wenn die Beweislast nicht nach der Billigkeit der Entscheidungsfolgen im *konkreten* Einzelfall verteilt wird.[120] Dies liefe auf eine Beweislastentscheidung nach freiem richterlichen Ermessen hinaus und würde gegen das rechtsstaatliche Gebot einer abstrakt-generellen Risikozuweisung verstoßen,[121] zu einer Vermischung von Beweiswürdigung und Beweislast führen[122] und gegen die positiv normierten Beweislastregeln verstoßen. Im Hinblick auf die Rechtssicherheit, das Willkürverbot und die Berücksichtigung gesetzlicher Zielvorstellungen bestehen nur dann keine Bedenken, wenn die auf den einzelnen Rechtssatz zugeschnittene Beweislastregel allgemeine Gültigkeit beanspruchen kann.

Sobald die folgenorientierte Güterabwägung zu einer abstrakt-generellen Entscheidungsmaxime führt, ist sie als Beweislastkriterium nicht von vorneherein ungeeignet.[123]

(2) Betrachtet man die konkrete Anwendung dieser Regel, ergeben sich jedoch Zweifel, ob diesen Anforderungen genügt werden kann.

---

[118] Berg, Die verwaltungsrechtliche Entscheidung, S. 243.
[119] Peschau, Beweislast, S. 76.
[120] Mißverständlich Berg, Die verwaltungsrechtliche Entscheidung, S. 223, wenn er den Grundsatz in dubio pro reo zum Vorbild nimmt, weil er auf einer gleichartigen Rechtsfolgenabwägung im Einzelfall beruhe; mißverständlich auch BVerfG, B. v. 25. 7. 79, NJW 79, 1925 (1925), wonach die Gerichte sich im jeweiligen Einzelfall die typische beweisrechtliche Stellung der Parteien bewußt machen und im konkreten Fall für eine faire Handhabung des Beweisrechts sorgen sollen.
[121] S. o. 8. Kapitel II.1.b).
[122] Prütting, Gegenwartsprobleme, S. 186.
[123] Ebenso Peschau, Beweislast, S. 77; Sonntag, Beweislast, S. 28.

VII. Die folgenorientierte Güterabwägung

Nach *Berg* orientiert sich die Güterabwägung wesentlich am Grundsatz „in dubio pro reo", weil dieser auf einer Rechtsfolgenabwägung *im Einzelfall* beruhe.[124] Auch daß bei *Baumüller* die Folgenabwägung ohne weiteres zu einer Beweislast des Staates führt, ohne daß er weitere Erläuterungen für erforderlich zu erachten scheint, beruht wohl auf einer Einzelfallbetrachtung. Denn nur bei einer Blickverengung auf den einzelnen Asylfall bedarf es keiner Diskussion, daß die Interessen eines zu Unrecht abgewiesenen Asylbewerbers den Interessen des Staates, die durch eine unberechtigte Anerkennung berührt werden können, vorgehen. Etwas anderes gilt jedoch, wenn man bedenkt, daß die zu entwickelnde Beweislastregel über Billigkeitserwägungen im konkreten Fall hinaus als Entscheidungsmaxime für alle denkbaren Asylentscheidungen taugen muß. Denn ihr fällt dann eine *Präjudizfunktion* zu.[125] Als abstrakt-generelle Risikozuweisung hat sich eine Beweislastregel, die anhand der Auswirkungen potentieller Fehlentscheidungen entwickelt wird, an den präjudiziellen Folgen einer Maxime ausrichten, die in gleichartigen Fällen gleich angewandt wird.[126] Das bedeutet insbesondere, daß auch die Asylbewerberzahlen[127] in die Abwägung miteinbezogen werden müssen.

Stellt man nun die Auswirkungen in die Abwägung ein, die entstehen, wenn die Beweislastregel in allen zu entscheidenden Asylfällen angewandt wird, erhalten die öffentlichen Interessen an einer Begrenzung des Ausländerzuzugs erhebliches Gewicht.

Die folgenorientierte Güterabwägung führt dann in ein gewisses Dilemma: Zugunsten des Asylbewerbers muß bedacht werden, daß eine Fehlentscheidung dieses Grundrecht nicht nur punktuell verletzen, sondern vollständig zum Erlöschen bringen kann. Schutzgut des Asylrechts sind fundamentale Menschenrechte. Eine zu Unrecht erfolgte Ablehnung kann unter Umständen zu physischer und psychischer Existenzvernichtung führen. Auf der anderen Seite wäre es wirklichkeitsfremd, außer acht zu lassen, daß das Asylrecht in besonderem Maße für einen Fehlgebrauch offen ist – sei es, weil Asylberber falsche Angaben machen, sei es, weil unter den Flüchtlingen – verständlicherweise – oft völlige Unklarheit herrscht, an welche Voraussetzungen ein Asylanspruch geknüpft ist und was politische Verfolgung im Sinne des Grundgesetzes bedeutet.[128] Die verfassungsrechtliche Verankerung eines subjektiven Einreise- und Aufenthaltsrechts im Falle politischer Verfolgung in Verbindung mit weltweiter kriegs-, umwelt- und wirtschaftsbedingter Not zieht Flüchtlingsstöme an und verführt zur Vortäuschung von Asylgründen. Eine Beweislastregel, die die Chance eröffnet, schon beim Vorliegen eines non liquet als Asylberechtigter anerkannt zu werden, könnte diese Tendenz verstärken. Denn eine

---

[124] Berg, Die verwaltungsrechtliche Entscheidung, S. 223; zumindest mißverständlich: BVerfG a.a.O. Fn. 120.
[125] Peschau, Beweislast, S. 77.
[126] Peschau, Beweislast, S. 77.
[127] Vgl. hierzu v. Pollern, ZAR 88, 61 ff; ders., ZAR 89, 23 ff.
[128] Zur strukturbedingten Offenheit für Fehlgebrauch aus grundrechtsdogmatischer Sicht: Schwäble, DÖV 1987, 183 (190 ff).

Beweislastregel mit dem Inhalt, daß ein Asylbewerber in jedem Fall, in dem die tatsächlichen Voraussetzungen eines Asylanspruchs zwar nicht bewiesen, aber von Behörden und Gerichten auch nicht widerlegt worden sind, anerkannt werden muß, führt dazu, daß vielfach allein die Ingangsetzung des Asylverfahrens zur Anerkennung führen kann, da angesichts der sachtypischen Beweisnot die behaupteten Tatsachen nicht widerlegt werden können. Weiter stellt sich die Frage, wie groß das Potential möglicher Fehlentscheidungen ist. Auch wenn die Anerkennungszahlen nur von begrenzter Aussagekraft sind, wird man letztlich nicht bezweifeln können, daß die Mehrzahl der Asylbewerber keine politisch Verfolgten im Sinne der herrschenden Auslegung des Art. 16 II 2 GG sind. Die Gefahr, im Falle eines non liquet einen Asylbewerber zuunrecht abzulehnen, erscheint damit geringer als ihn zuunrecht anzuerkennen.

Die Verfassungswirklichkeit – wachsende Flüchtlingsströme und verbreiteter Fehlgebrauch des Asylrechts – rückt damit die gewichtigen Interessen der Bundesrepublik Deutschland an der Verhinderung und Begrenzung unberechtigten Ausländerzuzugs verstärkt ins Blickfeld. Dabei müssen sich die Überlegungen nicht auf die umstrittenen Schranken des Asylrechts beschränken,[129] weil in eine offene Folgenabwägung für den Fall eines non liquet hinsichtlich der Grundrechtsträgerschaft auch solche Aspekte einfließen dürfen, die einen Eingriff in das vom Gesetzeswortlaut her schrankenlos gewährleistete Asylrecht nicht rechtfertigen würden. Gegen das ungesteuerte Anwachsen des ausländischen Bevölkerungsanteils sprechen die hierdurch entstehenden großen sozialen, kulturellen und wirtschaftlichen Belastungen. Der Zuzug von Asylsuchenden, insbesondere aus außereuropäischen Ländern,[130] führt zu interkulturellen Divergenzen, die eine erhebliche Anspannung der sozialen und wirtschaftlichen Kräfte und eine Vielzahl von Integrationshilfen erfordern. Die Integrationskapazität und der Integrationswille der deutschen – aber auch der ausländischen – Bevölkerung ist begrenzt und an manchen Orten bereits erschöpft. Dabei muß eine gewisse Xenophobie – ohne sie rechtfertigen zu wollen – zunächst einmal als Faktum in die Abwägung mit eingestellt werden.[131] Gelingt die Integration nicht, kommt es zur Institutionalisierung einer multikulturellen Gesellschaft, die zu der Besorgnis Anlaß gibt, daß sie keineswegs ein friedliches Zusammenleben, sondern eher die Schaffung und Erhaltung unterprivilegierter Randgruppen mit allem daraus folgenden sozialen Zündstoff mit sich bringt.

Die sehr emotional geführte ausländerpolitische und -rechtliche Diskussion soll hier nicht vertieft werden.[132] Es ist jedoch wenig hilfreich, die Sorge um das öffentliche Wohl von vornherein als verrechtlichte „kollektive Vorurteile"[133] oder als im Dienste von „Abschreckungsstrategien"[134] stehend zu diffamieren. Denn der Schutz

---

[129] Dazu unten 10. Kapitel F.
[130] Vgl. v.Pollern, ZAR 87, 28 (29) m.N. zu den Vorjahreszahlen.
[131] Ebenso Zeidler, ZAR 83, 52ff.
[132] Vgl. dazu Köfner/Nikolaus, Grundlagen S. 50ff.
[133] Dohse/Groth, Kritische Justiz 83, 231 (247).
[134] Köfner/Nikolaus, Grundlagen, S. 52.

VII. Die folgenorientierte Güterabwägung

des Allgemeinwohls bedeutet im Staate des Grundgesetzes zunächst einmal Schutz der Grundrechte vieler. Die Gewährleistung von Freiheit, Rechtsstaatlichkeit und sozialer Fürsorge bedarf eines funktionierenden Staatswesens, das von einer im wesentlichen intakten Gesellschaft mit einem gewissen Grundkonsens getragen wird.[135] Die Belastungen des sozialen Gefüges der Bundesrepublik Deutschland darf und muß daher bei einer Güterabwägung berücksichtigt werden.

Ob der Ausländerzuzug bereits ein derart dramatisches Ausmaß angenommen hat, daß weitere Ausländer mit einem Daueraufenthaltsrecht nicht mehr verkraftbar wären, ist umstritten. Da eine brauchbare Beweislastverteilungsregel jedoch nur unter Einbeziehung ihrer *präjudiziellen* Folgen bei ständiger Anwendung in jedem Asylfall, der mit einem non liquet endet, entwickelt werden kann, sind zukünftige, angesichts der weltweiten Flüchtlingsströme nicht nur theoretisch denkbare Auswirkungen einer anhand von Interessenabwägung entwickelten Beweislastregel zu berücksichtigen.

(3) Damit zeigt sich die Problematik der Güterabwägungstheorie: Da auf beiden Seiten fundamentale Interessen stehen, fällt das Abwägungsergebnis – anders als es auf den ersten Blick scheint – nicht eindeutig aus. Einerseits werden die Vertreter der Folgenabwägungsthese wohl eher zu einer materiellen Beweislast des Staates gelangen, weil sie die potentielle Grundrechtsverletzung in der Regel für schwerwiegender als die öffentlichen Interessen erachten dürften. Darüber hinaus wird der Allgemeinheit angesichts der Möglichkeit, die Lasten auf viele zu verteilen, regelmäßig mehr zugemutet als dem Einzelnen. Auch wird darauf hingewiesen, zugunsten der Asylbewerber müsse berücksichtigt werden, daß die Zahl der Asylanerkennungen relativ klein[136] und die Bedeutung des Asylrechts – und damit auch einer asylrechtlichen Beweislastregel – für die allgemeine Ausländerproblematik in der Bundesrepublik Deutschland eher gering sei.[137] Andererseits kann vor dem Hintergrund der tatsächlichen Entwicklung der Inanspruchnahme des Asylrechts mit ebenso gewichtigen Argumenten und mit gleicher Berechtigung der Sorge um das öffentliche Wohl der Vorrang eingeräumt werden. Daß eigentliche Dilemma der Güterabwägungstheorie ist also, daß die Gewichtung der in die Abwägung einzustellenden Interessen nicht vorgegeben ist. Mit der folgenorientierten Abwägung kann jedes gewünschte Ergebnis begründet werden. Obgleich *Berg* die strikte Bindung der Güterabwägungsthese an Gesetz und Verfassung betont, wird damit das Abwä-

---

[135] Dazu – in anderem Zusammenhang (Grenzen des Leistungsstaates) – Häberle, VVDStRL 30 (1972) 43 (65f); vgl. auch Dürig, VVDStRL 30 (1972) 154f. Dazu, daß dieser Gesichtspunkt grundsätzlich bei der Auslegung der Grundrechte (entschieden für Art. 6 I GG zum Familiennachzug von Ausländern) eine Rolle spielt vgl. BVerfG, B. v. 12. 5. 1987, NJW 88, 626 (628, 635); ferner Gusy, Asylrecht und Asylverfahren, S. 266ff; Schaeffer, Asylberechtigung, S. 153. Zu Zulässigkeit und Grenzen der verfassungsmethodologischen Argumentationsformel der „Funktionsfähigkeit" vgl. Lerche, Festschrift für Zeidler Bd. I, S. 558ff.

[136] Vgl. dazu v. Pollern, ZAR 88, 61 ff; ders., ZAR 89, 23 ff.

[137] Vgl. aber Köfner/Nikolaus, Grundlagen, S. 38 m. Fn. 28, 40, 51 zur Stellvertreterfunktion des Asylrechts im Hinblick auf die Diskussion einer generell verfehlten Ausländerpolitik.

gungsergebnis bei einer derart offenen und wortkargen Verfassungsnorm wie Art. 16 II 2 GG letztlich auf außerrechtlichen, insbesondere vom politischen Vorverständnis abhängigen Kriterien beruhen wird.[138] So wird beispielsweise kaum ein Konsens zu erzielen sein, wo die Grenzen der Intergrationsfähigkeit der Bevölkerung zu ziehen sind.

3. Ergebnis

Es hat sich gezeigt, daß die Vorzüge der Güterabwägungsthese zugleich ihre Nachteile sind. Die Bedenken hinsichtlich der Gefahr einer gewissen Beliebigkeit haben sich bestätigt. Die vollkommene Offenheit für jedes nur denkbare Abwägungskriterium bedingt erhebliche Zweifel an der Geltungskraft einer so entwickelten Beweislastregel. Da die Gewichtung der in die Abwägung einzubeziehenden Rechtsgüter nicht vorgegeben ist, sondern vom (letztlich außerrechtlichen) Vorverständis abhängt, kann mit der Güterabwägungsthese jedes gewünschte Ergebnis begründet werden. Das bedeutet aber auch, daß die folgenorientierte Güterabwägung im Grunde zu keinem Ergebnis führt.

Ein Konsens könnte allenfalls dadurch erzielt werden, daß man den Blick auf den Einzelfall verengt. Eine abstrakt-generelle Beweislastregel muß jedoch wegen ihrer Präjudizwirkung das Problem der großen Zahl berücksichtigen. Es erscheint aber systemimmanent, daß sich eine Beweislastthese, die bewußt anhand von Zumutbarkeitskriterien vom Ergebnis her argumentiert, doch letztlich an der Billigkeit im Einzelfall ausrichtet. Schließlich bleibt immer noch die Frage offen, welche Beweislastverteilung in der Struktur des Gesetzes zum Ausdruck kommt. Daher ist auch mit der folgenorientierten Güterabwägung noch kein zufriedenstellendes Beweislastkriterium gefunden.

VIII. Die Normentheorie

1. Die Begründung der Normentheorie

a) Grundsatz

Alle bislang erörterten Beweislastkriterien wenden sich im Grunde gegen die *Rosenberg'sche* Normentheorie (das Normbegünstigungsprinzip).

---

[138] Als Beispiel hierfür dient die Argumentation von Berg, MDR 74, 793 (795 f); ders., Die verwaltungsrechtliche Entscheidung, S. 236. Er erörtert die folgenorientierte Güterabwägung exemplarisch anhand des Art. 4 III GG und stützt die Beweisbelastung der Behörde unter anderem darauf, daß im umgekehrten Fall die Behörde keinerlei Vorteile hätte, weil Fahnenflucht, Befehlsverweigerung und disziplinarische, strafrechtliche und verwaltungsgerichtliche Verfahren häufige Konsequenzen seien. Dies läuft, wie Peschau bereits betont hat, darauf hinaus, denjenigen, der sich wahrscheinlich nicht rechtskonform verhält, von vornherein aus seinen Pflichten zu entlassen.

VIII. Die Normentheorie

Ausgehend von der These, daß ein Rechtssatz nicht anwendbar sei, wenn seine tatsächlichen Voraussetzungen zweifelhaft geblieben seien, folgert *Rosenberg*, daß diejenige Partei den Nachteil der Ungewißheit trägt, deren Prozeßbegehren ohne die Anwendung des fraglichen Rechtssatzes keinen Erfolg haben kann.[139] Als Kurzfassung dieses Satzes schlägt er die Formulierung vor, daß jede Partei die Beweislast für die ihr günstige Norm trägt. Zur Ermittlung der jeweils günstigen Norm greift er darauf zurück, daß sich nach der Struktur des bürgerlichen Rechts verschiedene Arten von Normen finden, die sich in rechtserzeugende Grund- und ihre Gegennormen einteilen lassen,[140] so daß sich als allgemeines Beweislastprinzip ergibt: Der Anspruchsteller trägt die Beweislast für die tatsächlichen Voraussetzungen der rechtsbegründenden, der Anspruchsgegner für die rechtshindernden, rechtsvernichtenden oder rechtshemmenden Normen.[141]

In der Formulierung der verwaltungsgerichtlichen Rechtsprechung lautet dieses Verteilungsprinzip, daß sich die Beweislast nur aus dem anzuwendenden Rechtssatz derart ergeben kann, daß die Nichterweislichkeit der Tatsachen, aus denen eine Partei ihr günstige Rechtsfolgen herleitet, zu ihren Lasten geht, wenn nicht das Gesetz eine besondere Regelung trifft.[142] Ohne ausschließliche Geltung zu beanspruchen, wird dieser Satz als „allgemeiner Rechtsgrundsatz" gesehen[143] und häufig nur noch mit dem Hinweis auf die „allgemeinen Regeln" umschrieben.[144] In der verwaltungsrechtlichen Literatur wird dieser Grundsatz, wenn auch mit öffentlich-rechtlichen Modifikationen, weitgehend anerkannt,[145] zum Teil aber strikt abgelehnt.[146]

---

[139] Rosenberg, Beweislast, S. 12, 98.
[140] Rosenberg, Beweislast, S. 99 ff.
[141] Rosenberg, Beweislast, S. 105 f.
[142] BVerwG, Urt. v. 23.5. 62, BVerwGE 14, 181 (186); Urt. v. 19. 2. 64, BVerwGE 18, 66 (71); ausführlich zur Rechtsprechung Peschau, Beweislast, S. 22 ff.
[143] Z. B. BVerwG, Urt. v. 27. 11. 80, BVerwGE 61, 176 (189); zahlreiche Nachweise z. Rspr. bei Peschau, Beweislast, S. 22.
[144] S. o. 3. Kapitel II. 1.
[145] Vgl. statt vieler: Bernhardt, JR 66, 322 (325); de Clerck, JZ 60, 13 (14); Dahlinger, NJW 57, 7 (9); Deppe, Beweislast, S. 27 ff; Eyermann/Fröhler, VwGO § 86 Rdnr. 5; Knack, VwVfG, § 24 Rdnr. 4; Kopp, VwGO, § 108 Rdnr. 13; ders., VwVfG, § 24 Rdnr. 27 ff; Lüke, JZ 66, 587 (589); Redeker/v. Oertzen, VwGO § 108 Rdnr. 12; Rupp, AöR 85 (1960) 301 (319 f); Schunck/de Clerck, VwGO, § 86 Anm. 1c bb S. 502; Stelkens/Bonk/Leonhardt, VwVfG, § 24 Rdnr. 16; Stern, Verwaltungsprozessuale Probleme, S. 154 f; Tschira/Schmitt Glaeser, Verwaltungsprozeßrecht, § 14 II 4 S. 289; Ule, Verwaltungsprozeßrecht, § 50 II 3 S. 275 ff.
[146] Berg, Die verwaltungsrechtliche Entscheidung, S. 183 ff; Auer, Beweislast, S. 50 f; Michael, Die Verteilung der Beweislast, S. 97 ff; kritisch auch Peschau, Beweislast, S. 38 ff; Bachof, Verfassungsrecht, Verwaltungsrecht, Verfahrensrecht Bd. II, S. 193; Maetzel, DÖV 66, 520 (522); Bettermann, Referat, S. 38.

b) Die Kritik an der Normentheorie

(1) Die kritischen Stimmen zur Normentheorie setzen am methodischen Ausgangspunkt *Rosenbergs*[147] an. Die Begründung der Normentheorie sei ein „logischer Trugschluß".[148] Die „Günstigkeitsformel" sei tautologisch und nichtssagend, weil sie zu dem abstrusen Ergebnis führe, daß jeder alles beweisen müsse.[149] Weiter sei im Verwaltungsprozeß nicht feststellbar, was für die Behörde „günstig" sei. Es gehe im Verwaltungsprozeß um das Gemeinwohl, dessen Durchsetzung kein „Vorteil" der Behörde sei.[150] „Günstig" sei für die staatliche Seite das, was rechtmäßig sei, deshalb gehe die Differenzierung des Bundesverwaltungsgerichts ins Leere.[151] Vor allem aber wird der Normentheorie ein rein formaler Charakter bescheinigt. Sie werde nicht aus den Wertvorstellungen der materiellen Rechtsordnung abgeleitet und stelle zuweilen nur noch eine „leere Hülse" dar.[152] Zumindest werde sie zur rein formalen Konstruktion, wenn sie von ihrer theoretischen Basis losgelöst werde. Die tragenden Elemente der Normentheorie seien aber privatrechtlicher Herkunft und im Verwaltungsprozeß meist nicht vorhanden. Denn anders als im bürgerlichen Recht werde die Beweislast und prozessuale Durchsetzbarkeit bei der Formulierung der Gesetze meist nicht mitbedacht.[153] Es fehle eine systematische Kodifikation und ein in Grund- und Gegennormen durchgegliedertes Normgefüge.[154]

Schließlich wird die Normentheorie deshalb für unbrauchbar gehalten, weil sie für spezifisch verwaltungsrechtliche Probleme wie die Nachbarklage oder das Verbot mit Erlaubnisvorbehalt keine Lösung biete[155] und die prozessuale Frontstellung von Bürger und Verwaltung angesichts der Gesamtverantwortlichkeit großer privater Wirtschaftsunternehmen realitätsfern sei.[156]

(2) Es soll hier nicht nach einer für das gesamte Verwaltungsrecht gültigen Grundregel, sondern nach der spezifisch für das Asylrecht geeigneten Verteilungsregel gesucht werden. Ob die Normentheorie bei den durch ein Dreiecksverhältnis gekennzeichneten Drittbetroffenenklagen zu brauchbaren Ergebnissen führt, kann hier offenbleiben.[157] Im Asylrecht findet sich das von der Normentheorie vorausge-

---

[147] S. o. 6. Kapitel III.
[148] Berg, Die verwaltungsrechtliche Entscheidung, S. 183 f; ähnlich Bettermann, Gutachten, S. 39; Nierhaus BayVBl 78, 745 (752).
[149] Grunsky, Grundlagen, § 41 III 2 S. 426; Bruns, Zivilprozeßrecht, § 32 S. 249; Maetzel, DÖV 66, 520.
[150] Berg, Die verwaltungsrechtliche Entscheidung, S. 184 f; Peschau, Beweislast, S. 38.
[151] Marx, in: Marx/Strate/Pfaff, AsylVfG, § 12 Rdnr. 106.
[152] Berg, Die verwaltungsrechtliche Entscheidung, S. 184.
[153] Peschau, Beweislast, S. 38 f; Berg, Die verwaltungsrechtliche Entscheidung, S. 183; Nierhaus, BayVBl 78, 745 (752); ähnlich BVerwG, Urt. v. 16. 1. 74, BVerwGE 44, 265 (269); Michael, Die Verteilung der objektiven Beweislast, S. 110 ff.
[154] Bettermann, Referat, S. E 37 f.
[155] Michael, Die Verteilung der Beweislast, S. 97 ff; Sonntag, Beweislast, S. 7 ff.
[156] Berg, Die verwaltungsrechtliche Entscheidung, S. 240 f.
[157] Ausführlich Sonntag, Die Beweislast bei Drittbetroffenenklagen, S. 7 ff, 64 ff.

VIII. Die Normentheorie

setzte dualistische Prinzip. Genausowenig bestehen Bedenken gegen einen individualrechtlichen Ansatz. Angesichts der Komplexität unserer Rechtsordnung kann die völlige Unbrauchbarkeit einer Regel jedenfalls nicht darauf gestützt werden, daß sie nicht ohne Ausnahmen und Modifikationen auskommt.[158]

Der Vorwurf der Formalität wäre jedoch berechtigt, wollte man dem Rechtsanwendungsmodell *Rosenbergs* folgen. Denn seine Prämisse, daß eine Norm im Fall eines non liquet hinsichtlich ihrer tatsächlichen Voraussetzungen nicht anwendbar ist, führt dazu, daß die Beweislast reflexartig ohne Berücksichtigung materialer Wertungen dem auferlegt wird, der sich auf diese Norm beruft. Dieser methodische Ansatz *Rosenbergs* hat nun in der Tat nicht überzeugt.[159] Über die *inhaltliche* Richtigkeit seiner Beweislasttheorie, das heißt die Verteilung der Beweislast entsprechend des Rechtscharakters des anzuwendenden Rechtssatzes als Grund- oder Gegennorm ist damit nichts gesagt.[160] Wie oben festgestellt, kann und muß zwischen Methodik und Inhalt der Beweislastentscheidung getrennt werden.[161] Die Normentheorie ist erst dann abzulehnen, wenn die der Beweislastverteilung zugrundeliegenden Sachgründe nicht überzeugen.

Ein Mangel an Logik aber kann der Normentheorie schon deshalb nicht vorgeworfen werden, weil die Beweislastverteilung nach allgemeiner Ansicht keine Frage der Rechtslogik, sondern der materiellen Risikozuweisung ist.[162]

Sofern sich die Gegner der Normentheorie auf die „Günstigkeitsformel" beziehen, übersehen sie, daß der Ausdruck „günstig" nur eine sprachliche Kurzfassung für die Norm ist, die dem Prozeßbegehren zum Erfolg verhilft.[163] Maßgeblich ist deshalb nicht, ob etwas und was für die Behörde von „Vorteil" ist, sondern worauf sie ihr Prozeßbegehren stützt. Die Beantwortung dieser Frage mag in der praktischen Handhabung schwierig sein, auch könnte eine eindeutige Zuordnung nicht immer möglich sein; sie scheitert jedoch nicht daran, daß die Verwaltung sich auf Rechtssätze stützt, die im öffentlichen Interesse erlassen wurden.

Die auf das Prozeßbegehren bezogene Formel *Rosenbergs* hängt eng mit seinem methodischen Ansatz zusammen. Der eigentliche Inhalt seiner Verteilungsregel beruht auf dem Verhältnis von Grundnormen, bei denen an einen gesetzlichen Normalfall bestimmte Rechtsfolgen geknüpft werden, und Gegennormen, die bei Abweichungen vom Normalfall bzw. bei Hinzutreten weiterer Umstände die Rechtsfolgen abändern oder beseitigen.[164] Darin wird deutlich, daß das Regel-Ausnahme-Prinzip ein Auslegungskriterium der Normentheorie bei der Analyse der verschie-

---

[158] Schwab, in: Festschrift für Bruns, S. 505 (518); etwas anderes kann nur für eine Beweislastregel wie die Güterabwägungsthese gelten, deren Kernausage darin besteht, daß es keine Regel gibt.
[159] S.o. 6. Kapitel III.
[160] Prütting, Gegenwartsprobleme, S. 266; Peschau, Beweislast, S. 34.
[161] S.o. 6. Kapitel III.
[162] Leipold, Beweislastregeln, S. 46.
[163] Prütting, Gegenwartsprobleme, S. 267.
[164] Rosenberg, Beweislast, S. 99.

denen Arten von materiell-rechtlichen Normen ist. Hierbei kann sich die Normentheorie im Bürgerlichen Gesetzbuch auf den Wortlaut des Gesetzes stützen, der mit Formulierungen wie „es sei denn, daß" oder „wenn nicht" einen Tatbestand als Ausnahme charakterisiert. Die Struktur des materiellen Rechts wird also zur Aufteilung des Prozeßrisikos zwischen den Parteien nutzbar gemacht.

Damit ist der Vorwurf der Tautologie hinfällig. Die „Günstigkeitsformel" ist die sprachliche Kurzfassung der intendierten Aufteilung in Grund- und Gegennormen.[165]

Auch der Vorwurf der Formalität hat sich bislang nicht bestätigt. Die Normentheorie basiert – unabhängig von der Methodik – auf einer Auslegung des materiellen Rechts. Formelhaft kann die Normentheorie aber dort verwendet werden, wo sie sich unbesehen auf einen Gesetzeswortlaut stützt, der mit den materiell-rechtlichen Wertungen oder der gesetzlich bezweckten Beweislastverteilung nicht in Einklang steht. Diese Gefahr ist im Verwaltungrecht in der Tat gegeben, weil die Beweislast bei der Gesetzesfassung häufig übersehen wird.[166] Zwar hat sich die Ansicht, daß der Verwaltungsgesetzgeber die Beweislast außer acht läßt, in dieser Allgemeinheit nicht bestätigt. Immerhin haben §§ 2 II, 7 III AsylVfG eine Beweislastverschiebung zum alleinigen Ziel.[167] Wenn jedoch nach der Satzbaulehre eine Beweislastverteilung ausgedrückt wird, kann diese mit materialen, insbesondere verfassungsrechtlichen Wertungen kollidieren. Im übrigen fehlt mangels eines durchstrukturierten Normgefüges im Verwaltungsrecht oft jeder sprachliche oder systematische Hinweis, ob eine Norm als Grund- oder Gegennorm zu verstehen ist. Entscheidend für die Anwendbarkeit der Normentheorie ist daher, im öffentlichen Recht ohne sprachliche Hilfestellung und ohne geschlossene Gesetzessystematik anhand des materiellen Rechts unter Berücksichtigung verfassungsrechtlicher Wertungen[168] sachgerechte Ergebnisse zu finden.

c) Die öffentlich-rechtlichen Modifikationen

(1) Das Prinzip von der Erhaltung des Status quo

Wenn formale Kriterien wie der Gesetzeswortlaut keinen Aufschluß über die Beweislast geben, muß auf den eigentlichen Geltungsgrund der Normentheorie zurückgegriffen werden. Tragend scheint hier das sog. *Angreiferprinzip* oder *Prinzip von der Erhaltung des Status quo* zu sein.[169] Dieses Prinzip wird vielfach als

---

[165] Prütting, Gegenwartsprobleme, S. 267.
[166] Beispiele bei Berg, Die verwaltungsrechtliche Entscheidung, S. 183 m. Fn. 84; Bettermann, 46. DJT, Diskussionsbeitrag S. E 124.; Peschau, Beweislast, S. 35.
[167] S. o. 7. Kapitel I.
[168] Darauf weisen besonders hin: Berg, Die verwaltungsrechtliche Entscheidung, S. 183 ff; Maetzel, DÖV 66, 520 (523 f); Peschau, Beweislast, S. 82 ff; Rupp, AöR 85 (1960), 302 (319); Stern, Verwaltungsprozessuale Probleme, S. 155; Tietgen, Gutachten, S. 37 ff, 45.
[169] Prütting, Gegenwartsprobleme, S. 251, 277; Leipold, Beweislastregeln, S. 48; Kegel, in: Festgabe für Kronstein, S. 321 (336).

VIII. Die Normentheorie

selbständiges Beweislastkriterium außerhalb der Normentheorie behandelt.[170] Es kann aber nur dort eigenständige Bedeutung gewinnen, wo die Normentheorie entgegen der hier vertretenen Ansicht auf eine formale Konstruktion reduziert wird. Es wird deshalb an dieser Stelle in die Überlegungen mit einbezogen.[171]

Das Prinzip von der Erhaltung des bestehenden Zustandes besagt, daß im tatsächlichen Zweifelsfall derjenige die Beweislast tragen soll, der den bestehenden, rechtlich gesicherten Zustand verändern will.[172] Andernfalls würden Streitfälle provoziert, weil derjenige, der leichtfertig in einen fremden Rechtskreis eindringt, vom Beweisrisiko entlastet ist.[173] Dieses Kriterium wahrt den Besitzstand im weitesten Sinne und schützt den Rechtsfrieden.[174] Darüberhinaus liegt ihm der allgemeine Gedanke von der vermuteten Vernünftigkeit der Traditon zugrunde. Die bestehende Rechtslage hat sich bislang als tragbar erwiesen,[175] Veränderungen müssen begründet werden.[176]

Dieses Prinzip kommt in der Normentheorie zum Ausdruck, weil dem Anspruchsteller, der die Erweiterung seines Rechtskreises und damit die Veränderung der gegeben Rechtslage behauptet, das Aufklärungsrisiko für die anspruchsbegründenden Tatsachen auferlegt wird.[177]

Leipold hat das Angreiferprinzip auch auf die Beweislast des Anspruchsgegners für die Gegennormen übertragen, weil derjenige, der sich auf einen rechtsvernichtenden Tatbestand beruft, die letzte mit Sicherheit feststellbare Rechtslage, das Bestehen des Rechts, zu seinen Gunsten wieder verändern will.[178] Mit der Wahrung des Rechtsfriedens und des faktischen Besitzstandes hat diese Argumentation allerdings nichts mehr zutun.[179] Daß die Normentheorie die Beweislast *aufteilt*, scheint eher ein Gebot der ausgleichenden Gerechtigkeit zu sein.[180] Denn andernfalls müßte eine Partei alles beweisen, was ihre Rechtsdurchsetzung unzumutbar erschweren, das Prozeßrisiko völlig einseitig verteilen und unter Umständen einer Rechtsverweigerung gleichkommen würde.[181] Eine Verteilung der Beweislast nach Grund- und

---

[170] Preschau, Beweislast, S. 40ff; Berg, Die verwaltungsrechtliche Entscheidung, S. 197ff; Sonntag, Beweislast, S. 31ff.
[171] Zum Angreiferprinzip als Element der Normentheorie auch: Peschau, Beweislast, S. 40; Dubischar, Jus 71, 385 (399); Sonntag, Beweislast, S. 31f.
[172] Berg, Die verwaltungsrechtliche Entscheidung, S. 198f; Peschau, Beweislast, S. 40; Prütting, Gegenwartsprobleme, S. 250.
[173] Peschau, Beweislast, S. 40.
[174] Berg, Die verwaltungsrechtliche Entscheidung, S. 230; Leipold, Beweislastregeln, S. 48; Prütting, Gegenwartsprobleme, S. 250.
[175] Berg, Die verwaltungsrechtliche Entscheidung, S. 230.
[176] Peschau, Beweislast, S. 43 m.w.N.; zur Argumentationslast bei der Präjudizienvermutung: Kriele, NJW 77, 777 (778f).
[177] Sonntag, Beweislast, S. 32.
[178] Leipold, Beweislastregeln, S. 51.
[179] Prütting, Gegenwartsprobleme, S. 251.
[180] Leipold, Beweislastregeln, S. 50.
[181] Prütting, Gegenwartsprobleme, S. 278.

Gegennormen, Regel- oder Ausnahmenormen erscheint so als Gebot effektiven Rechtsschutzes.

(2) Übertragung auf das öffentliche Recht

Der Grundgedanke der Normentheorie besteht darin, daß derjenige die Beweislast tragen soll, der aus seiner nach Verfassung und Gesetz abgegrenzten Eigensphäre hinaustritt und ein Recht auf Ausdehnung dieser Eigensphäre geltend macht.[182] Unter dem Gesichtspunkt der *Rechtskreiserweiterung* lassen sich auch im öffentlichen Recht sachgerechte Lösungen finden. Um nicht ähnliche Mißverständnisse wie bei der „Günstigkeitsformel" hervorzurufen, wird allein auf den Rechtskreis des Bürgers abgestellt: Es geht nicht darum, ob die Behördenseite „Rechte" hat, sondern um die Frage, ob im Dualismus zwischen Behörde und Bürger der Rechtskreis des Bürgers erweitert oder verengt werden soll.

Die konkrete Anwendung dieses Grundsatzes führt im Verwaltungsrecht dazu, daß die Ungewißheit der tatsächlichen Voraussetzungen von Leistungsansprüchen grundsätzlich zu Lasten des Bürgers geht.[183] Zwar wendet sich *Berg* dagegen, die Verfolgung von Sozialansprüchen als „Angriffe" zu verstehen.[184] Dabei wird aber übersehen, daß der Terminus „Angreifer" nur eine Kurzformel für denjenigen ist, der die Rechtslage verändern möchte.

Eine andere Beweislastverteilung ergibt sich aber dann, wenn der Rechtskreis des Bürgers von vorneherein die geltendgemachten Rechte umfaßt und deshalb keine Rechtskreiserweiterung vorliegt. Dies ist der Fall bei Sozialrechten, die dem Bürger von Verfassungs wegen aufgrund der staatlichen Schutzpflicht für die Unverletzlichkeit der Menschenwürde zustehen, mithin bei dem Anspruch auf die Gewährleistung des Existenzminimums zur Sicherung eines menschenwürdigen Daseins.[185]

Im Hinblick auf die grundrechtlichen Freiheiten steht dem Bürger ein bestimmter Rechtskreis von Verfassung wegen zu. Wer sich auf die Freiheitsgrundrechte beruft, will seinen Rechtskreis grundsätzlich nicht erweitern, sondern die ihm von vorneherein gewährleisteten Rechte bewahren. In der Position des Veränderers befindet sich also die Behörde, die in den vorgefundenen Rechtskreis eingreifen will. Für belastende Maßnahmen trägt somit die Behörde die Beweislast.

Um nicht auf die pauschalen „in dubio pro"-Regeln hinauszulaufen, bedarf dieses Ergebnis weiterer Differenzierungen. Hierfür bietet sich mit der Normentheorie das Regel-Ausnahme-Verhältnis für sachgerechte Lösungen an. Anders als im Zivilprozeß kann es jedoch nicht auf den Satzbau des Gesetzes und nur begrenzt auf die Gesetzessystematik gestützt werden, sondern nur auf materiell-rechtliche Kriterien.

---

[182] So wörtlich Hoffmann, DVBl 57, 603 (607).
[183] Sofern mit der überwiegenden Meinung die Grundrechte nicht als Teilhaberechte verstanden werden. Hierzu grundlegend Häberle, VVDStRL 30 (1972) 43 ff; und unter dem Aspekt der Beweislast Peschau, Beweislast, S. 90 ff.
[184] Berg, Die verwaltungsrechtliche Entscheidung, S. 200.
[185] Im Ergebnis ebenso Peschau, Beweislast, S. 97 ff; Berg, Die verwaltungsrechtliche Entscheidung, S. 194 f.

VIII. Die Normentheorie

Wenn die tatsächlichen Voraussetzungen einer Eingriffsermächtigung erwiesen sind, so trifft den Bürger die materielle Beweislast für das Vorliegen besonderer Umstände, die den Eingriff dennoch rechtswidrig machen würden. Umgekehrt geht die Ungewißheit über das Vorliegen einer Ausnahmesituation, die einen grundsätzlich berechtigten Leistungsanspruch zunichte macht, zu Lasten der Behörde.[186] Das Regel-Ausnahme-Argument hat also weniger dort seine Berechtigung, wo es um die Charakterisierung einer rechtsbegründenden Norm als Ganzes im Hinblick auf ihren Platz in der Rechtsordnung geht,[187] sondern mehr bei der Strukturierung von Tatbestandsvoraussetzungen innerhalb eines bestimmten Regelungsbereichs.

(3) Die Übereinstimmung mit dem Verfassungsrecht

Bei der Beweislastverteilung aufgrund einer Analyse der bestehenden bzw. erstrebten Rechtspositionen wird den verfassungsrechtlichen Wertentscheidungen Rechnung getragen. Da ein staatliche Eingriff zu unterbleiben hat, dessen Voraussetzungen nicht mit Gewißheit feststehen, wird das Prinzip von der Legitimationsbedürftigkeit staatlichen Handelns[188] gewahrt. Diese Lösung entspricht dem Rechtsstaatsprinzip, insbesondere dem Gesetzesvorbehalt,[189] und wahrt den hohen Rang der Grundrechte als von der Verfassung gewährleistete und besonders geschützte Rechte.[190] Insgesamt setzt sich die „Präponderanz der Freiheit des Individuums"[191] durch, die sich als etwas Vorgegebenes bei der Kollision mit staatlichen Machtmitteln nicht zu rechtfertigen hat.[192] Die dargestellte Beweislastregel entspricht daher im Ergebnis – ohne stets auf die Normentheorie zurückgeführt zu werden – der ganz überwiegenden Ansicht.[193]

Demgegenüber geht die Kritik von *Berg* an der Sache vorbei. Er hält die Normentheorie für unbrauchbar, weil die Gewährleistungen von Grundfreiheiten gegenüber staatlichen Verdachtsmaßnahmen durchgekreuzt würden, wenn man die unvermeidlichen gesetzlichen Tatbestandsmerkmale der Grundrechte als „anspruchsbe-

---

[186] Ebenso de Clerck, JZ 60, 13 (14); Eyermann/Fröhler, VwGO, § 86 Rdnr. 6; Peschau, Beweislast, S. 86 f; Redeker/v. Oertzen, VwGO § 108 Rdnr. 13; Stern, Verwaltungsprozessuale Probleme, S. 155, 161.
[187] Zur fruchtlosen Regel-Ausnahme-Diskussion im Kriegsdienstverweigerungsrecht s.o. 8. Kapitel IV.
[188] P. Schneider, in: 100 Jahre deutsches Rechtsleben, S. 263 (276); Peschau, Beweislast, S. 85 ff.
[189] Erichsen/Hoffmann Becking, Jus 71, 144 (150).
[190] Maetzel, DÖV 66, 520 (523).
[191] Dürig, in: Maunz/Dürig, Komm. z. GG, Art. 2 Rdnr. 72.
[192] So wörtlich Rupp, AöR 85 (1960) 302 (319).
[193] Auer, Beweislast, S. 72 ff; Bachoff, Verfassungsrecht, Verwaltungsrecht, Verfahrensrecht Bd. II, S. 193; de Clerck, JZ 60, 13 (14); Dahlinger, NJW 57, 7 (8 f); Erichsen/Hoffmann Becking; JuS 71, 144 (150); Eyermann/Fröhler, VwGO, § 86 Rdnr. 6; Knack, VwVfG § 24 Rdnr. 4; Kopp, VwVfG, § 24 Rdnr. 30 f; Lüke, JZ 66, 587 (591); Peschau, Beweislast, S. 86 ff; Redeker, NJW 66, 1777 (1779); Redeker/v. Oertzen, VwGO, § 108 Rdnr. 13; Rupp, AöR 85 (1960), 302 (319 f); Stern, Verwaltungsprozessuale Probleme, S. 155; Stelkens/Bonk/Leonhardt, VwVfG, § 24 Rdnr. 16; Tietgen, Gutachten, S. 45 ff.

gründende" tatsächliche Voraussetzungen etikettiere, um daran „logisch unanfechtbar" die objektive Beweislast zu knüpfen.[194] Es erscheine als glücklicher Zufall, daß „Leben und körperliche Unversehrtheit" noch nicht als einschränkende Voraussetzungen des Art. 2 II GG erkannt worden seien und der Einzelne bislang nicht die Beweislast dafür trage, daß staatliche Maßnahmen in dieses Grundrecht eingreifen.[195]

Dem ist entgegenzuhalten, daß das Tatbestandsmerkmal, an das der Grundrechtsschutz geknüpft ist, allein die Grundrechtsträgerschaft darstellt. Grundrechtsträger ist bei den Immaterialgrundrechten regelmäßig jeder Mensch oder jeder Deutsche. Leben und Gesundheit definieren demgegenüber den Schutzumfang und Schutzbereich des Grundrechtes. Die Grundrechtsträgerschaft, das „Mensch-Sein" oder „Deutsch-Sein" ist nun in der Regel unstreitig. Die verfassungsrechtlich gewährleistete Rechtskreis knüpft an Tatbestandsmerkmale an, bei denen es kein non liquet gibt. Die Besonderheit der Grundrechte liegt also nicht darin, daß an ihre rechtsbegründenden Voraussetzungen keine Beweislast geknüpft werden dürfte, sondern darin, daß wegen ihres Personenbezugs keine Beweislastentscheidung erforderlich ist.[196] Für die Existenz des grundrechtlichen Rechtskreises besteht in der Regel kein Begründungsbedarf.

(4) Ergebnis

Die grundsätzlichen Bedenken gegen die Anwendbarkeit der Normentheorie sind dann unberechtigt, wenn sie öffentlich-rechtlich modifiziert wird. Die klare Trennung vom Rechtsanwendungsmodell *Rosenbergs* ermöglicht es, die Normentheorie vom Wortlaut und der Systematik des Gesetzes zu lösen und auf materiell-rechtliche Wertungen zurückzugreifen. Dabei kommt es maßgeblich auf die Analyse der bestehenden und angestrebten materiell-rechtlichen, insbesondere verfassungsrechtlichen Rechtspositionen an. Die Normanalyse kann dabei ergeben, daß die sprachliche Fassung des Gesetzes außer acht gelassen werden muß.[197] Darüber hinaus ergibt sich, daß die so verstandene Normentheorie keine Patentlösungen bietet. Soweit ihr mangelnde Verläßlichkeit oder eine gewisse Beliebigkeit vorgeworfen wird,[198] ist das insoweit richtig, als die Handhabung einer Normentheorie, die sich nicht auf formale Kriterien stützt, sondern die tragenden Verteilungsgründe offenlegt, ebenso schwierig ist wie jede

---

[194] Berg, Die verwaltungsrechtliche Entscheidung, S. 189 zu BVerwG, Urt. v. 24. 7. 59, BVerwGE 9 , 97 (99 f).
[195] Berg, Die verwaltungsrechtliche Entscheidung, S. 189.
[196] Ebenso v. Zezschwitz, JZ 70, 233 (234), der auch darauf hinweist, daß bei den an sachliche Substrate anknüpfenden Grundrechten kaum jemand auf den Gedanken käme, ein Abwehrrecht zuzubilligen, ohne daß die eigentumsrechtliche Zuordnung des Substrats zum Rechtsbereich des Bürgers erwiesen wäre.
[197] Hieraus folgt die Problemlösung für die präventiven und repressiven Genehmigungsvorbehalte, vgl. Peschau, Beweislast, S. 104 ff.
[198] Bachof, Verfassungsrecht, Verwaltungsrecht, Verfahrensrecht Bd. II, S. 193; Peschau, Beweislast, S. 39.

VIII. Die Normentheorie 125

andere materiell-rechtliche Gesetzesauslegung. Daß die „Interdependenz von Freiheits- und Sozialrechten"[199] die Auslegung nicht leichter macht, wird nicht bestritten.

2. Die Anwendung der Normentheorie auf das Asylrecht

a) Der asylrechtliche Status

Die Beweislastverteilung nach der modifizierten Normentheorie hängt nach der hier vertretenen Ansicht davon ab, ob der Asylbewerber mit der Anerkennung eine Rechtskreiserweiterung erstrebt oder ob die Ablehnung des Asylantrages den Eingriff in eine grundrechtlich gesicherte Rechtsposition darstellt.

(1) Das Asylrecht als status negativus

Art. 16 II 2 GG wird vielfach als klassisches liberal-staatliches Abwehrrecht, als negatives Statusrecht im Sinne der Systematik *Jellineks*,[200] gesehen.[201] Nach dieser Ansicht erfordert der Asylschutz vorwiegend ein staatliches Unterlassen. Er gewährt Schutz vor Zurückweisung an der Grenze, Ausweisung, Abschiebung und Auslieferung und dient somit in erster Linie der Abwehr aufenthaltsbeendender Maßnahmen. Art. 16 II 2 GG erschöpft sich darin, das Recht *auf* Asyl zu gewähren, während die Ansprüche auf staatliche Unterstützung und Fürsorge, die sog. Rechte *im* Asyl, sich aus Art. 1 I, 2 II, 20 I, 28 I GG ergeben.[202]

Im Schrifttum wird nun unter Berufung auf den negatorischen Grundrechtsschutz die objektive Beweislast der Behörde begründet.[203] Da das Asylrecht nicht irgendeinen erst zu erfüllenden Anspruch gewähre, sondern unmittelbar eine Rechtsstellung verbürge, werde der Rechtskreis des Asylberechtigten durch die Anerkennung zunächst einmal nur abwehrend gesichert. Wer sich auf ein Grundrecht berufe, genieße dessen Schutz, solange nicht nachgewiesen werden könne, daß er kein

---

[199] Berg, Die verwaltungsrechtliche Entscheidung, S. 195.
[200] Jellinek, Das System der subjektiven öffentlichen Rechte, S. 7 ff, 94 ff; v. Mangoldt/Klein, Das Bonner Grundgesetz, Vorbem. A II 3 S. 58 ff.
[201] Baumüller, NVwZ 82, 222 (222); ders., in: GK-AsylVfG, Vorbem. zu § 1 Rdnr. 23 ff, (Vorauflage); zust. Rothkegel, in: GK-AsylVfG, II 2 vor § 1 Rdnr. 51; ebenso Bierwirth, ZAR 87, 64 (65); Forgách, Grenzen des Asylrechts, S. 83 f, 93; Franz, in: Beitz/Wollenschläger, Handbuch Bd. II, S. 775 (792 ff); Grützner, in: Neumann/Nipperdey/Scheuner, Die Grundrechte Bd. II, S. 595; Kilian, in: Grundrechtsschutz und Verwaltungsverfahren, S. 71 (79); Kreßel, DÖV 88, 501 (505 f); Pieroth/Schlink, Die Grundrechte, Rdnr. 1075 ff S. 249 f; v. Pollern, Das moderne Asylrecht, S. 295 f; ders., BayVBl 79, 200 (200 f); Quaritsch, Recht auf Asyl, S. 33; Rottmann, Der Staat 84, 337 (353); Schnapp, in: v. Münch, Grundgesetz, Art. 16 Rdnr. 25.
[202] Franz, NJW 68, 1556 (1559); v. Pollern, BayVBl 79, 200 (200 f).
[203] Baumüller, NVwZ 82, 222 (225); ders., in: GK-AsylVfG, Vorbem. zu § 1 Rdnr. 139 f (Vorauflage); Gusy, Das Asylrecht in der Rechtsprechung des Bundesverfassungsgerichts, S. 56 f; Marx, in: Marx/Strate/Pfaff, AsylVfG, § 12 Rdnr. 107; Rottmann, Der Staat 84, 337 (357); Rothkegel, in: GK-AsylVfG, II 2 vor § 1 Rdnr. 85 ff, 249.

Grundrechtsträger sei.[204] Ziel des asylrechtlichen Verfahrens sei nicht die Anerkennung, sondern die Aberkennung des bislang vermuteten Asylrechts und die Entscheidung über die Pflicht zur Ausreise wegen zu Unrecht erfolgter Inanspruchnahme des Asylrechts.[205] Die Vermutung zugunsten des berechtigten Freiheitsgebrauchs könne zwar widerlegt werden, dürfe ohne Widerlegung aber nicht vorenthalten werden.[206] Die Charakterisierung des Anerkennungsverfahren als *Widerlegungsverfahren* soll nun dazu führen, daß verbleibende Zweifel zu Lasten der Behörde gehen.[207]

(2) Das Asylrecht als status positivus

Nach anderer Ansicht ist das Asylrecht ein positives Statusrecht. Zur Schutzgewährung gehören danach außer Nicht-Abweisung, Nicht-Abschiebung etc. alle notwendigen Maßnahmen wie Hilfeleistung, Unterbringung, Unterstützung und Versorgung.[208] Dem Asylberechtigten müsse ein menschenwürdiges Dasein gesichert werden[209]; im Vordergrund stehe deshalb nicht das Interesse an der Freiheit vom Staat, sondern das Interesse an den Leistungen des Staates.[210] In die gleiche Richtung weist die Grundsatzentscheidung des Bundesverwaltungsgerichts zum Inhalt des Asylrechts[211]: Zum unverzichtbaren Kerngehalt des Asylrechts gehöre das Verbot der Zurückweisung an der Grenze und der Abschiebung in den Verfolgerstaat bzw. in einen Drittstaat, in dem die Gefahr der Abschiebung in den Verfolgerstaat bestehe. Darüber hinaus verlange die humanitäre Konzeption des Grundgesetzes, Art. 16 II 2 GG dahin weit zu verstehen, daß den politisch Verfolgten grundsätzlich die Vorausetzungen eines menschenwürdigen Daseins zu gewähren seien, wozu in erster Linie ein gesicherter Aufenthalt sowie die Möglichkeit zu beruflicher und persönlicher Entfaltung gehörten.[212]

Schließlich wird vertreten, daß das Asylrecht selbst bei Reduktion auf seinen Kerngehalt, d. h. auch ohne die sog. Rechte im Asyl, ein positives Statusrecht ist.[213]

---

[204] Gusy, Das Asylrecht in der Rechtsprechung des Bundesverfassungsgerichts, S. 56.
[205] Schlink/Wieland, DÖV 82, 426 (430); Pieroth/Schlink, Die Grundrechte, Rdnr. 1075 S. 249f.
[206] Schlink/Wieland, DÖV 82, 426 (430).
[207] Baumüller, NVwZ 82, 222 (225), Marx, in: Marx/Strate/Pfaff, AsylVfG, § 12 Rdnr. 107; Rottmann, Der Staat 84, 337 (351).
[208] Vgl. v. Mangoldt/Klein, Das Bonner Grundgesetz, Art. 16 Anm. V 2 b S. 503 und Vorbem. A II 3 d S. 61.
[209] Zuleeg, Alternativkommentar z. GG, Art. 16 II Rdnr. 23.
[210] So früher Kimminich, JZ 65, 739 (744ff); ebenso Franke, Politisches Delikt und Asylrecht, S. 74f; Randelzhofer, in: Maunz/Dürig, Komm. z. GG, Art. 16 II 2 Rdnr. 117; Rühmann, NVwZ 82, 609 (609f); Ruppel, Der Grundrechtsschutz der Ausländer, S. 146; Wollenschläger, Immanente Schranken des Asylrechts, S. 70; wohl auch Lerche, in: Festschrift für Arndt, S. 207.
[211] BVerwG, Urt. v. 7. 10. 75, BVerwGE 49, 202 (205f).
[212] Ähnlich BVerwG, Urt. v. 27. 4. 82, NVwZ 82, 38 (40): „Sicherstellung der Existenz auf zumutbarem Niveau"; Urt. v. 5. 6. 84, DVBl 85, 239 (240).
[213] Randelzhofer, in: Maunz/Dürig, Komm. z. GG, Art. 16 II 2 Rdnr. 117 a. E.; ähnlich

VIII. Die Normentheorie

Das Verbot der Zurückweisung an der Grenze, mit anderen Worten die Zulassung ins Bundesgebiet, sei eigentlich ein Anspruch auf eine staatliche Leistung, denn ohne Asylrecht habe ein Ausländer kein Recht zur Einreise in das Bundesgebiet.[214]

(3) Das Asylrecht als mitwirkungsabhängiges Grundrecht

Eine Zwischenstellung nimmt der Ansatz *Rothkegels* ein.[215] Er möchte das Asylrecht als Grundrecht sowohl des status negativus als auch des status activus processualis sehen. Der Status des Aslyberechtigten bis zu seiner Anerkennung soll aus der Verfahrensabhängigkeit des Asylrecht heraus definiert werden. Die Asylgewährung, Erfolg oder Nichterfolg des Asylverfahrens, soll letztlich davon abhängen, in welchem Ausmaß der Asylbewerber an dem Verfahren zur Feststellung seiner Asylberechtigung mitwirkt. Sowohl die Verknüpfung von materieller Rechtswahrung durch verfahrensmäßige Gestaltung, als auch ein Verlust materieller Rechtspositionen infolge Obliegenheitsverletzung entsprächen dem Wesen des Asylrechts als dem eines verfahrensabhängigen Grundrechts. Deswegen komme der Mitwirkung des Grundrechtsinhabers an der Verwirklichung des Grundrechtsstatus essentielle Bedeutung zu.

b) Stellungnahme: Die Sonderstellung des Asylrechts

(1) Dem Vorschlag *Rothkegels* kann im Hinblick auf die Beweislast nicht gefolgt werden. Die essentielle Bedeutung der Mitwirkungspflicht ist eine Faktum, das aus dem Mangel sonstiger Beweismittel folgt. Die oben[216] geschilderten Anforderungen an die Mitwirkungspflicht, insbesondere den widerspruchsfreien, schlüssigen Sachvortrag, haben gezeigt, daß der gut vorbereitete, wohlinformierte und intelligente Asylbewerber begünstigt wird. Wollte man die Mitwirkung zur Voraussetzung der Grundrechtsgewährleistung erklären, würde die faktisch schon bestehende Privilegierung dieses Personenkreises auch noch verfassungsrechtlich abgesichert. Das Grundrecht müßte erarbeitet werden. Darüber hinaus führt diese These geradewegs zur Begründung einer subjektiven Beweislast: Die Vernachlässigung prozessualer und verfahrensmäßiger Pflichten führt zwingend zur Antragsabweisung. Wenn *Rothkegel* meint, daß Zweifel, die nach Ausschöpfung der – in ihrem Umfang ihrerseits vom Umfang der Mitwirkungspflicht abhängigen – Amtsermittlungspflicht verbleiben, zu Lasten des Asylbewerbers gehen, soweit nur er sie hätte ausräumen können,[217] so ist das trotz der Betonung des Untersuchungsgrundsatzes nichts anderes als die Beschreibung der Beweisführungslast. Unter Geltung des Untersuchungsgrundsatzes hängt die Sachverhaltsermittlung aber nicht davon ab,

---

Hailbronner, Ausländerrecht, F II Rdnr. 973 S. 589: „Verpflichtung der Bundesrepublik Deutschland zur positiven Gewährung einer Zufluchtstätte".
[214] Randelzhofer, in: Maunz/Dürig, Komm. z. GG, Art. 16 II 2 Rdnr. 117.
[215] Rothkegel, in: GK-AsylVfG, II 2 vor § 1 Rdnr. 56 ff.
[216] S. o. 3. Kapitel V.
[217] Rothkegel, in: GK-AsylVfG, II 2 vor § 1 Rdnr. 250.

inwieweit die Partei mitwirkt. Wenn die Vernachlässigung der Pflicht zur Sachverhaltsaufklärung von Rechts wegen zum Nachteil des Asylbewerbers ausschlagen soll, ist das mit der Inquisitionsmaxime nicht vereinbar.[218]

Schließlich erinnert diese These an die bereits oben[219] widerlegte Theorie vom Prozeß als Rechtserzeugung: Die Grundrechtsgewährleistung soll abhängen von der Erfüllung der verfahrensrechtlichen Obliegenheiten. Gelingt der verfahrensmäßige Nachweis asylbegründender Umstände durch ein Versäumnis des Asylbewerbers nicht, verwirklicht sich der Grundrechtsstatus nicht. Dies ist mit der verfassungsrechtlichen Asylrechtsgarantie nicht in Einklang zu bringen.

(2) Das Bundesverfassungsgericht hat sich klar gegen die Konzeption des Widerlegungsverfahrens ausgesprochen, zum asylrechtlichen Status aber nicht eindeutig Stellung genommen.[220]

Kimminich hält die Statusdiskussion für fruchtlos und überflüssig.[221] Ob dem in dieser Allgemeinheit zugestimmt werden kann, soll offenbleiben.[222] Unter dem hier interessierenden Aspekt werden die Konsequenzen der Statusfrage aber überschätzt.

Die Einordnung als positives Statusrecht bedeutet keineswegs, daß der Asylanerkennung eine konstitutive Wirkung zukommt.[223] Auch unter den Anhängern dieser Ansicht ist anerkannt, daß das Asylrecht dem Berechtigten von Verfassungs wegen zusteht und nicht erst durch die Behörde verliehen wird.[224]

Deshalb besteht auch für ein als positives Statusrecht verstandenes Asylrecht nicht die Gefahr, daß es nur im Rahmen der Leistungsfähigkeit des Staates zu- oder aberkannt wird.[225] Trotz des Hinweises auf die erhebliche Gestaltungsfreiheit des Gesetzgebers hat das Bundesverwaltungsgericht keinen Zweifel daran gelassen, daß das Recht auf Asyl und – seiner Ansicht nach – ein Mindestmaß der Rechte im Asyl verfassungsrechtlichen Schutz genießen.[226]

Vor allem aber entzieht sich das neuartige Grundrecht auf Asyl der Einordnung in die herkömmlichen Grundrechtskategorien. Unter den Vertretern der Theorie vom positiven Statusrecht ist unbestritten, daß der Asylschutz eine starke abwehrrechtliche Funktion hat.[227] Darüber hinaus bedeutet die Sicherung eines menschenwürdi-

---

[218] S. o. 1. Kapitel III; 3. Kapitel III.
[219] S. o. 6. Kapitel II.1.
[220] Vgl. dazu Rottmann, Der Staat 84, 337 (348 ff).
[221] Kimminich, in: Bonner Kommentar, Art. 16 Rdnr. 278.
[222] Zu den verfahrensrechtlichen Auswirkungen der Statusfrage, vor allem im Hinblick auf die umstrittenen Vorwirkungen des Asylrechts vgl. Rothkegel, in: GK-AsylVfG, II 2 vor § 1 Rdnr. 64 ff, 88.
[223] Kimminich, in: Bonner Kommentar, Art. 16 Rdnr. 278; a.A. Pieroth/Schlink, Die Grundrechte, Rdnr. 1075 S. 250.
[224] Randelzhofer, in: Maunz/Dürig, Komm. z. GG, Art. 16 II 2 Rdnr. 118 und oben 6. Kapitel II.
[225] Kimminich, in: Bonner Kommentar, Art. 16 Rdnr. 277; a.A. Franz, in: Beitz/Wollenschläger, Handbuch Bd. II, S. 792.
[226] Rühmann, NVwZ 82, 609 (610).
[227] Vgl. nur BVerwG, Urt. v. 7. 10. 75, BVerwGE 49, 202 (204 f).

VIII. Die Normentheorie

gen Daseins nicht nur ein Recht auf staatliche Leistungen, sondern vor allem die Gewährleistung von Freiheitsrechten zur Ermöglichung eines Existenzaufbaus.[228]

Demgegenüber leugnen die Literaturstimmen, die das Asylrecht als negatives Statusrecht begreifen, nicht, daß der Asylschutz auch in seinem Kerngehalt nicht nur ein staatliches Unterlassen, sondern oft auch ein positives Tun beinhaltet,[229] beispielsweise Maßnahmen zur Sicherung des Verfolgten vor Nachstellungen im Asylgebiet,[230] Zurückweisung eines Auslieferungsgesuchs[231] und ähnliches. Insbesondere das unstrittig gewährleistete Einreiserecht des politisch Verfolgten,[232] das weder ein Unterlassen noch ein Tun, sondern ein *Dulden* verlangt, entzieht sich der Kategorisierung.

Dennoch kann der Ansicht *Randelzhofers*, wonach die Privilegierung des Asylbewerbers gegenüber anderen Ausländern durch das Einreiserecht für ein positives Statusrecht spricht, nicht gefolgt werden.[233] Ob ein Grundrecht positive Leistungsansprüche oder Abwehrrechte vermittelt, läßt sich nicht durch einen Vergleich mit einer Personengruppe bestimmen, der das Recht überhaupt nicht zusteht. Im Vergleich zu einem Unberechtigten hat der Träger eines Grundrechts – gleich, ob es negativen oder positiven Inhalts ist, – stets ein Mehr an Rechten gegenüber dem Staat als derjenige, dem das Recht nicht zusteht.

Das Asylrecht besteht also auch bei einer Reduktion auf seinen Kerngehalt aus einem Bündel von positiven und negativen Komponenten.[234] Eine Einordnung könnte allenfalls mittels einer Schwerpunktbildung erfolgen, indem man beim Zutrittsrecht entweder das Verbot der Zurückweisung oder die positive Zulassung in das Bundesgebiet betont.

(3) Die Argumentation *Randelzhofers* lenkt aber den Blick auf den für die Beweislastfrage entscheidenden Gesichtspunkt. Bei der Statusdiskussion geht es um eine *Inhaltsbestimmung* des Asylrechts.[235] Der Umfang des Asylschutzes kann sich nun erst auf die Beweislastfrage auswirken, wenn daß Asylrecht überhaupt besteht. Denn die Lehre, die die Beweislast der Behördenseite mit dem Hinweis auf den negatorischen Grundrechtsschutz begründet, übersieht, daß bei Ungewißheit über die tatsächlichen Voraussetzungen der politischen Verfolgung die *Grundrechtsträgerschaft* noch gar nicht feststeht. Ein Grundrecht kann die Rechtfertigungslast nur und erst dann zu Lasten des Staates verschieben, wenn es tatsächlich besteht. Im Unterschied zu den meisten anderen personenbezogenen Grundrechten knüpft das Asylrecht nun aber nicht an das „Mensch-Sein", sondern an das „Politisch-Verfolgt-

---

[228] Kimminich, in: Bonner Kommentar, Art. 16 Rdnr. 277f.
[229] Rothkegel, in: GK-AsylVfG, II 2 vor § 1 Rdnr. 85.
[230] Forgách, Die Grenzen des Asylrechts, S. 89ff.
[231] Kimminich, in: Bonner Kommentar, Art. 16 Rdnr. 277.
[232] Hierzu vgl. statt vieler Gusy, Asylrecht und Asylverfahren, S. 11.
[233] Zust. aber Reichel, Das staatliche Asylrecht „im Rahmen des Völkerrechts", S. 25 Fn. 4.
[234] Forgách, Grenzen des Asylrechts, S. 89; Kleine, Asylerwerb, S. 39ff; Wollenschläger, Die immanten Schranken des Asylrechts, S. 149.
[235] Rothkegel, in: GK-AsylVfG, II 2 vor § 1 Rdnr. 55.

Sein" an. Es steht von Verfassungs wegen nur einem begrenzten Personenkreis zu. Damit hat die Verfassung für die Inanspruchnahme des Asylrechts einen *Begründungsbedarf* geschaffen. Konnten die Immaterialgrundrechte oben als etwas Vorgebenes behandelt werden, weil hinsichtlich der Grundrechtsträgerschaft kein non liquet denkbar war, so muß die Inhaberschaft des Asylgrundrechts durch das Vorliegen bestimmter Tatbestandsmerkmale gerechtfertigt werden. Die bloße Freiheitsbetätigung durch Betreten der Bundesrepublik Deutschland unter Berufung auf das Grundrecht wird vom Tatbestand des Art. 16 II GG selbst nicht für ausreichend erachtet: Das Asylrecht gewährt nicht Einreise und Aufenthalt, sondern Einreise und Aufenthalt *wegen* (bereits erfolgter oder drohender) politischer Verfolgung. Es bietet kein Aufenthaltsrecht, sondern Asylschutz und setzt damit begriffsnotwendig politische Verfolgung voraus. Schutz vor politischer Verfolgung ist nicht nur Folge, sondern alleiniger Zweck und Voraussetzung des Asylrechts. Nach Sinn und Zweck setzt das Asylrecht daher eine *Begründung* seiner Inanspruchnahme voraus.

(4) Eine negatorische Funktion, die auf der Grundlage der modifizierten Normentheorie zu einer Legitimationspflicht und damit zu einer Beweislast des Staates führen könnte, ist deshalb nur noch denkbar, wenn die asylrechtliche Freiheit etwas Vorgegebenes, Natürliches, vom Staat als selbstverständlich Vorauszusetzendes wäre. Art. 16 II 2 GG müßte mithin in das klassische Bild der Grundrechte als Abwehrrechte passen. Das Asylrecht kann nun aber nicht als Freiheit vom Staat, sondern nur als Freiheit *durch* den Staat existieren. Die asylrechtliche Freiheit ist keine vorgefundene, vor-staatliche und vor-rechtliche Freiheit im Sinne der klassischen liberal-staatlichen Grundrechtstheorie.[236] Da die asylrechtliche Freiheit sich schlechthin nur durch das Betreten der Bundesrepublik Deutschland verwirklichen läßt, kann sie sich nicht in einem rechtlich neutralen Raum vollziehen. Denn die Einreisegestattung – sei sie nun in erster Linie Zurückweisungsverbot oder aber positive Zulassung ins Bundesgebiet – bedeutet Verzicht auf die Souveränitätsrechte der Fremdenexklusion, -extradition und -expulsion.[237] Das Asylrecht realisiert sich erst im Kontakt mit staatlichen Stellen, die durch den Verzicht auf bestimmte Rechte in rechtserheblicher Weise reagieren. Zudem ist Zufluchtnahme ohne Staat nicht denkbar, denn der Flüchtling wird nur durch die Territorialherrschaft des Aufnahmestaates dem Zugriff des Verfolgerstaates entzogen. Die asylrechtliche Freiheit ist mithin auf die Institution des Staates angewiesen. Ihre realen Voraussetzungen lassen sich ausschließlich durch Begründung einer rechtserheblichen Beziehung zum Staat verwirklichen. Auch auf seinen Kernbereich reduziert, paßt das Asylrecht nicht in das Bild des klassischen individuellen Abwehrrechts. Selbst wenn es keine sozialen Leistungsansprüche vermittelt, hat es eine soziale Dimension, weil es die Inanspruchnahme des staatlichen Gefüges voraussetzt.[238] Nicht erst die Verfahrens-

---

[236] Rottmann, Der Staat 84, 337 (352); zur liberalen Grundrechtstheorie vgl. statt vieler: Böckenförde, NJW 74, 1529 (1530ff); Grabitz, Freiheit und Verfassungsrecht, S. 5ff; Gusy, Asylrecht und Asylverfahren, S. 238ff.

[237] Franz, DVBl 64, 591 (593); Kleine, Asylerwerb, S. 39.

[238] Die Tatsache, daß das Asylrecht durch seine Verfahrensabhängigkeit „rechtserzeugte,

abhängigkeit, sondern die Abhängigkeit von der Grenzüberschreitung und der Erstreckung der deutschen Territorialherrschaft auf den asylsuchenden Ausländer macht das Asylrecht zu einem normativ und institutionell gestalteten Grundrecht.[239]

Darüber hinaus ist die asylrechtliche Freiheit keine „natürliche Freiheit zur Beliebigkeit" im Sinne der liberalen Grundrechtstheorie, sondern eine zweckgebundene: Die Freiheit zu Einreise und Aufenthalt besteht ausschließlich, um Schutz vor polisch motivierten Verfolgungsmaßnahmen zu erlangen.[240] Werden Grundrechte aber deshalb als vorstaatliche Freiheiten verstanden, weil deren Gebrauch gegenüber dem Staat nicht gerechtfertigt werden muß und die Rechtfertigungslast für einen Grundrechtseingriff dem Staat aufgebürdet wird,[241] so zeigt sich wieder das obige Dilemma: Die Grundrechtsträgerschaft, die zu einer Verschiebung der Rechtfertigungslast führen könnte, steht eben noch nicht fest.

c) Die Lösung der Beweislastfrage nach der Normentheorie

Die hier interessierenden Aspekte der Sonderstellung des Grundrechts auf Asyl[242] bestehen somit zum einen darin, daß es als „rechtlich irrelevante"[243] Freiheit nicht denkbar ist, zum anderen darin, daß die Grundrechtsträgerschaft eine Begründung erfordert.

Aus dieser besonderen Struktur des Grundrechts auf Asyl ergibt sich, daß bei Anwendung der modifizierten Normentheorie die Ungewißheit der tatsächlichen Voraussetzungen zu Lasten des Asylbewerbers geht. Denn der Asylsuchende beansprucht, auch wenn man das Asylrecht als negatives Statusrecht versteht, eine *Rechtskreiserweiterung*:

Das Asylrecht bedeutet eine Ausdehnung der Rechtssphäre, weil es ein Einreise- und Aufenthaltsrecht gewährt, das Ausländern im allgemeinen nicht zusteht.[244] Selbst wenn man mit der absoluten Mindermeinung ein Einreiserecht aus Art. 2 I

---

normative und institutionell gestaltete" (Rottmann, Der Staat 84, 337 (352)) Freiheit ist, unterstützt dieses Ergebnis, ist aber nicht ausschlaggebend.
[239] Rottmann, Der Staat 84, 337 (352).
[240] Zum Ende der Asylberechtigung, sobald dieser Zweck nicht mehr erreicht wird, vgl. unten 10. Kapitel E.
[241] So Rottmann, Der Staat 84, 337 (353f) im Anschluß an Schlink, z.B. in: Pieroth/Schlink, Die Grundrechte, Rdnr. 47 S. 51.
[242] Zu weiteren Besonderheiten vgl. Reichel, Das staatliche Asylrecht „im Rahmen des Völkerrechts", S. 25ff.
[243] Jellinek, Das System der subjektiven öffentlichen Rechte, S. 104.
[244] Ganz herrschende Meinung: BVerfG, B. v. 12. 5. 87, NJW 88, 626 (634); BVerwG, Urt. v. 10. 4. 56, BVerwGE 3, 235 (236); vgl. statt vieler Isensee, VVDStRL 32, 49 (62f); Randelzhofer, in: Bonner Kommentar (Zweitbearbeitung), Art. 11 Rdnr. 91; Ruidisch, Einreise, Aufenthalt und Ausweisung im Recht der BRD, S. 76f; Schnapp, DÖV 73, 593 (594), Tomuschat, NJW 80, 1073 (1074); Wollenschläger/Becker, ZRP 87, 327 m.w.N.; a.A. Franz, DVBl 63, 797 (799); Zuleeg, RdA 75, 221 (221); ders., DÖV 73, 361 (366); Dürig, in: Neumann/Nipperdey/Scheuner, Die Grundrechte Bd. II, S. 522f, soweit er Freizügigkeit zum unabdingbaren Menschenwürdegehalt zählt; die von Dürig genannten Beispiele fallen nach der heutigen Auslegung unter den Schutz des Art. 16 II 2 GG.

GG für Ausländer ableiten wollte, würde das schrankenlos gewährleistete Asylgrundrecht gegenüber der von der Schrankentrias begrenzten allgemeinen Handlungsfreiheit eine stärkere Rechtsposition und damit ein Mehr an Rechten mit sich bringen.

Aus dem Grundrechtscharakter ergibt sich nichts anderes, denn es hat sich gezeigt, daß die asylrechtliche Freiheit keine ausschließlich an das „Mensch-Sein" gebundene, außerrechtliche und vom Staat nur vorgefundene Freiheit ist, die als etwas Vorgegebenes behandelt werden muß, in das durch die Ablehnung der Asylanerkennung eingegriffen würde und dessen Existenz widerlegt werden müßte. Auch von einem vorgegebenen *rechtserzeugten* Rechtskreis kann nicht ausgegangen werden, weil der Tatbestand des Art. 16 II 2 GG den Kreis der Grundrechtsträger begrenzt und so einen Begründungsbedarf geschaffen hat. Die Beweislast des Asylbewerbers folgt also nicht daraus, daß das Asylrecht erst konstitutiv zuerkannt wird, sondern daraus, daß es schon *von Verfassungs wegen* nicht jedermann zusteht.

Die Grundrechtsqualität könnte daher nur noch ausschlaggebendes Argument für eine Beweislast der Behördenseite sein, wenn man aus dem hohen Rang der Grundrechte und ihrer Bedeutung als objektive Wertordnung schließt, daß sie schlechterdings eine zweifelsfreie Widerlegung der Grundrechtsträgerschaft durch den Staat gebieten. Dieser Gedanke findet aber in der Normentheorie keinen Raum mehr. Er läuft entweder auf einen Grundsatz „in dubio pro asyle" hinaus, der oben bereits abgelehnt wurde,[245] oder auf ein Abwägungskriterium, das im Rahmen einer Güterabwägung Berücksichtigung finden kann, was wieder zu einer folgenorientierte Beweislastverteilung zurückführen würde.

---

[245] S. o. V. 3.

Neuntes Kapitel. Gesamtergebnis unter Berücksichtigung des Beweismaßes

I. Gesamtwürdigung

1. Die vorstehenden Erörterungen haben ergeben, daß eine objektive Beweislast der Behördenseite für die politische Verfolgung nicht mehr mit der Normbegünstigungstheorie begründbar ist. Soweit dieses Prinzip eine Beweislast des Staates für Grundrechtseingriffe begründet, setzt es eine unstreitige Grundrechtsträgerschaft voraus. Auch das Modell des Verbots mit Erlaubnisvorbehalt ist nicht auf das non liquet bezüglich einer politischen Verfolgung übertragbar,[1] da hierbei zur Ermittlung der Beweislastverteilung über die verfahrensrechtlichen Regelungen hinweg auf zugrundeliegende materiell-rechtliche Grundrechtspositionen durchgegriffen wird, die – anders als der Asylanspruch – im Grundsatz jedoch unzweifelhaft gegeben sind (z.B. die Baufreiheit des Bauherrn u.ä.).[2]

Die Ansicht, die die materielle Beweislast des Staates bei Unaufklärbarkeit der politischen Verfolgung aus der Einordnung des Asylrechts in die Kategorie des status negativus folgert, stützt sich der Sache nach – mehr oder weniger bewußt – auf die modifizierte Normentheorie. Es wurde jedoch gezeigt, daß auch dann, wenn Art. 16 II 2 GG als negatives Statusrecht verstanden wird, eine Beweislastregelung zugunsten des Asylbewerbers mit der Normentheorie nicht begründbar ist.[3]

Eine *allein* durch den Grundrechts*charakter*, das heißt durch den hohen Rang der Grundrechte in der Rechtsordnung und ihre Bedeutung als objektive Wertordnung bestimmte Beweislastverteilung ist nur im Rahmen der folgenorientierten Güterabwägung möglich; diese hat sich jedoch aus anderen Gründen als untaugliches Beweislastkriterium erwiesen.[4]

2. Die prinzipiellen Bedenken gegen die Normentheorie konnten ausgeräumt werden, indem sie konsequent von ihrem rechtsmethodischen Ansatz gelöst und auf den Grundgedanken der Rechtskreiserweiterung zurückgeführt wurde.[5] Durch die Analyse der bestehenden bzw. erstrebten Rechtssphärenveränderung wird materialen, insbesondere verfassungsrechtlichen Grundpositionen Rechnung getragen.

3. Gegen die Eignung einer freien Güterabwägung als Beweislastkriterium sprach vor allem die Beliebigkeit des Ergebnisses und ihre wesensmäßige Orientierung am Einzelfall. Demgegenüber folgt die Beweislastlösung nach der Normentheorie konsequent aus der Struktur des Asylrechts. Die vom Normbegünstigungsprinzip vor-

---

[1] So aber Rothkegel, in: GK-AsylVfG, II 2 vor § 1 Rdnr. 85.
[2] Vgl. hierzu Peschau, Beweislast, S. 109 ff.
[3] S.o. 8. Kapitel VIII.2.b.
[4] S.o. 8. Kapitel VII.2., 3.
[5] S.o. 8. Kapitel 1.c).

ausgesetzte und die im Asylrecht vorgegebene Normenstruktur entsprechen sich in hohem Maße. Man wird sogar sagen können, daß die Normentheorie im asylrechtlichen Normengefüge zum Ausdruck kommt. Denn einerseits begrenzt Art. 16 II 2 GG den Kreis der Grundrechtsträger und schafft dadurch für die Inanspruchnahme des Grundrechts einen Begründungsbedarf. Wer Asylschutz beantragt, ist ein Rechtsprätendent, weil er eine Privilegierung gegenüber anderen Ausländern durch ein Einreise- und Bleiberecht im Gegensatz zu den bestehenden Souveränitätsrechten beansprucht.[6]

Andererseits wird sich zeigen, daß die Prüfung der Asylberechtigung in verschiedenen Stufen erfolgt. Im Interesse der Klarheit der Darstellung sollen hier Teile des zehnten Kapitels vorweggenommen werden: Dem asylrechtsbegründenden Tatbestand der politischen Verfolgung steht eine Reihe von Asylausschlußgründen, Beendigungsgründen und – nach verbreiteter Ansicht – auch Schranken gegenüber. Zum Regelfall der Asylberechtigung bei politischer Verfolgung treten Tatbestände hinzu, die aufgrund besonderer, zusätzlicher Umstände den Asylschutz ausschließen. Beispielhaft sei nur die anderweitige Verfolgungssicherheit genannt. Damit entspricht die Systematik des Asylrechts dem von der Normentheorie geforderten System von rechtsbegründenden und rechtsvernichtenden Tatbeständen. Wie noch zu zeigen sein wird, führt die modifizierte Normentheorie hier zu differenzierten Ergebnissen, indem sie, sobald der grundrechtliche Rechtskreis des Asylbewerbers im Grundsatz feststeht, den Nachweis der asylrechtsausschließenden Sonderumstände der Behördenseite auferlegt und so entsprechend den verschiedenen Ebenen des materiellen Rechts die objektive Beweislast *aufteilt*. Die Normentheorie wird hierdurch der Komplexität des materiellen Asylrechts gerecht.

4. Im Grundsatz ist die Sachgerechtigkeit der Verteilung des Aufklärungsrisikos anerkannt. Soweit dem Rechtsprätendenten die Beweislast für die rechtskreiserweiternden Voraussetzungen auferlegt wird, wird *im Zweifelsfall* dem Rechtsfrieden, der Rechtssicherheit und der bislang bestehenden Rechtslage der Vorrang vor der Rechtsveränderung eingeräumt. Andererseits verhindert die *Aufteilung* der Beweislast, daß die Rechtsdurchsetzung unzumutbar erschwert wird, indem eine Partei die materielle Beweislast für *alle* zur Rechtsveränderung erforderlichen Umstände trägt, also auch für negative Tatsachen, die Abwesenheit von Ausschlußgründen bzw. das Fehlen von anspruchsbegründenden Umständen. Insoweit wird der Effektivität der Rechtsdurchsetzung, dem Rechtsschutzprinzip, der Chancengleichheit und der materiellen Gerechtigkeit gedient.

Diese Grundsätze gelten aber im Asylrecht nicht uneingeschränkt. Dem Prinzip von der Erhaltung des Status quo liegt letztlich die Vermutung (im untechnischen Sinne) von der Vernünftigkeit der Tradition zugrunde.[7] Angesichts der Komplexität der tatsächlichen Lebensvorgänge und des darauf reagierenden Normensystems und der begrenzten menschlichen Begründungskapazität steht nur die Möglichkeit of-

---

[6] S. o. S. 8. Kapitel 2.c).
[7] Peschau, Beweislast, S. 41 f m. w. N..

fen, im Zweifelsfall auf die Richtigkeit und Vernünftigkeit der gegebenen Zustände zu vertrauen.[8] Dieser Gedanke kann jedoch uneingeschränkt nur innerhalb einer im wesentlichen vernünftigen, von der Sittlichkeit geprägten Rechtsordnung Geltung beanspruchen.[9] Im Asylrecht tritt nun aber neben die grundgesetzliche Ordnung die Rechtsordnung des Herkunftsstaates hinzu, von der sich der Asylbewerber gerade lösen will. Es fragt sich deshalb, ob die Vermutung für die Erträglichkeit der gegebenen Rechts- und Sachlage nicht schon durch die Ausreise des Asylbewerbers widerlegt ist. Trotz einer hohen Zahl unbegründeter Asylanträge[10] läßt sich nicht verkennen, daß auch die sog. Wirtschaftsflüchtlinge, – obwohl nicht politisch verfolgt –, oft aus existentieller Not handeln. Die Tatsache, daß sich ein Ausländer dauerhaft von seinem Herkunftsstaat trennen will, spricht – ob nun eine Flucht oder eine Auswanderung vorliegt – in hohem Maße gegen die Bewährung der herkömmlichen Ordnung *des Heimatstaates*. Andererseits bestehen keine Zweifel an der grundsätzlichen Vernünftigkeit der Tatsache, daß sich die Rechtsordnung *der Bundesrepublik Deutschland* im Rahmen ihrer Souveränität die Kontrolle und die Regelung des Fremdenzuzugs vorbehält.[11] Der Gedanke von der Vernünftigkeit der bestehenden Rechtslage ist damit eine Frage der Perspektive. Eine Beweislasttheorie, die es – wie die Normentheorie – mangels hinreichender Beweise für eine Veränderung der Rechtslage bei der vorgegebenen Situation beläßt, bevorzugt mithin *im Zweifelsfall* den Blickwinkel und die Interessen der Bundesrepublik Deutschland.

II. Die Gesamtabwägung unter Berücksichtigung des Beweismaßes

1. Allein die – allerdings erheblich modifizierte – Normentheorie hat sich als taugliches und überzeugendes Beweislastkriterium für das Asylrecht erwiesen. Damit obliegt die materielle Beweislast für den Tatbestand der politischen Verfolgung dem Asylbewerber (zu den Asylausschlußgründen vgl. aber 10. Kapitel). Etwas anderes müßte jedoch dann gelten, wenn eine objektive Beweislast des Asylbewerbers mit den Grundsätzen der Zumutbarkeit und Verhältnismäßigkeit und dem hohen Rang der durch das Asylrecht geschützten Güter unvereinbar wäre.
2. Diese Überlegung führt zurück zum Beweismaß. Die verfassungsrechtlichen Prinzipien sind notwendigerweise unbestimmt und geben keine detaillierten Anweisungen für konkrete beweisrechtliche Regelungen. Wie oben schon ausgeführt, dürfen die beweisrechtlichen Phänomen daher nicht isoliert betrachtet, sondern müssen in einer Gesamtschau gewürdigt werden.[12] Hatte sich oben die Notwendigkeit einer Beweismaßreduktion gezeigt, die allenfalls dann entbehrlich wäre, wenn der Staat die politische Verfolgung widerlegen müßte, so wurde jetzt deutlich, daß eine solche

---

[8] Prütting, Gegenwartsprobleme, S. 278; Peschau, Beweislast, S. 42.
[9] Peschau, Beweislast, S. 42.
[10] Vgl. v.Pollern, ZAR 89, 23 ff. m. N. zu den Vorjahreszahlen.
[11] Vgl. zuletzt BVerfG, B. v. 12. 5. 87, NJW 88, 626 ff. .
[12] S. o. 3. Kapitel B.II.2.b.

Widerlegungspflicht dogmatisch nicht – allenfalls unter Verabschiedung jeder Systematik einer Beweislastverteilung – begründet werden kann. Eine solche Beweislastverteilung widerspricht jedoch dann keinen verfassungsrechtlichen Grundsätzen, wenn – wie oben vorgeschlagen[13] – gleichzeitig das Beweismaß für im Ausland entstandene Asylgründe reduziert wird. Denn mit diesem Lösungsansatz finden die verfassungsrechtlichen Wertungen, die zugunsten der Güterabwägungsthese sprachen, beweisrechtlich Berücksichtigung:

a) Soweit die Beweislast des Staates mit dem Grundrechtscharakter des Art. 16 II 2 GG begründet wird, kann sie nicht aus der Unterscheidung zwischen status negativus und status positivus gefolgert werde, sondern allein daraus, daß das Asylrecht Teil der durch die Grundrechte gebildeten objektiven Wertordnung der Verfassung ist. Der Einfluß der Grundrechte als objektive Wertordnung bedarf aber der Vermittlung durch konkrete Rechtsinstitute und Verfassungsprinzipien. Nach der Rechtsprechung des Bundesverfassungsgerichts findet er vor allem in der Auslegung des Verhältnismäßigkeitsgrundsatzes seine Ausprägung.[14] Das Übermaßverbot erscheint jedoch nach den hier getroffenen Wertungen durch eine Beweismaßreduktion gewahrt. Denn die Herabsetzung der Beweisstärke hatte sich als rechtmäßiges und geeignetes Mittel zur Grundrechtseffektuierung erwiesen.[15] Wenn es für eine Asylanerkennung ausreichend, aber auch für erforderlich erachtet wird, daß die zugrundeliegenden Tatsachen wenigstens wahrscheinlicher als unwahrscheinlich sind, wird die Grundrechtsdurchsetzung nicht mehr unverhältnismäßig erschwert. Dem Grundrechtscharakter wie dem Verhältnismäßigkeitsgrundsatz wird daher durch eine Herabsetzung der Beweisstärke hinreichend Rechnung getragen.

Auch die Zumutbarkeit der Grundrechtseffektuierung einschließlich des Gebots des effektiven Rechtschutzes erscheint gewährleistet, wenn ein erheblich geringerer Wahrscheinlichkeitsgrad als die an Sicherheit grenzende Wahrscheinlichkeit, die der Vollbeweis verlangt, zum Beweis der dem Asylrecht zugrundliegenden Tatsachen ausreicht.

b) Weiter wurde schon oben deutlich, daß der Gesichtspunkt der Zumutbarkeit in erster Linie ein Element der Auslegung des materiellen Rechts ist[16] und im Asylrecht vor allem innerhalb der Anforderungen an den Gefahrenbegriff Berücksichtigung findet.[17]

c) Die Folgenorientierung beruht auf dem Gedanken, die Konsequenzen einer potentiellen Fehlentscheidung berücksichtigen zu müssen. Dieser Aspekt verliert an Gewicht, wenn die Gefahr, daß eine Fehlentscheidung ergeht, weitgehend reduziert wird. Dies geschieht durch die Herabminderung der Beweisstärke. Wenn statt des vollen Beweises schon die überwiegende Wahrscheinlichkeit einer Verfolgungstatsache genügt, ergeht eine Beweislastentscheidung zu Lasten des Asylbewerbers nur

---

[13] S. o. 3. Kapitel C.
[14] Vgl. etwa BVerfG, B. v. 12. 5. 87, NJW 88, 626 (629).
[15] S. o. 3. Kapitel B.I., C.
[16] S. o. 5. Kapitel I.
[17] S. o. 5. Kapitel II. und sogleich zur Vorverfolgung 10. Kapitel A.

noch in dem Fall der im wesentlichen gleichen Wahrscheinlichkeiten. Auch dann ist sie aber nicht zwingend materiell-rechtlich unrichtig. Man wird vielmehr davon ausgehen können, daß diese Entscheidungen zu einem erheblichen Prozentsatz mit der materiellen Rechtslage übereinstimmen, denn die Beweislastentscheidung ergeht nur noch, wenn nicht einmal geringfügig mehr für als gegen die Richtigkeit der Behauptungen des Asylbewerbers spricht.[18]

d) Weiter ist zu beachten, daß die Beweislastentscheidung *ultima ratio* ist. Sie kommt nur zur Anwendung, wenn ein Beweis in die eine oder andere Richtung nach Ausschöpfung aller zumutbaren Beweismittel nach Abschluß der Beweiswürdigung nicht erbracht wurde. Als Entscheidungsalternativen kommt nur ein Ja oder ein Nein in Betracht: die Fiktion der fraglichen Tatsache als erwiesen oder als nicht erwiesen. Diese Fiktion stützt sich – wie oben ausgeführt[19] – nicht mehr darauf, was am ehesten der Realität entspricht. Demgegenüber bietet die Beweiswürdigung in Verbindung mit dem Beweismaß vielfältige Möglichkeiten, dem wirklichen, zumindest dem nach Ansicht des Rechtsanwenders wahrscheinlicheren Sachverhalt zum Durchbruch zu verhelfen. Nicht ohne Grund wird deshalb in der Literatur verbreitet zur Lösung von Beweisproblemen ein flexibleres Beweismaß dem „Alles-oder-Nichts"-Prinzip der Beweislast vorgezogen.[20] Konnte zwar die These, daß eine Beweislastentscheidung dadurch überflüssig wird, nicht überzeugen,[21] so ist doch richtig, daß die Fiktionswirkung der Beweislastentscheidung nicht mehr nach dem Beweis des tatsächlichen Geschehens trachtet. Auch dies spricht dafür, die Zahl der Beweislastentscheidungen und damit der potentiellen Fehlentscheidungen zu reduzieren.

d) Bereits oben wurde betont, daß die grundrechtseffektuierende Auslegung des Beweisrechts in Richtung einer Beweismaßreduzierung nicht mit dem Grundsatz des Vorbehalts des Gesetzes nach Art. 20 III GG kollidiert.[22] Sie stützt sich vielmehr auf das Gebot der verfassungskonformen Auslegung des einfachen Gesetzesrechts und wurde darüber hinaus bereits in den gesetzgeberischen Willen übernommen (vgl. §§ 2 II 2, 9 I 2 Nr. 2 AsylVfG).

III. Ergebnis

Die modifizierte Normentheorie erweist sich – vorbehaltlich ihrer Eignung für die Lösung asylspezifischer Einzelfragen – als das überzeugendste Beweislastkriterium für das Asylrecht. Verfassungsrechtliche Bedenken hinsichtlich der Effektu-

---

[18] Es ist wohl kein Zufall, daß diejenigen Autoren, die sich für eine Beweislast des Staates aussprechen, eine Beweismaßreduktion entschieden ablehnen: Die Argumente zugunsten einer Beweislast der Behörde erscheinen in diesem Fall nicht mehr zwingend; vgl. Rothkegel, in: GK-AsylVfG, II 2 vor § 1 Rdnr. 260; Baumüller, NVwZ 82, 225; Berg, Die verwaltungsrechtliche Entscheidung, S. 214.
[19] S. o. 8. Kapitel II.
[20] Vgl. z.B. Nell, Wahrscheinlichkeitsurteile, S. 137ff, 163ff.
[21] S. o. 6. Kapitel IV.
[22] S. o. 3. Kapitel I., anders aber Rothkegel, in: GK-AsylVfG, II 2 vor § 1 Rdnr. 260.

ierung des Asylgrundrechts können über eine Beweismaßreduzierung ausgeräumt werden. Nach dem Normbegünstigungsprinzip trägt der Asylbewerber die objektive Beweislast für seine politische Verfolgung. Es wird nicht verkannt, daß in der Anwendung des in der Normentheorie zum Ausdruck kommenden Prinzips von der Erhaltung des status quo die Wertung zugrundeliegt, in den Zweifelsfällen, in denen nicht einmal eine überwiegende Wahrscheinlichkeit für die Wahrheit der asylbegründenden Tatsachen spricht, den Interessen der Bundesrepublik Deutschland an einer Regelung des Ausländerzuzugs den Vorrang einzuräumen.

Offengeblieben ist jedoch noch die Frage, ob sich die modifizierte Normentheorie bei der Lösung der besonderen asylrechtlichen Fallgestaltungen bewährt. Dies wird im Folgenden zu untersuchen sein.

Zehntes Kapitel. Die Beweislastverteilung bei ausgewählten Sonderfragen des Asylrechts

A. Die Vorverfolgung

I. Die Beweislastkriterien der Rechtsprechung im Fall der Vorverfolgung

1. Es spricht vieles dafür, daß der Rechtsprechung des Bundesverwaltungsgerichts zur Vorverfolgung eine Beweislastregel zugunsten des Asylbewerbers zugrundeliegt.[1] Dies wäre ein praktischer Anwendungsfall einer Beweislastverteilung anhand einer folgenorientierten Güterabwägung. Denn im Gegensatz zu den allgemein formulierten Beweislastgrundsätzen der Rechtsprechung, wonach dem Asylbewerber „nach den allgemeinen Regeln" die Beweislast auferlegt ist, soll in den Fällen der Wiederholungsverfolgung die Behördenseite die objektive Beweislast tragen, weil im Hinblick auf das bereits erlittene Verfolgungsschicksal eine Rückkehr ohne den Nachweis des Ausschlusses einer erneuten Verfolgung *unzumutbar* sei.[2] Stimmen die vom Bundesverwaltungsgericht herangezogenen „allgemeinen Regeln" mit den Ergebnissen des Normbegünstigungsprinzips überein, so ist die Beweislastverteilung bei der Wiederholungsverfolgung mit der Normentheorie ohne einen Systembruch nicht mehr begründbar: Trotz Vorverfolgung kann nämlich nicht davon ausgegangen werden, daß die durch das Asylrecht begründete Rechtsposition besteht und durch eine Änderung der Sachlage wieder entzogen werden würde. Denn der maßgebliche Entscheidungszeitpunkt ist der der letzten Tatsacheninstanz;[3] der asylrechtliche Anspruch stützt sich auf eine Zukunftsprognose. Nach der Normentheorie trägt daher der vorverfolgte Asylbewerber wie jeder andere Asylbewerber die objektive Beweislast für die Tatsachen, die belegen, daß ihm bei einer *Rückkehr* in den Heimatstaat politische Verfolgung droht.

II. Anwendung verschiedener Beweislastkriterien im Asylrecht?

1. Abgesehen von den grundsätzlichen Bedenken gegen die Beweislastverteilung nach der Güterabwägungstheorie stellt sich die Frage, ob im Asylrecht nicht verschiedene Beweislastkriterien fallweise angewandt werden könnten. Dies setzt zunächst voraus, daß beide Beweislastregeln, da sie zu konträren Ergebnissen führen, einen klar abgrenzbaren Anwendungsbereich haben. Nun müssen Erst- bzw. Wiederholungsverfolgung im Zusammenhang mit den Vor- und Nachfluchtgründen

---

[1] S. o. 7. Kapitel II.2.
[2] S. o. 5. Kapitel II.2.; 7. Kapitel II.2.
[3] BVerwG, B. v. 22. 8. 1974, Buchholz 402.24 § 28 AuslG Nr. 7.

gesehen werden. Es bedarf keiner näheren Erläuterung, daß eine Vorverfolgung grundsätzlich nur durch Vorfluchtgründe begründet werden kann, wohingegen sowohl Vor- als auch Nachfluchtgründe eine Erstverfolgung verursachen können. Nun hat das Bundesverwaltungsgericht in einem Fall, in dem ein Asylbewerber seine im Herkunftsland ausgeübte politische Tätigkeit in der Bundesrepublik Deutschland fortsetzte, den Begriff des *einheitlichen Verfolgungsgrundes* gebildet.[4] Nach Ansicht des Gerichts dürfen in ihrem Wesen gleichartige, eng verknüpfte Vor- und Nachfluchtgründe nicht isoliert, insbesondere nicht nach Zeitabschnitten aufgeteilt, sondern nur als einheitlicher Verfolgungsgrund betrachtet werden. An die zukünftige Verfolgungsgefahr könne nur ein einheitlicher Maßstab, nämlich der der Wiederholungsverfolgung angelegt werden. Mehrere mögliche Asylgründe dürften nicht einzeln, sondern nur in einer Gesamtschau beurteilt werden, wobei die Häufung möglicher Asylgründe für eine erhöhte Verfolgungswahrscheinlichkeit spreche.[5]

Demnach können Vorfluchtgründe, die für sich genommen nicht die Gefahr einer erneuten Verfolgung begründen würden, im Zusammenwirken mit Nachfluchtgründen zu einer hinreichenden Verfolgungsgefahr führen. Sofern die Beweislast für Erst- und Wiederholungsverfolgung divergiert, ergibt sich folgendes Bild:

Die Grundsätze der Wiederholungsverfolgung sind erst anwendbar, wenn die Vorverfolgung feststeht. Deshalb müßte nach den allgemeinen Regeln der Rechtsprechung zunächst der Asylbewerber die objektive Beweislast für die tatsächlichen Grundlagen der Vorverfolgung tragen; zum Beispiel gingen Zweifel an einer politischen Tätigkeit des Asylbewerbers zu seinen Lasten.

Steht die Vorverfolgung fest, müßten sich Zweifel an den eine Wiederholungsgefahr begründenden Tatsachen zu Lasten der Behörde auswirken, das heißt, die tatsächliche Unsicherheit an genau den politischen Aktivitäten, die die Anwendbarkeit der Vorverfolgungsgrundsätze begründeten, müßten nun zugunsten des Asylsuchenden gelöst werden.

Macht der Asylbewerber genau dieselben (ausnahmsweise beachtlichen) Nachfluchtgründe wie im vorigen Fall geltend, wie beispielsweise die Fortführung einer politischen Tätigkeit in der Bundesrepublik Deutschland, ist aber keine Vorverfolgung nachgewiesen, müßte er wiederum selbst die materielle Beweislast tragen.

Dies kann nicht richtig sein. Es ist im öffentlichen Recht nicht möglich, die Tatsachengrundlage für ein- und dieselben Asylgründe entgegengesetzten Beweislastregeln zu unterwerfen. Das Gericht muß bei Zweifeln an den tatsächlichen Umständen von Vorverfolgungsgründen die materielle Beweislast entweder dem Asylbewerber oder der Behörde auferlegen, ein Wechsel der Beweislast je nach Prüfungsstadium ist mit dem Untersuchungsgrundsatz und einer abstrakt-generellen Verteilung der objektiven Beweislast unvereinbar und praktisch undurchführbar.[6]

---

[4] BVerwG, Urt. v. 23. 4. 85, Buchholz 402.25 § 1 AsylVfG Nr. 33; Urt. v. 24. 3. 87, BVerwGE 77, 150 = DVBl 87, 788 m. krit. Anm. Rühmann.

[5] BVerwG, Urt. v. 12. 7. 83, Buchholz 402.25 § 1 AsylVfG Nr. 10.

[6] Anderes gilt im Zivilrecht, weil dort für ein- und dieselbe Tatsache die Behauptungs- und Beweisführungslast divergieren kann.

A. II. Anwendung verschiedener Beweislastkriterien im Asylrecht? 141

Da Vor- und Nachfluchtgründe in ihrer Gesamtheit die Verfolgungsgefahr bei Rückkehr begründen und daher einen einheitlichen Verfolgungsgrund bilden, ist eine einheitliche Beweislastregel für Erst- und Wiederholungsverfolgung unabdingbar.

2. Ein Blick auf die konkrete Anwendung der Vorverfolgungsgrundsätze zeigt weitere Bedenken auf: Das Bundesverwaltungsgericht hält in zahlreichen Fällen der Vorverfolgung den herabgestuften Wahrscheinlichkeitsmaßstab, bei dem sich verbleibende Zweifel zugunsten des Asylantragstellers auswirken, nicht für anwendbar. Galt beispielsweise die frühere politische Verfolgung der aus einer konkreten Situation erwachsenden Protesthaltung, so muß nach Ansicht des Gerichts zwar die Wiederholungsgefahr wegen dieses Anlasses, nicht jedoch die Möglichkeit jeder sonstigen politischen Verfolgung mit hinreichender Sicherheit ausgeschlossen werden, weil ein solcher Maßstab nicht mehr an der die Zumutbarkeit der Rückkehr wesentlich bestimmenden *Wiederholungs*gefahr ausgerichtet wäre. Der innere Grund für das Erfordernis einer negativen Wiederholungsprognose entfalle, wenn sich die frühere Verfolgung nicht als wiederholungsträchtig erweise.[7] Der herabgestufte Wahrscheinlichkeitsmaßstab soll nicht gelten, wenn mit der nunmehr befürchteten Verfolgung kein innerer Zusammenhang und keine Verknüpfung mehr bestehe.[8]

Es ist fraglich, ob diese Ausnahmen vom sonst bei der Vorverfolgung geltenden herabgestuften Wahrscheinlichkeitsmaßstab noch mit dem Zumutbarkeitsgedanken vereinbar sind. Wenn der innere Grund für die Nachweiserleichterungen die schweren Belastungen durch das bereits einmal erlittene Verfolgungsschicksal ist, besteht meines Erachtens keine Veranlassung, eine Verknüpfung von Erst- und Wiederholungsverfolgung zu fordern. Den Asylsuchenden belastet weniger die Frage, *warum* er erneut verfolgt werden könnte, als das Problem, *daß* er – gleich aus welchen Gründen – erneut verfolgt werden könnte. Die Furcht vor einer andersartigen Verfolgung erscheint aus humanitären Gründen nicht eher zumutbar als die vor einer gleichartigen. Maßgeblich ist für das Bundesverwaltungsgericht in diesen Fällen offenbar weniger der Zumutbarkeitsgedanke als die bei einer Vorverfolgung erhöhte Wiederholungsgefahr: Nur unter dem Aspekt der Gefahrenerhöhung ist die indizielle Wirkung der Vorverfolgung und der innere Zusammenhang mit weiteren Verfolgungsmaßnahmen von Bedeutung.

Dies hat Konsequenzen für die Beweislastproblematik. Denn ob sich die Gefahr einer Verfolgung vergrößert, ist eine Frage der *Wahrscheinlichkeit*. Die Vorverfolgung wird zum *Indiz*, daß ein erhöhtes Risiko,[9] also eine bestimmte Wahrscheinlichkeit, für neue Übergriffe des Heimatstaates auf den Asylsuchenden besteht, – ein Indiz, daß im Falle erstmaliger Verfolgung nicht vorhanden ist. Wie oben bereits

---

[7] BVerwG, Urt. v. 8. 2. 83, Buchholz 402.24 § 28 AuslG Nr. 43.
[8] BVerwG, Urt. v. 15. 10. 85, Buchholz 402.25 § 1 AsylVfG Nr. 38; Urt. v. 26. 3. 85, Buchholz 402.25 § 1 AsylVfG Nr. 31.
[9] Säcker, DÖV 88, 158 (164).

nachgewiesen, ist die Wahrscheinlichkeit nun aber ein schlechthin ungeeignetes Kriterium für die Beweislastverteilung.[10] Wahrscheinlichkeitserwägungen haben ihren Platz in der materiell-rechtlichen Auslegung des Gefahrenbegriffs und in der Beweiswürdigung. Eine objektive Beweislast des Staates in den Fällen der Vorverfolgung kann daher keinesfalls mit dem Argument einer erhöhten Verfolgungsgefahr begründet werden.

III. Ergebnis

Der Zumutbarkeitsgedanke hat sich als *Beweislastkriterium* in der Praxis bislang nicht als tragfähig erwiesen. Ein Wechsel der Beweislastregel ist nicht praktikabel und wird durch die im Asylrecht erforderliche Gesamtschau aller eventuellen Asylgründe ausgeschlossen. Darüber hinaus hat die Rechtsprechungsanalyse ergeben, daß der Zumutbarkeitsgedanke mehrfach hinter der Indizwirkung der Vorverfolgung zurücktritt.

Damit scheint der Blick auf die Rechtsprechung zur Wiederholungsverfolgung frühere Erörterungen zu bestätigen: Der Aspekt der Zumutbarkeit, mit anderen Worten das Ausmaß der Schadensfolgen für die Person des Asylbewerbers, gehört in erster Linie in die materiell-rechtlichen Auslegung des Gefahrenbegriffs. Je größer die Schadensfolgen sind, desto geringer ist die erforderliche Wahrscheinlichkeit des Schadenseintritts. Hierbei hat die Vorverfolgung zwei Funktionen: Zum einen beeinflußt sie die Beurteilung der Schwere der zu erwartenden Folgen einer Rückkehr, zum anderen fließt sie als objektive Information in die Mutmaßung des Rechtsanwenders über eine erneute Verfolgung mit ein und erhöht so den Wahrscheinlichkeitsgrad einer erneuten Verfolgung. Daraus folgt für die hier vertretene Ansicht von einer materiellen Beweislast des Asylbewerbers: Der Aspekt der Zumutbarkeit der Entscheidungsfolgen, auf den sich die Güterabwägungsthese wesentlich stützt, wird keineswegs außer acht gelassen. Er dient jedoch nicht in erster Linie als Beweislastkriterium, sondern findet vielmehr Raum bei der Auslegung des Tatbestandsmerkmals der „Gefahr". Es begegnet daher nach der hier vertretenen Auffassung keinen Bedenken, im Falle der Wiederholungsverfolgung, in dem ein nur geringer Wahrscheinlichkeitsgrad für die Annahme einer (erneuten) Verfolgungsgefahr ausreicht, die materielle Beweislast für die tatsächlichen Grundlagen, die diese geringe Wahrscheinlichkeit begründen, dem Asylbewerber aufzuerlegen.

---

[10] S. o. 8. Kapitel II.

B. Die anderweitige Verfolgungssicherheit

I. Die materielle Beweislast für die anderweitige Verfolgungssicherheit

1. Das Verhältnis von anderweitiger Verfolgungssicherheit und dem Tatbestand der politischen Verfolgung

a) Nach § 2 I AsylVfG n.F. wird nicht als Asylberechtigter anerkannt, wer bereits in einem anderen Land vor politischer Verfolgung sicher war. Es ist zwar umstritten, welche Anforderungen an die Ausgestaltung des anderweitigen Aufenthalts zu stellen sind,[11] im Grundsatz herrscht jedoch Einigkeit, daß ein Flüchtling, der in einem Drittstaat Zuflucht gefunden hat, nach Sinn und Zweck des Asylrechts keinen Asylanspruch hat, weil er des Asylschutzes nicht mehr bedarf.[12]

Das Verhältnis von politischer Verfolgung und anderweitiger Verfolgungssicherheit ist ungeklärt. Zum Teil wird das Fehlen anderweitigen Schutzes als negatives Tatbestandselement des Verfolgungsbegriffs angesehen. Die Verfolgung müsse nicht nur im Herkunftsland des Asylbewerbers, sondern generell fortbestehen.[13] Bei Zuflucht in einem Drittstaat seien die Voraussetzungen des Asylgrundrechts entfallen und die Verfolgung beendet.[14, 15]

Nach anderer Ansicht entfällt durch anderweitige Verfolgungssicherheit nicht die Eigenschaft des Flüchtlings als politisch Verfolgter.[16] Dieses Merkmal soll sich nur auf die Vorgänge im Heimatland beziehen. Wer bei seiner Rückkehr politische Verfolgung zu erwarten habe, sei politischer Verfolgter ohne Rücksicht darauf, wo er sich gerade befinde.[17] Da der Anspruch auf Asylschutz aber Schutzlosigkeit voraussetze, sei das Asylrecht *subsidiär* zu andereren Formen des Schutzes.[18] Damit wird

---

[11] Vgl. Schaeffer, Asylberechtigung, S. 123 ff; zur Neufassung: BVerwG, Urt. v. 15. 12. 87, BVerwGE 78, 332 = VBlBW 88, 179 ff = Buchholz 402.25 § 14 AsylVfG Nr. 7 = NVwZ 88, 737.
[12] Kimminich, Grundprobleme des Asylrechts, S. 135.
[13] Schaeffer, Asylberechtigung, S. 116.
[14] Quaritsch, Recht auf Asyl, S. 124 f; v.Polllern, Das moderne Asylrecht, S. 292.
[15] Auch BVerfG und BVerwG scheinen zu dieser Ansicht zu neigen, wenn sie dem Asylbewerber die materielle Beweislast dafür auferlegen, daß er „im Zustand der Flucht" die Bundesrepublik erreicht, dazu sogleich.
[16] Rühmann, DVBl 87, 790 (791); ders., in: GK-AsylVfG, Stand Mai 1988, § 2 Rdnr. 19 ff.; Bethäuser, Der anderweitige Schutz vor Verfolgung im Asylrecht, S. 37 f; Köfner/Nikolaus, Grundlagen, S. 385 f; Marx, in: Marx/Strate/Pfaff, AsylVfG, § 2 Rdnr. 16, dessen Formulierung „negative Anerkennungsvoraussetzung" aber m.E. mißverständlich ist.
[17] Kimminich, Grundprobleme des Asylrechts, S. 135.
[18] Gusy, Asylrecht und Asylverfahren, S. 134 f; ders., in: Beitz/Wollenschläger, Handbuch Bd. I, S. 252 f; Randelzhofer, in: Maunz/Dürig, Komm. z. GG, Art. 16 II 2 Rdnr. 89; jetzt auch BVerwG, Urt. v. 2. 12. 86, NVwZ 87, 423 (424); a.A. Rühmann, in: GK-AsylVfG, Stand Mai 1988, § 2 Rdnr. 19.6.

die anderweitige Verfolgungssicherheit zu einem *Asylausschlußgrund*, der das Asylrecht trotz fortbestehender politischer Verfolgung entfallen läßt.[19] Sie ist nicht Bestandteil des Begriffs politischer Verfolgung, sondern Inhaltsbestimmung des Tatbestandselements „genießen Asylrecht".[20]

Der letztgenannten Ansicht ist zuzustimmen. Wie dargestellt, verlangt die Effektivität des Asylschutzes die Auslegung des Verfolgungsbegriffs als *Gefahr*.[21] Enthält aber die Definition der politischen Verfolgung das Erfordernis einer Zukunftsprognose im Hinblick auf die Zumutbarkeit einer Rückkehr in den Herkunftsstaat, so schließt die gegenwärtige Sicherheit vor Verfolgung die Verfolgungsgefahr und damit die Verfolgteneigenschaft nicht aus. Andernfalls müßte man konsequenterweise zu dem sinnwidrigen Ergebnis kommen, daß auch mit der Asylgewährung in der Bundesrepublik Deutschland die Verfolgteneigenschaft entfiele, so daß die Voraussetzungen des Asylrechts erlöschen und die Anerkennung nach § 16 I 2 AsylVfG zu widerrufen wäre.[22, 23]

2. Die Beweislastverteilung

Die anderweitige Verfolgungssicherheit ist also kein negatives Element des Verfolgungstatbestandes, sondern ein besonderer Umstand, der trotz politischer Verfolgung die Asylberechtigung ausschließt. Daraus ergibt sich die materielle Beweislast: Nach dem Willen des Gesetzes soll der Asylanspruch bestehen, wenn die Gefahr politischer Verfolgung nachgewiesen ist. Die tatsächliche Ungewißheit von Tatbeständen, die ein grundsätzlich bestehendes Recht ausschließen, geht nach der (modifizierten) Normentheorie zu Lasten des Anspruchsgegners. Damit trägt die Behördenseite die materielle Beweislast, wenn der Nachweis nicht gelingt, daß trotz politischer Verfolgung kein Asylschutz notwendig ist.[24] Dieses Ergebnis wird ver-

---

[19] Rühmann, in: GK-AsylVfG, § 2 Rdnr. 17ff; Gusy, in: Beitz/Wollenschläger, Handbuch Bd. I, S. 253; so ausdrücklich jetzt auch BVerwG, Urt. v. 20. 10. 87, Buchholz 402.25 § 15 AsylVfG Nr. 1, allerdings ohne hieraus die gebotenen Konsequenzen für die objektive Beweislast zu ziehen, dazu sogleich.

[20] Hildner, ZAR 83, 132 (132).

[21] S. o. 5. Kapitel und st.Rspr., z.B. BVerwG, Urt. v. 2. 12. 86, NVwZ 87, 423 (424).

[22] Gusy, in: Beitz/Wollenschläger, Handbuch Bd. I, S. 253 Fn.11; Rühmann, in: GK-AsylVfG, Stand Mai 1988, § 2 Rdnr. 19.2.

[23] Unklar allerdings das Bundesverfassungsgericht, B. v. 26. 11. 86, BVerfGE 74, 51ff: Einerseits wird der Kausalzusammenhang zwischen Verfolgung und Flucht zum Tatbestandsmerkmal erklärt, andererseits hat das Gericht bezüglich der objektiven Nachfluchtgründe anerkannt, daß nach Sinn und Zweck des Asylrechts eine Asylgewährung erforderlich sein kann, wenn die Asylgründe erst im Gastland entstanden sind. Daraus kann geschlossen werden, daß das Gericht nicht grundsätzlich die Zukunftsprognose durch eine Analyse der Vergangenheit ersetzen, sondern nur die Asylschutzprovokation durch selbstgeschaffene Nachfluchtgründe eindämmen wollte.

[24] Im Ergebnis ebenso: VGH Bad.-Württ., Urt. v.12. 10. 87, VBlBW 88, 266 (268) = DÖV 88, 227; Rühmann, in: GK-AsylVfG, Stand Mai 1988, § 2 Rdnr. 23; ders., ZAR 84, 30 (32);

B. II. Die gesetzlichen Vermutungen

fassungsrechtlichen Wertentscheidungen gerecht. Ein grundsätzlich Asylberechtigter darf nicht in ein „fiktives Asylland"[25] abgedrängt werden. Ist die politische Verfolgung nachgewiesen, darf sich die Bundesrepublik ihrem verfassungsrechtlichen Schutzauftrag nicht entziehen, solange eine anderweitige Sicherheit vor Verfolgung nicht zweifelsfrei feststeht.[26]

II. Die gesetzlichen Vermutungen

1. Die beweisrechtliche Schutzlücke

Die gesetzlichen Vermutungen hinsichtlich der anderweitigen Verfolgungssicherheit in §§ 2 II, 7 III AsylVfG können nun verfassungsrechtlich gewürdigt werden. Wie dargestellt,[27] geht der Gesetzgeber – im Einklang mit dem oben gefundenen Ergebnis – von einer urspünglichen Beweislast des Staates aus, hat diese aber zu Lasten des Asylbewerbers in zwei Fällen umgekehrt. Diese Beweislastsonderregeln werden verbreitet für verfassungswidrig gehalten.[28]

In der Tat kann der politische Verfolgte in eine beweisrechtlich erzeugte Schutzlücke fallen: Steht zwar die politische Verfolgungsgefahr fest, bleiben aber Zweifel an der anderweitigen Sicherheit, so greift die Vermutungswirkung, soweit die leicht

---

Bethäuser, NVwZ 89, 728 (731); ders., Der anderweitige Schutz vor Verfolgung, S. 51; BayVGH, Urt. v. 9.12.77, DVBl 78, 509 (510); VG Köln, Urt. v. 21. 12. 82, InfAuslR 83, 161 (168); VG Ansbach, Urt. v. 4. 4. 84, InfAuslR 85, 94 (95).

[25] Rühmann, in: GK-AsylVfG, Stand Mai 1988, § 2 Rdnr. 26.

[26] ebenso Rühmann, ZAR 84, 30 (32); Bethäuser, NVwZ 89, 728(731); a. A. aber BVerwG, Urt. v. 21. 6. 88, BVerwGE 78, 332 = DVBl 88, 1028 ff = NVwZ 88, 737 = VBlBW 89, 132 = InfAuslR 88, 297. Danach geht es zu Lasten des Asylbewerbers, wenn das Tatsachengericht die erforderliche Überzeugungsgewißheit von der Richtigkeit des Vortrags über den Aufenthalt im Drittstaat nicht erlangt, dieser also nach Dauer und Charakter ungeklärt bleibt. Der Asylbewerber trage die materielle Beweislast dafür, daß er im Zustand der Flucht nach Deutschland gekommen sei. Damit wird dem Asylbewerber die Beweislast auferlegt, daß ein Asylausschlußgrund, die anderweitige Verfolgungssicherheit, *nicht* vorliegt. Dies ist nach der hier vertretenen Auffassung unhaltbar. Selbst die Vermutungsregel des § 2 II AsylVfG n. F. setzt voraus, daß die Dauer des Aufenthalts im Drittstaat geklärt ist (dazu sogleich). Die Beweislastverteilung des Bundesverwaltungsgerichts wäre nur gerechtfertigt, wenn die Frage, ob der Asylbewerber „im Zustand Flucht" das Bundesgebiet erreicht, ein Element des Tatbestandsmerkmals „politisch Verfolgte" wäre. Dies stünde dann aber im Widerspruch dazu, daß das Gericht § 2 AsylVfG selbst zu den Asylausschlußgründen zählt (vgl. Urt. v. 20. 10. 87, Buchholz 402.25 § 15 AsylVfG Nr. 1). Darüber hinaus führt diese Ansicht zu einem systematischen Bruch, da objektive Nachfluchtgründe unstrittig zur Anerkennung führen. Dies wäre nicht möglich, wenn nicht auch Asylberwerber, die nicht als Flüchtende das Bundesgebiet erreichen, ebenfalls politisch Verfolgte sein könnten.

[27] S. o. 7. Kapitel I.

[28] Rühmann, in: GK-AsylVfG, Stand Mai 1988, § 2 Rdnr. 78 ff, § 7 Rdnr. 57; Huber, NVwZ 87, 391 (392); Bethäuser, ZRP 86, 129 (132); ders., NVwZ 89, 728(731); Kanein/Renner, Ausländerrecht, AsylVfG, § 2 Rn. 8; Marx, in: Marx/Strate/Pfaff, AsylVfG, § 2 Rdnr. 14; ebenso zu § 2 II 2 AsylVfG der Rechtsausschuß des Bundesrates, BR-Dr. 91/1/85 S. 22.

nachweisbare Vermutungsbasis feststeht. Der Ausschlußgrund wird positiv fingiert.[29] Diese Fiktion kann zwar widerlegt werden, gelingt dies aber nicht, so gehen Zweifel wiederum zu Lasten des Asylbewerbers, weil es bei der Vermutung des Ausschlußgrundes bleibt. Da jede Beweislastentscheidung in Bezug auf die materielle Rechtslage eine Fehlentscheidung sein kann, ist es denkbar, daß einem politisch Verfolgten der Schutz des Art. 16 II 2 GG versagt wird, obwohl er keine andere Zuflucht gefunden hat, weil der Asylausschlußgrund zu Unrecht als gegeben fingiert wird und die Widerlegung aus Beweismangel scheitert.

Diese Beweislastregelung ist verfassungsrechtlich nur dann unbedenklich, wenn das Risiko einer Fehlentscheidung ausgeschaltet ist.

2. Die anderweitige Verfolgungssicherheit

a) Verfassungsmäßigkeit?

Die Gefahr einer Schutzversagung trotz Schutzbedürftigkeit wäre dann ausgeschlossen, wenn die Vermutung regelmäßig der Realität entspricht, wenn also ein dreimonatiger Aufenthalt in einem Drittstaat bzw. die Ausstellung eines Reiseausweises nach der Genfer Konvention tatsächlich und nicht nur hypothetisch bedeuten, daß der Flüchtling keine Verfolgung mehr zu befürchten hat.[30]

Der Verfolgungsschutz in Drittstaaten gehört zu den umstrittensten Rechtsgebieten des Asylrechts und kann im vorgegebenen Rahmen nicht abschließend erörtert werden.[31] Nach dem die Gesetzesnovelle v. 6. 1. 1987 den Begriff des anderweitigen „Schutzes" durch den der anderweitigen „Sicherheit" ersetzt hat, verzichtet das Bundesverwaltungsgericht auf ein bewußtes und gewolltes Zusammenwirken zwischen Flüchtling und Drittstaat und stellt nur noch auf die objektive Sicherheit vor Verfolgung ab.[32] Doch auch nach diesen verminderten Anforderungen muß bezweifelt werden, daß der Ausländer bei Vorliegen der Vermutungsbasis, d. h. eines (erwiesenen) dreimonatigen Aufenthalts in einem Drittstaat, im Regelfall objektiv vor Verfolgung sicher ist:

(1) Die Dreimonatsfrist des § 2 II 1 AsylVfG läßt als rein zeitliche Grenze die inhaltliche Qualität des Aufenthalts völlig außer acht.[33] Selbst wenn man nicht auf

---

[29] Zur Funktion der Vermutungen s. o. 7. Kapitel I.
[30] Bethäuser, NVwZ 89, 728(730).
[31] Hierzu vgl. etwa Bethäuser, Der anderweitige Schutz vor Verfolgung; Gusy, Asylrecht und Asylverfahren, S. 138 ff; Kimminich, in: Bonner Kommentar, Art. 16 Rdnr. 263 ff; Randelzhofer, in: Maunz/Dürig, Komm. z. GG, Art. 16 II 2 Rdnr. 94 ff; Kanein, NVwZ 83, 377 ff; Hildner, ZAR 83, 132 ff; zur Novelle BVerwG, Urt. v. 24. 3. 87, DVBl 87, 788 m. Anm. Rühmann.
[32] BVerwG, Urt. v. 24. 3. 87, NVwZ 87, 812 = DVBl 87, 788; Urt. v. 15. 12. 87, BVerwGE 78, 332; Überblicke zur neueren Rechtsprechung geben z. B. Bertrams, DVBl 88, 759 (763); Kanein/Renner, Ausländerrecht, AsylVfG § 2 Rn. 2 ff; Säcker, DÖV 88, 158(162).
[33] Rühmann, in: GK-AsylVfG, Stand Mai 1988, § 2 Rdnr. 80, 86; Bethäuser, NVwZ 89, 728(730).

eine Vergleichbarkeit oder Gleichwertigkeit des Aufenthalts im Drittstaat mit dem deutschen Asylschutz abstellt,[34] kann von Sicherheit vor Verfolgung nur ausgegangen werden, wenn das allgemein anerkannte Mindestmaß des Asylschutzes gewährleistet ist. Hierzu gehört außer dem Schutz vor Verfolgung innerhalb des Drittstaates auch der Schutz vor Ausweisung und Abschiebung in einen Verfolgerstaat.[35] Der dreimonatige Aufenthalt spricht keineswegs dafür, daß auch Abschiebungsschutz gewährt wird. Der Weg des Flüchtlings kann nicht mit den Maßstäben eines normalen Touristen gemessen werden.[36] Die Reiseunterbrechung kann durch die Beschaffung von Reisepapieren, insbesondere eines Visums, Grenzschließungen, Unruhen, Krankheiten oder Mittellosigkeit erzwungen sein.[37] Zwar soll nicht bestritten werden, daß die zeitliche Aufenthaltsdauer irgendwann auf eine bestimmte Aufenthaltsqualität schließen läßt, diese Qualität wird aber bei einem nur dreimonatigen Aufenthalt angesichts der schwierigen Reisebedingungen nicht erreicht.[38] Deshalb ist es bedenklich, wenn der Abschiebungsschutz nicht zur Vermutungsbasis und damit nicht zu den Elementen der Vermutung gehört, für die nach wie vor die materielle Beweislast zu Lasten der Behörde geht. Denn damit ist nicht einmal der unverzichtbare Kernbereich eines Verfolgungsschutzes zweifelsfrei gewährleistet.

(2) Auch die Ausstellung eines Reiseausweises nach der Genfer Konvention bedeutet nicht, daß regelmäßig Verfolgungssicherheit besteht. Zwar haben sich die Signatarstaaten verpflichtet, grundsätzlich nicht in einen Verfolgerstaat auszuweisen. Nach Art. 28 I 2 GK stellen die Vertragsstaaten aber Reiseausweise auch an Flüchtlinge aus, die sich nicht rechtmäßig auf ihrem Gebiet befinden, um ihnen die Weiterreise zu ermöglichen. Auch für eine nur objektiv verstandene Verfolgungssicherheit wird man wenigstens eine faktische Aufenthaltsmöglichkeit verlangen müssen. Eine solche ist durch die Ausstellung der Reisedokumente nach der Genfer Konvention nicht immer gewährleistet, weil sie – in der Staatenpraxis nicht selten[39] – nur zu Durchreisezwecken ausgestellt werden.[40] Die Vermutungsfolge des § 7 III AsylVfG wird somit nicht regelmäßig durch die Realität gestützt.[41]

---

[34] So die herrschende Meinung zur früheren Rechtslage, vgl. nur Marx, in: Marx/Strate/Pfaff, AsylVfG, § 2 Rdnr. 52; Schaeffer, Asylberechtigung, S. 125 f; Bethäuser, DÖV 85, 437 (438); a. A. Quaritsch, Recht auf Asyl, S. 119 ff (131).
[35] Allgemeine Meinung, vgl. nur Marx, in: Marx/Strate/Pfaff, AsylVfG, § 2 Rdnr. 51.
[36] Gusy, in: Beitz/Wollenschläger, Handbuch Bd. I, S. 257 m. w. N; BVerwG; Urt. v. 21. 06. 88, BVerwGE 79, 347 = VBlBW 89, 132 (135).
[37] Schaeffer, Asylberechtigung, S. 121 f.
[38] A. A. Quaritsch, Recht auf Asyl, S. 137.
[39] Rühmann, in: GK-AsylVfG, § 7 Rdnr. 84.
[40] Dies war dem Gesetzgeber durchaus bewußt, vgl. BT.-Dr. 9/1630 S. 17.
[41] Dies gilt umso weniger, je mehr man auf einen rechtlich gesicherten Aufenthalt abstellt. Ein effektiver Schutz ist bezüglich der Flüchtlingsdokumente weder Voraussetzung noch Folge, vgl. Gusy, in: Beitz/Wollenschläger, Handbuch Bd. I, S. 258 f.

b) Die Widerlegung der Vermutungen

Die positive Fiktion der anderweitigen Sicherheit könnte dennoch unbedenklich sein, wenn die Anforderungen an die Widerlegung ohne weiteres erfüllbar wären.

(1) Der Gesetzgeber hat die Widerlegung der Vermutung durch deren materiellrechtliche Anforderungen erleichtert.

Wenn nach § 2 II 2 AsylVfG die Abschiebung in einen Verfolgerstaat mit hinreichender Sicherheit *ausgeschlossen* sein muß, so genügt die geringe Wahrscheinlichkeit einer Abschiebung, das heißt eine nicht völlig unerhebliche Abschiebungsgefahr, um die Vermutung zu widerlegen.

Weiter hat der Asylbewerber nach § 2 II 2 AsylVfG die Widerlegungsgründe nur glaubhaft zu machen. Damit ist das Beweismaß reduziert. Dies ändert jedoch nichts an der Tatsache, daß im Zweifel das Aufklärungsrisiko für das Fehlen eines Ausschlußgrundes zu Lasten des Asylbewerbers geht.

Darüber hinaus ging der Gesetzgeber – offenbar selbstverständlich – davon aus, daß die Glaubhaftmachung Aufgabe des Asylbewerbers ist.[42] Damit wird dieser Begriff im zivilprozessualen Sinne verwendet, umfaßt also neben der Beweismaßreduktion auch eine Beweisführungslast.[43] Die Erleichterung der Widerlegung durch die Herabminderung der Beweisstärke wird durch die gleichzeitige Durchbrechung des Untersuchungsgrundsatzes folglich wieder aufgehoben. Es wird dem Asylbewerber aufgegeben, den Beweis für schwer nachweisbare Auslandstatsachen zu führen. Damit bleibt das Aufklärungsrisiko trotz einiger Erleichterungen der Widerlegung im Grundsatz beim Asylbewerber.[44] Durch die herabgestuften Anforderungen an die Widerlegung wird die oben geschilderte Schutzlücke mithin nicht geschlossen.

(2) Über die Widerleglichkeit der Vermutung des § 7 III AsylVfG herrrscht Einigkeit,[45] die Anforderungen an den Gegenteilsbeweis sind jedoch ungeklärt.[46]

Rühmann[47] schlägt vor, den nicht allzu substantiierten Vortrag gegenläufiger Tatsachen genügen zu lassen und keineswegs einen mehr oder weniger weitgehenden Gegenbeweis zu verlangen. Dieser Lösung widerspricht das Wesen der gesetzlichen Vermutungen. Weder Gegenvortrag noch Gegenbeweis genügen zur Entkräftung einer solchen Vermutung. Denn die Unsicherheit einer Tatsache ist Tatbestandsmerkmal der gesetzlichen Vermutung. Sie greift gerade dann ein, wenn die Tatsache nicht zur Überzeugung des Gerichts nachgewiesen bzw. widerlegt ist.[48] Da Gegenbeweis oder Gegenvortrag die Überzeugung des Gerichts nur erschüttern, ohne die

---

[42] BT-Dr. 10/6416 S. 21; ebenso VGH Bad.-Württ., Urt. v. 12. 10. 87, VBlBW 88, 266 (268).

[43] In diesem Sinne wohl auch: Huber, NVwZ 87, 391 (392); Marx, in: Marx/Strate/Pfaff, AsylVfG, § 2 Rdnr. 67; Rühmann, in: GK-AsylVfG, Stand Mai 1988, Rdnr. 80.

[44] Huber, NVwZ 87, 391 (392).

[45] S. o. 7. Kapitel I.

[46] Vgl. Schumacher, DÖV 82, 806 m. w. N..

[47] Rühmann, in: GK-AsylVfG, § 7 Rdnr. 55.

[48] Vgl. BVerwG, Urt. v. 24. 3. 87, NVwZ 87, 812 (813) = DVBl 87, 788.

fragliche Tatsache endgültig zu widerlegen, erzeugen sie also genau die Ungewißheit, bei der die Vermutung eingreift. Die Widerlegung der Vermutung erfordert demnach von der Natur der Sache her den Beweis des *Gegenteils*.[49]

Eine Erleichterung der Widerlegung ist daher nur in Analogie zu § 2 II 2 AsylVfG durch eine Herabminderung des Beweismaßes für den Gegenteilsbeweis auf überwiegende Wahrscheinlichkeit möglich.

c) Würdigung und Ergebnis

Die Vermutungen des Asylverfahrensgesetzes sind verfassungsrechtlich bedenklich, weil sie zu Lasten des Asylbewerbers einen – unter Umständen real nicht existierenden – Asylausschlußgrund fingieren.[50] Es besteht die Gefahr, daß der grundgesetzliche Schutzauftrag trotz nachgewiesener politischer Verfolgung nicht erfüllt wird.[51] Die Herabminderung des Beweismaßes beseitigt diese Gefahr nicht, weil sie die Widerlegung zwar erleichtert, die positive Fiktionswirkung aber nicht beseitigt, so daß eine Schutzlücke offenbleibt.

Die oben dargelegte Beweislast des Staates für die anderweitige Verfolgungssicherheit erweist sich als verfassungsrechtlich geboten, die Beweislastumkehr durch einfachgesetzliche Beweislastsonderregeln als grundsätzlich unzulässig.

Es bleibt der Ausweg der verfassungskonformen Auslegung der Normen.[52] Wie weit diese Auslegung zu gehen hat, hängt letztlich von den inhaltlichen Anforderungen an die anderweitige Verfolgungssicherheit ab. Zumindest muß der Kernbereich des Asylschutzes, d.h. neben einer faktischen Aufenthaltsmöglichkeit auch ein Abschiebungsschutz, gewährleistet sein. Dieses Mindestmaß muß von Amts wegen aufgeklärt werden und zur Überzeugung der Behörde oder des Gerichts feststehen. *Marx* will dies erreichen, indem er den von Amts wegen ermittelten effektiven Abschiebungsschutz (und die sonstigen Anforderungen an die anderweitige Sicherheit) zur Voraussetzung der Anwendbarkeit der Vermutungsregel macht,[53] indem er also die Vermutungsbasis, für die nach wie vor die Behörde die materielle Nachweislast trägt, erweitert.

Darüber hinaus ist im Hinblick auf die Verfassungskonformität folgendes zu beachten: Die Vermutung greift nicht nur dann nicht, wenn die vermutete Tatsache

---

[49] Musielak, Grundlagen, S. 67.
[50] A. A. BVerwG, Urt. v. 21.6.88, BVerwGE 78, 332: Das Gericht hält § 2 AsylVfG n.F. nicht nur für verfassungsrechtlich unbedenklich, sondern entwickelt darüber hinaus in Analogie zu § 2 II AsylVfG noch eine weitere Vermutungsregel dafür, daß die Flucht des Asylbewerbers nach einem dreimonatigen Aufenthalt in einem objektiv sicheren Drittstaat ihr Ende gefunden hat; a.A. auch VGH Bad.-Württ., Urt. v. 12.10.87, DÖV 88, 227 = VBlBW 88, 266 (268): Rückkehr zum Normalfall, daß der Asylbewerber die tatsächlichen Voraussetzungen seines Asylanspruchs glaubhaft machen muß.
[51] Huber, NVwZ 87, 391 (392); Rühmann, in: GK-AsylVfG, § 2 Rdnr. 23.
[52] Ebenso Marx, in: Marx/Strate/Pfaff, AsylVfG, § 2 Rdnr. 65ff; a.A. Rühmann, in: GK-AsylVfG, Stand Mai 1988, § 2 Rdnr. 83, § 7 Rdnr. 59.
[53] Marx, in: Marx/Strate/Pfaff, AsylVfG, § 2 Rdnr. 66; ähnlich Rühmann, GK-AsylVfG, Stand Mai 1988, § 2 Rdnr. 91ff.

zur Überzeugung des Gerichts feststeht, sondern auch dann nicht, wenn sie zur Überzeugung des Gerichts *widerlegt* ist.[54] Dies ergibt sich daraus, daß die gesetzlichen Vermutungen Beweislastregeln sind, die erst nach Scheitern der Beweiswürdigung zum Tragen kommen.[55] Bei konsequenter Durchführung des Untersuchungsgrundsatzes muß auch das Gegenteil der Vermutung von Amts wegen ermittelt werden.[56] Der Anwendung der Vermutung muß also eine Amtsermittlung über Dauer und Art des Aufenthalts im Drittstaat vorhergehen. Ergibt diese, daß kein effektiver Abschiebungsschutz bzw. Aufenthalt gewährleistet ist, ist das Vorliegen eines Asylausschlußgrundes *widerlegt*, die Vermutung kann nicht eingreifen. Die verfassungskonforme Lösung erfordert somit eine konsequente Durchführung der Inquisitionsmaxime. Der Abschiebungsschutz muß zur Überzeugung des Gerichts feststehen. Demgegenüber ist die Tatsache, daß die Geltendmachung des Fehlens eines Abschiebungsschutzes nach dem Gesetzeswortlaut zur Sache des Asylbewerbers erklärt wird, als sprachliche Ungenauigkeit zu behandeln.

C. Die interne Fluchtalternative

I. Das Verhältnis von politischer Verfolgung und inländischer Fluchtalternative

Nicht nur Verfolgungshandlungen von staatlichen Stellen, sondern auch von Privaten oder quasistaatlichen Organisationen gelten als politische Verfolgung, sofern der Staat zum Schutz der Betroffenen nicht willens oder nicht in der Lage ist.[57] Die Anerkennung dieser mittelbaren Verfolgung begründet die Bedeutung der sog. inländischen (internen, innerstaatlichen) Fluchtalternative. Des Asylschutzes der Bundesrepublik Deutschland bedarf nicht, wer nur in bestimmten Gebieten seines Herkunftsstaates Übergriffen ausgesetzt ist, in anderen Landesteilen aber vor politischer Verfolgung sicher ist.[58] Die Problematik der inländischen Fluchtalternative ist der der anderweitigen Verfolgungssicherheit in einem Drittstaat verwandt. Es stellt sich aber hier dringlicher die Frage, ob das Fehlen einer Schutzalternative asylrechtsbe-

---

[54] S. o. 7. Kapitel I.
[55] Berg, Die verwaltungsrechtliche Entscheidung, S. 86, weist darauf hin, daß sie in der Praxis oft an die Stelle der Beweiswürdigung treten.
[56] Deppe, Beweislast, S. 80; Tietgen, Gutachten, S. 53.
[57] BVerwG, Urt. v. 2. 8. 83, BVerwGE 67, 317 = NVwZ 83, 744; Urt. v. 31. 3. 81, BVerwGE 62, 123 = NVwZ 82, 41 und st. Rspr.
[58] H.M., vgl. BVerwG, Urt. v. 2. 8. 83, BVerwGE 67, 314 = NJW 83, 2588 = Buchholz 402.25 § 1 AsylVfG Nr. 11; Urt. v. 30.10.84, BVerwGE 70, 232 = Buchholz 402.25 § 1 AsylVfG Nr. 27 = NVwZ 85, 574; Urt. v. 6. 10. 87, Buchholz 402.25 § 1 AsylVfG Nr. 72; und st. Rspr.; aus der Literatur vgl. z.B. Huber, Ausländer- und Asylrecht, Rdnr. 455 S. 160; Kimminich, in: Bonner Kommentar, Art. 16 Rdnr. 271 ff; ders., Grundprobleme, S. 137; Randelzhofer, in: Maunz/Dürig, Komm. z. GG, Art. 16 II 2 Rdnr. 90; Rühmann, ZAR 84, 30 ff.

C. I. Das Verhältnis von pol. Verfolgung und inländ. Fluchtalternative

gründend oder das Vorhandensein einer internen Schutzmöglichkeit asylrechtsausschließend ist.

Köfner/Nikolaus verneinen letzteres mit der Begründung, die Verfolgteneigenschaft beziehe sich auf das Verhältnis des Asylsuchenden zum Gesamtstaat. Nur wenn der Asylbewerber den Schutz des *Landes* nicht in Anspruch nehmen könne, könne eine Verfolgteneigenschaft im Sinne des Art. 16 II 2 GG bejaht werden. Die Ansicht, es handele sich um einen Asylausschlußtatbestand, sei unhaltbar, denn Art. 16 II 2 GG gewähre allen politisch Verfolgten Asylrecht; Ausschlußgründe seien diesem Grundrecht fremd.[59]

Dem ist zunächst entgegenzuhalten, daß offenbar eine Vermischung von Asylausschlußgründen mit den umstrittenen Schranken des Asylrechts vorliegt. Der zugegebenermaßen nicht sehr klare Begriff „Asylausschlußgrund" ist keine Einschränkung des Grundrechts, sondern eine deklaratorische Beschreibung und Inhaltsbestimmung des Asylschutzes anhand von Sinn und Zweck des Asylrechts[60]: Asylschutz bedarf nur der verfolgungsbedingt Schutzlose.[61]

Auch sonst kann dieser Meinung nicht gefolgt werden. Das zeigt sich am deutlichsten im Fall der Vorverfolgung. Zwar meint *Renner*, wer nur in einem Teil des Landes gefährdet war, in einem anderen Gebietsteil aber staatlichen Schutz in Anspruch nehmen konnte, könne sich noch garnicht auf asylrelevante Verfolgung berufen, da der Staat ihm Schutz nicht versagt habe.[62] Nun kann sich aber die Verfolgungsgefahr im Falle der Vorverfolgung durchaus schon realisiert haben. Es kann dann aber demjenigen, der faktisch politisch motivierten Übergriffen ausgesetzt war, schwerlich die Verfolgteneigenschaft abgesprochen werden, weil er hypothetisch zur gleichen Zeit in einem anderen Landesteil sicher gewesen wäre. Der Herkunftsstaat hat in diesem Fall seine Schutzunfähigkeit bereits gezeigt. Gleiches muß für die Zukunftsprognose im Hinblick auf die Zumutbarkeit der Rückkehr in den Verfolgerstaat gelten. Die Verweisung auf eine interne Fluchtalternative wird nur aktuell, wenn eine Verfolgungsgefahr durch Dritte in bestimmten Landesteilen besteht. Ist der Asylantragsteller von asylrelevanten Übergriffen bedroht, fehlt ihm wegen des Vorhandenseins einer Ausweichmöglichkeit nicht die Eigenschaft als politisch Verfolgter. Die Bewertung von Verfolgungshandlungen in den Landesteilen, in denen der staatliche Schutz versagt, kann nicht davon abhängen, daß an anderen Orten eine Schutzmöglichkeit besteht. Vielmehr wird der Asylsuchende auf einen vorrangigen Schutz verwiesen. Die interne Fluchtalternative ist daher ein, aus der Subsidiarität des Asylrechts folgender Asylausschlußgrund.[63]

---

[59] Köfner/Nikolaus, Grundlagen, S. 377; Renner, ZAR 85, 62 (70).
[60] Randelzhofer, in: Maunz/Dürig, Komm. z. GG, Art. 16 II 2 Rdnr. 89; Rühmann, ZAR 84, 30 (31).
[61] Kimminich, Grundprobleme, S. 135; Gusy, Asylrecht und Asylverfahren, S. 134f.
[62] Renner, ZAR 85, 62 (70).
[63] Rühmann, ZAR 84, 30 (31); ders., in: GK-AsylVfG, § 2 Rdnr. 44; wohl auch Marx, Rechtsprechungssammlung, 42 Anm. 1 S. 282; a.A. Renner, ZAR 85, 62 (70); offengelassen in BVerfG (1. Kammer des Zweiten Senats), B. v. 20. 12. 88, InfAuslR 89, 134f.

Dieses Ergebnis folgt auch indirekt aus der Rechtsprechung des Bundesverwaltungsgerichts zum maßgeblichen Beurteilungszeitpunkt im Fall einer Wiederholungsverfolgung. Wenn der herabgeminderte Wahrscheinlichkeitsmaßstab der Vorverfolgung angewandt werden soll, muß zunächst die frühere Verfolgung feststehen. Wäre die inländische Fluchtalternative ein negatives Element des Begriffs der politischen Verfolgung, so müßte das Vorliegen einer inländischen Schutzmöglichkeit im Zeitpunkt der Vorverfolgung geprüft werden, weil dann die politische Vorverfolgung und damit die Anwendung des herabgestuften Wahrscheinlichkeitsmaßstabes entfallen würde. Dies lehnt das Bundesverwaltungsgericht aber ausdrücklich ab. Maßgeblicher Beurteilungszeitpunkt für die interne Schutzalternative ist der der letzten Tatsacheninstanz.[64] Dies setzt ein Verständnis der inländischen Fluchtalternative als Asylausschlußgrund voraus.[65]

II. Die Beweislast

Versteht man die interne Fluchtalternative als Ausschlußtatbestand, ergibt sich daraus ohne weiteres die objektive Beweislast: Besteht eine hinreichende Verfolgungsgefahr durch Dritte, geht die Ungewißheit der tatsächlichen Voraussetzungen für einen Tatbestand, der den grundsätzlich gegebenen Asylanspruch ausschließt, zu Lasten der Behördenseite.[66]

D. Die selbstgeschaffenen Nachfluchtgründe

I. Die Regelung des § 1a AsylVfG

Nach dem im Januar 1987 in Kraft getretenen § 1a AsylVfG bleiben Umstände, mit denen ein Ausländer seine Furcht vor politischer Verfolgung begründet, bei der Entscheidung unberücksichtigt, wenn sich aus bestimmten Tatsachen ergibt, daß der Ausländer sie im Geltungsbereich des Gesetzes zu dem Zweck herbeigeführt hat, die Voraussetzungen seiner Anerkennung zu schaffen. Da das Bundesverfassungsgericht bereits vor Inkrafttreten dieser Norm entschieden hat, daß selbstgeschaffene Nachfluchttatbestände in der Regel keine Asylrelevanz haben,[67] kann

---

[64] BVerwG, Urt. v. 2. 8. 83, BVerwGE 67, 314 (316).

[65] Widersprüchlich daher Köfner/Nikolaus, Grundlagen, S. 377f; welche die inländische Fluchtalternative erst im Anschluß an die Feststellung einer Wiederholungsgefahr prüfen möchten, das Verständnis als Asylausschlußgrund aber ablehnen.

[66] Ebenso Rühmann, ZAR 84, 30 (31), der dieses Ergebnis allerdings auf Zumutbarkeitsaspekte stützt, weil das Vertrauen des Asylbewerbers in die Schutzqualität des Gesamtstaates erschüttert und daher eine Rückkehr ohne Nachweise der Schutzfähigkeit unzumutbar sei; a.A. Renner, ZAR 85, 62 (70).

[67] BVerfG, B. v. 26. 11. 1986, BVerfGE 74, 51.

davon ausgegangen werden, daß § 1a AsylVfG seiner Ansicht nach keine verfassungsrechtlichen Bedenken entgegenstehen.

§ 1a AsylVfG setzt in beweisrechtlicher Hinsicht offenbar eine Darlegungs- und Beweislast des Asylbewerbers für die tatsächlichen Umstände, die eine Verfolgungsgefahr begründen, voraus, ohne hierüber eine eindeutige Aussage zu treffen. Die Verteilung der materiellen Beweislast für die asylerheblichen Tatsachen zu Lasten des Asylsuchenden ist jedoch nach der hier vertretenen Ansicht keine Besonderheit der *subjektiven* Nachfluchtgründe, sondern der Regelfall.[68] Der für die Beweislast bedeutsame Regelungsgehalt liegt darin, daß § 1a AsylVfG ein Regel-Ausnahme-Verhältnis begründet: § 1a AsylVfG geht von der Selbstverständlichkeit aus, daß im Regelfall alle Umstände, die eine begründete Verfolgungsfurcht – mit anderen Worten: eine Verfolgungsgefahr – begründen, der Entscheidung zugrundegelegt werden. Erst wenn positiv bestimmte Tatsachen feststehen, die auf die dort genannte Motivationslage schließen lassen, können diese grundsätzlich asylrelevanten Umstände ausnahmsweise unberücksichtigt bleiben. Nach Wortlaut und Systematik begründet diese Regelung damit einen materielle Beweislast der Behörde für die die Berücksichtigungsfähigkeit ausschließenden Umstände.[69]

Dies entspricht dem materiell-rechtlichen Regelungsgehalt. Da nach Sinn und Zweck des Asylrechts die politische Verfolgung anhand einer Zukunftsprognose ermittelt wird, kann es gesetzessystematisch für den Tatbestand der politischen Verfolgung nicht darauf ankommen, ob der die Verfolgungsgefahr begründende Umstand vor oder nach der Einreise in das Bundesgebiet geschaffen wurde. Wird den selbstgeschaffenen Nachfluchtgründen dennoch die Asylrelevanz abgesprochen, so kann dies ohne Systembruch nur auf der Rechtsfolgenseite geschehen. Trotz der Gefahr politischer Verfolgung bei Rückkehr in den Heimatstaat wird dem Asylbewerber der Asylschutz versagt, weil diese Nachfluchttatbestände nicht schutzwürdig erscheinen. § 1a AsylVfG enthält damit eine *Asylausschlußregelung.*[70] Die Ungewißheit der tatsächlichen Voraussetzungen eines Tatbestandes, der trotz Nachweises der politischen Verfolgung und damit der Grundrechtsträgerschaft den Grundrechtsschutz ausschließt, geht zu Lasten der Behörde.

II. Die Rechtsprechung des Bundesverfassungsgerichts

Es ist zweifelhaft, ob das Bundesverfassungsgericht im Beschluß vom 26. 11. 86[71] zu den subjektiven Nachfluchtgründen ebenfalls von einem Asylausschlußgrund ausgeht. Einerseits betont es, daß Art. 16 II 2 GG schon vom *Tatbestand* her einen kausalen Zusammenhang zwischen Flucht und Verfolgung voraussetze, der bei den

---

[68] Anders Marx, in: Marx/Strate/Pfaff, AsylVfG, § 1a Rdnr. 32 f.
[69] Rothkegel, in: GK-AsylVfG, § 1a Rdnr. 25.
[70] Rothkegel, in GK-AsylVfG, § 1a Rdnr. 10 ff; so jetzt auch BVerwG, Urt. v. 20. 10. 87, Buchholz 402.25 § 15 AsylVfG Nr. 1.
[71] BVerfGE 74, 51.

154 Zehntes Kapitel: Die Beweislastverteilung bei ausgewählten Sonderfragen

gewillkürten Nachfluchtgründen nicht vorliegt. Hieraus könnte darauf geschlossen werden, daß das Gericht den Nachfluchtgründen, bei denen ein solcher Kausalzusammenhang grundsätzlich nicht gegeben ist, bereits die Fähigkeit absprechen will, die Eigenschaft des politisch Verfolgten zu begründen. Andererseits geht das Bundesverfassungsgericht im Rahmen seiner Erörterungen zu den objektiven Nachfluchtgründen, zu den asylrelevanten Ausnahmefällen der subjektiven Nachfluchtgründe und zum Abschiebungsschutz durch das Ausländergesetz (sog. kleines Asyl)[72] zweifellos davon aus, daß auch bei nachträglich entstandenen Asylgründen dem Betroffenen bei einer Rückkehr in den Heimatstaat politisch motivierte Verfolgungsmaßnahmen drohen; dies spricht wiederum dafür, daß die Asylrelevanz auf der Rechtsfolgenseite durch den regelmäßigen Ausschluß des Asylschutzes eingeschränkt werden soll.[73]

Zur Beweislastproblematik hat sich das Gericht nur unscharf geäußert, indem es auf den „besonders strengen Maßstab" hinsichtlich der „Beweisanforderungen" hinwies.[74] Es betonte aber, daß die Anerkennung gewillkürter Nachfluchtgründe in der Regel nicht, ausnahmsweise aber dann in Betracht kommt, wenn sie sich als Ausdruck und Fortführung einer im Heimatland erkennbar betätigten festen Überzeugung darstellen und dies vom Asylbewerber hinreichend dargetan oder sonst erkennbar ist.[75] Das Bundesverfassungsgericht stellt somit ein der gesetzlichen Regelung des § 1a AsylVfG genau entgegengesetztes Regel-Ausnahme-Verhältnis auf: Nicht die Tatsachen, die gegen die Berücksichtigungsfähigkeit der subjektiven Nachfluchtgründe sprechen, sondern die Tatsachen, die ausnahmsweise ihre Asylrelevanz begründen, müssen positiv festgestellt werden. Es kann daher mit *Rothkegel*[76] davon ausgegangen werden, daß das Bundesverfassungsgericht anders als die spätere gesetzliche Regelung von einer materiellen Beweislast des Asylbewerbers für die die Berücksichtigungsfähigkeit begründenden Umstände ausging.[77]

Damit stellt sich die Frage, wie die vom Gesetz und die vom Bundesverfassungsgericht vorgenommene Verteilung der materiellen Beweislast miteinander vereinbar ist. Die Antwort folgt daraus, daß sich beide auf verschiedene Tatbestandsmerkmale beziehen. Während das Bundesverfassungsgericht an das Erfordernis der Kausalität zwischen Verfolgung und Flucht und damit auch an die Motivation des Ausländers, die ihn zur Ausreise veranlaßt hat, anknüpft, bezieht sich das Asylverfahrensgesetz auf die Motive des Asylbewerber bei der Schaffung der Asylgründe *nach* der Ausreise.

---

[72] BVerfGE 74, 51 (64 ff).
[73] Marx, in: Marx/Strate/Pfaff, AsylVfG, § 1a Rdnr. 15 f.
[74] A.a.O. S. 66; B. v. 17. 11. 88, InfAuslR 89, 31.
[75] A.a.O. S. 66.
[76] Rothkegel, in: GK-AsylVfG, II 2 vor § 1 Rdnr. 214.23.
[77] Vgl. auch BVerwG, Urt. v. 19. 5. 87, BVerwGE 77, 258 dazu, daß § 1a AsylVfG hinter der Auslegung des Art. 16 II 2 GG durch das BVerfG zurückbleibt.

III. Ergebnis

Der neugeschaffene § 1 a AsylVfG enthält eine Asylausschlußregelung. Daher trägt die Behörde die Beweislast für das Vorliegen der Tatbestandsmerkmale, die zur Nichtberücksichtigung der eigentlich asylrelevanten Umstände führen. Mit dieser Regelung bleibt der Gesetzgeber hinter den durch das Bundesverfassungsgericht im Beschluß vom 26. 11. 1986 aufgezeigten Beweisanforderungen zurück. Das Bundesverfassungsgericht geht von einer materiellen Beweislast des Asylbewerbers für die Berücksichtigungsfähigkeit subjektiver Nachfluchtgründe aus. Dies entspricht nur dann den Grundsätzen der modifizierten Normentheorie, wenn der erforderliche Kausalzusammenhang als Tatbestandsmerkmal der politischen Verfolgung betrachtet wird. Dies führt jedoch zu einem systematischen Bruch, da objektive Nachfluchtgründe trotz Fehlens eines Kausalzusammenhangs als asylbegründend anerkannt werden.[78]

E. Die Rücknahme der Asylanerkennung

Nach § 16 II AsylVfG ist die Anerkennung zurückzunehmen, wenn sie auf Grund unrichtiger Angaben oder infolge Verschweigens wesentlicher Tatsachen erteilt worden ist und der Ausländer auch aus anderen Gründen nicht anerkannt werden könnte.

1. Bleiben bei Rücknahme eines begünstigenden Verwaltungsakts die tatsächlichen Umstände der Rechtswidrigkeit ungewiß, trägt nach ständiger Rechtsprechung die Behörde die Beweislast, es sei denn, der Verwaltungsakt ist mit unlauteren Mitteln oder durch Verschweigen wesentlicher Tatsachen erwirkt und es bleibt ungewiß, ob andere nachträglich behauptete Tatsachen den Verwaltungsakt im Ergebnis rechtfertigen.[79] Begründet wird dies vor allem mit dem Grundsatz des Vertrauensschutzes. Mit dem Erlaß eines begünstigenden Verwaltungsaktes erlange der Bürger eine schutzwürdige Rechtsposition, so daß zum Nachteil der Behörde eine Beweislastumkehr eintrete, die aber bei Verstoß gegen die Wahrheitspflicht wieder entfalle, weil eine Schutzwürdigkeit dann nicht anerkannt werden könne.[80] Diese Problematik wird daher auch unter dem Stichwort Sanktion behandelt: Das Aufklärungsrisiko wird einer Partei als Strafe für ein vorwerfbares Verhalten auferlegt.

2. Dieser Rechtsprechung ist im Ergebnis, nicht jedoch in der Begründung zu folgen. Durch den bestandskräftigen begünstigenden Verwaltungsakt hat der Bürger eine gesicherte Rechtsposition erlangt, die ihm durch die Rücknahme wieder entzo-

---
[78] Hierzu schon oben 10. Kapitel B.I.2.
[79] Vgl. z.B. BVerwG, Urt. v. 25. 3. 64, BVerwGE 18, 168 (172 ff); Urt. v. 26. 11. 69, BVerwGE 34, 225 (226 f); ausführliche Darstellung bei Peschau, Beweislast, S. 64 ff.
[80] Becker, DÖV 73, 379 (383 f).

gen werden soll. Eine solche Rechtsposition hat auch der zu Unrecht anerkannte Asylbewerber erlangt, obwohl von Verfassungs wegen keine Asylberechtigung besteht und die Anerkennungsentscheidung grundsätzlich die verfassungsrechtliche Lage nur deklaratorisch bestätigt.[81] Die fehlerunabhängige Wirksamkeit des Verwaltungsakts in Verbindung mit der allgemeinen Verbindlichkeit der Entscheidung des Bundesamtes gemäß § 18 S. 1 AsylVfG bewirkt jedoch, daß der anerkannte Asylant sich bis zur Aufhebung auf seinen asylrechtlichen Status gegenüber jedermann berufen kann. Trotz materieller Rechtswidrigkeit erzeugt daher auch ein grundsätzlich nur feststellender Verwaltungsakt eine vertrauensgeschützte Rechtsposition.[82] Die Rücknahme stellt daher einen Eingriff in die Rechtssphäre des anerkannten Asylberechtigen dar, für die nach der modifizierten Normentheorie die Behörde die materielle Beweislast trägt.[83] Da es sich hierbei um einen vom Erlaß des Verwaltungsaktes unabhängigen, auf eigenen Rechtssätzen beruhenden Eingriffstatbestand handelt, ist eine wie immer geartete „Beweislastumkehr" nicht erforderlich.[84] Hieraus folgt für das Asylrecht, daß die objektive Beweislast für die erste Voraussetzung der Rücknahme, das vorwerfbare Verhalten des Ausländers, zu Lasten des Bundesamtes geht.[85]

3. Auch bezüglich der zweiten Voraussetzung des § 16 II AsylVfG, der Rechtswidrigkeit der Anerkennung, wird man im Ergebnis der Rechtsprechung zustimmen müssen. Denn wenn sich der für die Anerkennung kausale Sachverhalt als unrichtig erwiesen hat, war die Anerkennung aufgrund der ursprünglichen Tatsachen rechtswidrig. Die Behörde kann vom Vorliegen der Rücknahmevoraussetzungen ausgehen, weil die Erweiterung der Rechtssphäre nicht vom materiellen Recht gestützt war. Will der Anspruchsteller die Rechtskreiserweiterung durch Anerkennung auf neue Tatsachen stützen, die bislang nicht geprüft wurden, so gilt nach der modifizierten Normentheorie wiederum folgendes: Die Ungewißheit der tatsächlichen Voraussetzungen einer Rechtssphärenerweiterung gehen zu Lasten des Rechtsprätendenten. Sofern das vorwerfbare Verhalten des Asylanten feststeht, trägt er deshalb die materielle Beweislast für die Ergebnisrichtigkeit der Anerkennung.[86]

F. Die Schranken des Asylrechts

Nach § 11 II AuslG können Ausländer, die als politisch Verfolgte Asylrecht genießen, nur aus schwerwiegenden Gründen der öffentlichen Sicherheit ausgewiesen werden.

---

[81] S. o. 6. Kapitel II.2.
[82] BVerwG, Urt. v. 25. 3. 64, BVerwGE 18, 168 (172); Redeker, NJW 66, 1777 (1779).
[83] Maetzel, DÖV 66, 520 (523); Redeker, NJW 66, 1777 (1779); im Ergebnis auch Berg, Die verwaltungsrechtliche Entscheidung, S. 222 m. Fn. 207, S. 230.
[84] Peschau, Beweislast, S. 65 ff; Lüke, JZ 66, 587 (592 f).
[85] Im Ergebnis ebenso VG Berlin, Urt. v. 19. 8. 88, InfAuslR 89, 35 f.
[86] Im Ergebnis ebenso: Peschau, Beweislast, S. 67 f; Maetzel, DÖV 66, 520 (523).

F. Die Schranken des Asylrechts

§ 14 I 1 AuslG verbietet die Abschiebung eines Ausländers in einen Staat, in dem ihm politische Verfolgung droht. Nach Satz 2 gilt dies nicht für einen Ausländer, der aus schwerwiegenden Gründen als eine Gefahr für die Sicherheit anzusehen ist, oder der eine Gefahr für die Allgemeinheit bedeutet, weil er wegen eines besonders schweren Verbrechens rechtskräftig verurteilt wurde.

Das Bundesverwaltungsgericht hält § 11 II AuslG in Übereinstimmung mit der herrschenden Meinung für verfassungsmäßig, weil dem Ausländer nicht die Rückkehr in einen bestimmten Staat vorgeschrieben wird.[87] Aber auch die Abschiebung in einen Verfolgerstaat nach § 14 I 2 AuslG ist nach Meinung des Gerichts nicht verfassungswidrig. Zwar führe dies zur Vernichtung des Asylrechts in seinem Kern. Auch habe das Asylgrundrecht keine immanenten Schranken. Jedoch könnten auch uneinschränkbare Grundrechte mit Rücksicht auf die Einheit der Verfassung und die von ihr geschützte Wertordnung Beschränkungen erfahren. Die Sicherheit des Staates als verfaßte Friedens- und Ordnungsmacht könne nicht schlechthin hinter den Interessen des Asylbewerbers zurücktreten. Im Ergebnis wird daher eine Abschiebung in einen Verfolgerstaat als ultima ratio bei Überschreitung einer Opfergrenze für verfassungsmäßig gehalten.[88]

Die lebhafte Diskussion über die Schranken des Asylrechts kann hier nicht wieder aufgegriffen werden.[89] Für die Beweislastproblematik genügt folgendes: Sofern man die Existenz von Schranken des Asylrechts anerkennt, handelt es sich hierbei nicht um eine Inhaltsbestimmung des Begriffs der politischen Verfolgung bzw. um eine wesensmäßige Grenze des Asylrechts, sondern um eine sachliche Verkürzung der grundsätzlich gewährleisteten asylrechtlichen Stellung.[90] Denn es fehlt nicht von vorneherein die Eigenschaft als politisch Verfolgter, die nach Art. 16 II 2 GG allein zur Asylrechtsbegründung maßgeblich ist. Vielmehr wird der tatbestandlich berechtigte Anspruch auf Asylschutz wegen vorrangiger Schutzinteressen der Bundesrepublik Deutschland verweigert oder entzogen. Die Schranken des Asylrechts führen demnach zu einem Eingriff in die grundrechtliche Rechtsposition. Mithin trägt nach den oben entwickelten Grundsätzen der Normentheorie die Behördenseite die materielle Beweislast für die tatsächlichen Voraussetzungen der Schranken des Asylrechts.

---

[87] BVerwG, Urt. v. 7. 10. 75, BVerwGE 49, 202 (208).
[88] BVerwG, Urt. v. 7. 10. 75, BVerwGE 49, 202 (202 ff); Urt. v. 8. 11. 83, BVerwGE 68, 171 (174).
[89] Vgl. Wollenschläger, Die immanenten Schranken des Asylrechts, S. 76 ff; ders., BayVBl 76, 408 ff; Gusy, in: Beitz/ Wollenschläger, Handbuch Bd. I, S. 247 (278 ff); Kimminich, in: Festgabe f. d. BVerwG, S. 371 ff (376); Franz, NJW 68, 1556 ff; Lerche, in: Festgabe für Arndt, S. 199 (213 f); v. Pollern, BayVBl 79, 200 ff; Randelzhofer, in: Maunz/Dürig, Komm. z. GG, Art. 16 II 2 Rdnr. 106 ff u. v. a.
[90] Zur Abgrenzung von Inhaltsbestimmung und Schranken vgl. statt vieler Badura, Staatsrecht, Abschnitt C Rdnr. 23 S. 81.

G. Die Verwirkung

1. Der sog. Mißbrauch des Asylrechts im landläufigen Sinne ist kein eigenständiges Rechtsinstitut. Es handelt sich vielmehr um das Phänomen, daß Ausländer unter Vortäuschung einer politischen Verfolgung ein unberechtigtes Aufenthaltsrecht im Bundesgebiet erlangen oder zu erlangen versuchen. Nicht zu Unrecht wird daher gesagt, daß im Grunde nicht das Asylrecht, das für diesen Personenkreis garnicht besteht, sondern die Institutionen der Bundesrepublik Deutschland und die rechtlichen Vorkehrungen, die das Asylrecht bis zur endgültigen Entscheidung sichern sollen, mißbraucht werden.[91]

2. Der Mißbrauch von Grundrechten im Rechtssinne zum Kampf gegen die freiheitlich-demokratische Grundordnung berechtigt aber nach Art. 18 GG zum Ausspruch der Verwirkung. Diese Norm bezieht Art. 16 II 2 GG ausdrücklich ein. Es ist umstritten, ob dieser Einbezug deshalb als ungeschrieben betrachtet werden muß, weil nach dem Schutzzweck des Asylrechts die Staatsgewalt nicht ihre Hand zu Maßnahmen reichen darf, die die Grundsätze der Menschlichkeit mißachten,[92] und darüber hinaus nicht das Asylrecht selbst, sondern nur die durch die Aufnahme in die Bundesrepublik Deutschland gewährte Betätigungsmöglichkeit mißbraucht werden kann[93] und außerdem eine vollständige Aberkennung des Asylrechts angesichts der Anwendbarkeit des Sicherheits- und Strafrechts dem Übermaßverbot zuwiderliefe.[94] Nach anderer Ansicht ist das Asylrecht durchaus verwirkbar, weil die durch das Asylrecht ermöglichte Einreise unabdingbare Voraussetzung zum Kampf gegen die freiheitlich-demokratische Grundordnung sei.[95] Eine abschließende Klärung ist in diesem Rahmen nicht möglich. Mißbrauch im Sinne des Art. 18 GG bedeutet jedenfalls, daß dem Ausländer „von Haus aus" ein Grundrecht zusteht, wenn auch eine „Gewährleistungssperre" überschritten wird.[96] Der Ausspruch der Verwirkung bedeutet daher eine Einschränkung eines an sich tatbestandsmäßig gewährleisteten Asylrechts. Somit geht die Ungewißheit der tatsächlichen Umstände, die eine Verwirkung rechtfertigen würden, zu Lasten des Staates.

---

[91] Kimminich, in: Bonner Kommentar, Art. 16 Rdnr. 400.
[92] So ausdrücklich Lerche, in: Festgabe für Arndt, 199 (205, 211).
[93] Lerche, a.a.O. S. 207f.
[94] Lerche, a.a.O. S. 210; Gusy, Asylrecht und Asylverfahren, S. 161 ff; ders., in: Beitz/Wollenschläger, Handbuch Bd. I, S. 306f.
[95] Randelzhofer, in: Maunz/Dürig, Komm. z. GG, Art. 16 II 2 Rdnr. 151; Kimminich, in: Bonner Kommentar, Art. 16 Rdnr. 400.
[96] Lerche, a.a.O. S. 206f.

Zusammenfassung in Thesen

I. Die asylrechtliche Entscheidung ist im Regelfall eine Entscheidung unter Ungewißheit. Die erheblichen Schwierigkeiten, denen der Nachweis einer politischen Verfolgung begegnet, beruhen nicht nur auf dem sachtypischen Auslandsbezug, sondern auch auf der verfassungs- und verwaltungsgerichtlichen Auslegung des Begriffs der politischen Verfolgung (Erstes Kapitel I., II.).

II. Beweisrechtliche Wege zur Überwindung des sachtypischen Beweisnotstands können auf dem Gebiet der *Beweiswürdigung*, des *Beweismaßes* (Beweisstärke) und der *objektiven* (materiellen) *Beweislast* gesucht werden. Im Unterschied zur einzelfallbezogenen Beweiswürdigung sind Beweismaß und objektive Beweislast abstraktgenerell festzulegen. Bedeutung und Zahl der Beweislastentscheidungen hängt von den Anforderungen an die Beweisstärke ab (Erstes Kapitel III.).

III. Als verfahrensakzessorisches Grundrecht steht das Asylrecht in besonderer Weise unter dem Gebot des Grundrechtsschutzes durch Verfahren. Damit die Effektuierung des Grundrechts auf Asyl nicht regelmäßig von vorneherein an dem außerordentlich schwierigen Nachweis der politischen Verfolgung scheitert, sind Beweiserleichterungen unabddingbar (Drittes Kapitel B II.).

IV. Der Grundsatz vom Grundrechtsschutz durch Verfahren stellt nur eine verfassungsrechtliche Maxime dar, die zu Detailfragen schweigt. Deswegen und wegen der praktischen Interdependenz der beweisrechtlichen Institute ist eine Gesamtbetrachtung des Beweisrechts geboten. Beweisrechtliche Anforderungen, die bei isolierter Betrachtung eventuell bedenklich wären, können daher durch Beweiserleichterungen auf einer anderer Stufe der Beweisfindung ausgeglichen werden (Drittes Kapitel B.II.).

V. Die richterliche Überzeugungsbildung enthält ein Wahrscheinlichkeitsurteil. Für die juristische Entscheidung ist nur ein subjektiv-normativer Wahrscheinlichkeitsbegriff geeignet. Das *Beweismaß* ist danach der Wahrscheinlichkeitsgrad, mit dem der Rechtsanwender unter Berücksichtigung von Erfahrungen und Informationen an den Eintritt eines Ereignisses oder das Vorliegen einer Tatsache glaubt (Zweites Kapitel III.).

VI. Im Asylrecht gibt es kein einheitliches Beweismaß. Der Nachweis der im Ausland begründeten asylerheblichen Tatsachen, der im Inland begründeten Asyltatsachen, der im Sinne des Asylverfahrensgesetzes offensichtlichen Tatsachen und der Verfolgungsgefahr erfordert unterschiedliche Wahrscheinlichkeitsmaßstäbe.

VII. Der Begriff der *Glaubhaftmachung* kann nicht in seiner zivilprozessualen Funktionenvielfalt (Beweismaßreduzierung, erleichterte Beweisführungslast, Beweisformenfreiheit), sondern nur in seiner Bedeutung als Herabstufung des Beweismaßes auf das der überwiegenden Wahrscheinlichkeit in das Asylrecht übertragen werden (Drittes Kapitel A.II.).

VIII. Hinsichtlich der im Ausland entstandenen Asylgründe hat das Bundesverwaltungsgericht seine Rechtsprechung grundlegend geändert. Die frühere Herabstufung des Beweismaßes auf überwiegende Wahrscheinlichkeit, die – mißverständlich – mit Glaubhaftmachung bezeichnet wurde, wurde durch das hohe Regelbeweismaß der an Sicherheit grenzenden Wahrscheinlichkeit ersetzt (Drittes Kapitel A.II.III.).

Der sachtypischen Beweisnot des Asylbewerbers soll nach Ansicht des Gericht nur noch auf dem Gebiet der Beweiswürdigung im engeren Sinne Rechnung getragen werden (Drittes Kapitel A.III., B.V.).

IX. Der neueren Rechtsprechung des Bundesverwaltungsgerichts kann nicht gefolgt werden. Eine Gesamtanalyse der asylrechtlichen Beweiswürdigung ergibt, daß allein die Herabminderung des Beweismaßes für im Ausland entstandene Asylgründe geeignet ist, die Durchsetzung des Asylrechts in der verfassungsrechtlich gebotenen Weise zu sichern:

a) Der Untersuchungsgrundsatz ist nicht geeignet, die Beweisnot des Asylbewerbers zu überwinden. Die Inquisitionsmaxime ist im Asylrecht partiell durchbrochen, da die Rechtsprechung hinsichtlich der persönlichen Sphäre des Asylbewerbers eine zivilprozessuale Behauptungslast begründet hat. In tatsächlicher Hinsicht stößt der Untersuchungsgrundsatz rasch an seine Grenzen (Drittes Kapitel B.III.).

b) Die zahlreichen asylrechtlichen Erfahrungssätze sind nicht geeignet, eine Beweismaßerleichterung zu ersetzen. Die vom Bundesverwaltungsgericht besonders hervorgehobene Verwendung von Erfahrungssätzen, typischen Geschehensabläufen und Regelvermutungen stellt keine asylspezifische Beweiserleichterung dar, sondern das im Rahmen der konkreten Beweiswürdigung in jedem Prozeß übliche Hilfsmittel des indirekten Beweises und beinhaltet weder eine Beweislastumkehr noch eine Beweismaßreduktion. Den Erfahrungssätzen kommt ein sehr unterschiedlicher Beweiswert zu; die asylrechtlichen *Regelvermutungen* haben die Funktion eines *prima-facie-Beweises*. Die Problematik der Erfahrungssätze liegt in ihrer oft fragwürdigen oder schlechthin fehlenden Legitimation (Drittes Kapitel B.IV.).

c) Die vom Bundesverwaltungsgericht den Tatsachengerichten nahegelegte wohlwollende Beurteilung des Sachvortrags des Asylbewerbers ist nicht ausreichend, die Funktion der früheren Herabminderung der Beweisstärke zu übernehmen. Das „Wohlwollensgebot" geht ins Leere, weil es im Widerspruch zu den strengen Anforderungen an die Schlüssigkeit, Widerspruchsfreiheit und Glaubwürdigkeit des Sachvortrags steht. Darüber hinaus gehört die Beurteilung des Beweiswerts einer Aussage zum Kernbereich der nicht revisiblen, freien richterlichen Beweiswürdigung (Drittes Kapitel B.V.).

X. Die Herabstufung des Beweismaßes für Auslandstatsachen auf überwiegende Wahrscheinlichkeit stellt zwar eine Abweichung vom gesetzlich vorgesehenen Regelbeweismaß der an Sicherheit grenzenden Wahrscheinlichkeit dar, verstößt aber nicht gegen den Vorbehalt des Gesetzes. Sie ist vielmehr als *teleologische Reduktion* nicht nur rechtmethodisch zulässig, sondern als *verfassungskonforme Auslegung* grundgesetzlich geboten (Drittes Kapitel B.I.2.C.).

XI. Für im Inland entstandene Asylgründe gilt das hohe Regelbeweismaß der an Sicherheit grenzenden Wahrscheinlichkeit (Viertes Kapitel I.).

XII. Der beweisrechtliche Ansatzpunkt für den vom Bundesverfassungsgericht geforderten „besonders strengen Maßstab hinsichtlich der Darlegungslast und der materiellen Beweisanforderungen" bei der Prüfung von gewillkürten Nachfluchtgründen ist unklar. Die Tendenz des Bundesverwaltungsgerichts zu einer Verschärfung der Beweisanforderungen, insbesondere für im Ausland entstandene Asylgründe, wird jedoch bestätigt (Viertes Kapitel II.).

XIII. Die Asylberechtigung nach Art. 16 II 2 GG entsteht nicht erst im Fall einer bereits real gewordenen politischen Verfolgung, sondern schon bei einer Verfolgungs*gefahr*. Die Gefahrenprognose erfordert ein materiell-rechtliches Wahrscheinlichkeitsurteil. Der Vollbeweis einer Gefahr ist nicht möglich, da dieses Tatbestandsmerkmal begriffsnotwendig ein Element der Ungewißheit enthält (Fünftes Kapitel I.).

XIV. Der allgemein anerkannte Grundsatz, daß die Wahrscheinlichkeit des Schadenseintritts umso geringer zu sein braucht, je größer das zu erwartende Schadensausmaß ist, führt dazu, daß das Vorliegen einer Gefahr nicht objektiv bestimmt, sondern nur im Wege einer abwägenden Entscheidung des Rechtsanwenders festgestellt werden kann (Fünftes Kapitel I.).

XV. Die Subjektivität des Gefahrenbegriffs und die Tatsache, daß das materielle Verwaltungsrecht von vornherein auf Durchsetzung im Verfahren angelegt ist, bringen es mit sich, daß der Wahrscheinlichkeitsgrad, der bei der materiell-rechtlichen Auslegung des Gefahrenbegriffs angelegt wird, und der Wahrscheinlichkeitsgrad, mit dem das Tatbestandsmerkmal „Gefahr" im Verwaltungs- oder verwaltungsgerichtlichen Verfahren festgestellt wird, identisch sein müssen. Insoweit führt die „beachtliche Wahrscheinlichkeit", mit der eine politische Verfolgung drohen muß, ebenfalls zu einer Art „Beweismaß", das heißt zu einem weiteren, im asylrechtlichen Verfahren beachtlichen Wahrscheinlichkeitsgrad (Fünftes Kapitel I.).

XVI. Die aufgrund einer wertenden Gesamtschau vorzunehmende Gefahrenprognose ist jedoch von der Feststellung der dieser Gesamtwürdigung zugrundeliegenden Tatsachenbasis zu unterscheiden. Die Beweismaßfrage, das heißt die Frage, welcher Überzeugungsgrad notwendig ist, damit eine asylrelevante Tatsache als bewiesen betrachtet werden kann, ist ein rein verfahrensrechtliches Problem. Selbst wenn bereits der materiell-rechtliche Tatbestand ein Wahrscheinlichkeitsurteil erfordert, bleibt daher neben der abwägenden Auslegung des Tatbestandes Raum für die Beweismaßproblematik (Fünftes Kapitel I.).

XVII. Die Kritik daran, daß das Bundesverwaltungsgericht „beachtliche" Wahrscheinlichkeit mit „überwiegender" Wahrscheinlichkeit gleichsetzt, bezieht sich auf einen objektiv verstandenen Wahrscheinlichkeitsbegriff, den das Bundesverwaltungsgericht jedoch nicht verwendet hat. Diese Gleichsetzung begegnet aber deshalb Bedenken, weil der Gefahrenbegriff eine individuelle Folgenabwägung erfordert und sich daher der Festschreibung starrer Wahrscheinlichkeitsgrade entzieht (Fünftes Kapitel II.1.).

XVIII. Die Herabstufung des Wahrscheinlichkeitsmaßstabs bei Gefahr einer Wiederholungsverfolgung ist Ausdruck der umgekehrten Proportionalität von Scha-

162 *Zehntes Kapitel: Die Beweislastverteilung bei ausgewählten Sonderfragen*

densausmaß und Schadenswahrscheinlichkeit. Das Schadensausmaß wird im Asylrecht mit dem Begriff der *Zumutbarkeit* umschrieben (Fünftes Kapitel II.2.).

XIX. Sofern ein materiell-rechtliches Tatbestandsmerkmal eine Entscheidung unter Ungewißheit erfordert, wie zum Beispiel die Prognose der politischen Verfolgungsgefahr, bleibt für ein non liquet und damit für eine Beweislastentscheidung kein Raum mehr. Eine asylrechtliche Beweislastregel bleibt jedoch erforderlich, weil die verfahrensrechtliche Feststellung der für die Gefahrenprognose erforderlichen Tatsachenbasis nicht nur mit dem Ergebnis „widerlegt" bzw. „erwiesen", sondern auch mit dem Ergebnis „nicht-erwiesen" (non liquet) enden kann (Sechstes Kapitel IV.).

Auch eine Beweismaßreduktion vermindert die Bedeutung der objektiven Beweislast, kann sie aber nicht vollständig ersetzen (Sechstes Kapitel V.).

XX. Für die Verteilung der objektiven Beweislast im Asylrecht sind die Kriterien der Klageart und prozessualen Stellung, der Wahrscheinlichkeit, des Gefahrenbereichs, des Regel-Ausnahme-Verhältnisses, der legislatorischen Qualifikationskompetenzen und die pauschalen „in-dubio-pro"-Regeln ungeeignet (Achtes Kapitel I.-VI.).

XXI. Auch die Beweislastverteilung aufgrund einer an den Folgen einer potentiellen Fehlentscheidung orientierten Abwägung (folgenorientierte Güterabwägung) ist letzlich kein zufriedenstellendes Beweislastkriterium im Asylrecht. Mittels einer folgenorientierten Güterabwägung kann die materielle Beweislast des Staates für das Vorliegen des Verfolgungstatbestandes ebenso begründet werden wie das Gegenteil (Achtes Kapitel VII.).

XXII. Die Normentheorie ist ein geeignetes asylrechtliches Beweislastverteilungsprinzip, wenn sie deutlich von ihrem unrichtigen methodischen Ansatz und der bürgerlich-rechtlichen Gesetzessystematik gelöst und auf den Grundgedanken der Rechtskreiserweiterung zurückgeführt wird (Achtes Kapitel VIII.).

XXIII. Nach der so modifizierte Normentheorie geht die Ungewißheit der tatsächlichen Voraussetzungen des Asylrechts zu Lasten des Asylbewerbers, weil Art. 16 II 2 GG einen Begründungsbedarf für die Grundrechtsträgerschaft schafft (Achtes Kapitel VIII 2.b.).

Die Einordnung des Asylrechts als Grundrecht des status negativus oder des status positivus ist für die Beweislastverteilung unerheblich (Achtes Kapitel VIII.2.).

XXIV. Die Gesamtabwägung zwischen den Beweislastkriterien der folgenorientierten Güterabwägung und der Normentheorie führt zu einer Entscheidung zugunsten der modifizierten Normentheorie. Den verfassungsrechtlichen Wertentscheidungen zugunsten des Asylrechts (Grundrechtsqualität, humanitärer Grundcharakter, Verhältnismäßigkeit) wird durch eine – bei der objektiven Beweislast des Asylbewerbers unabdingbare – Herabminderung des Beweismaßes und durch eine an der Zumutbarkeit der Rückkehr orientierte Auslegung des Gefahrenbegriffs Rechnung getragen (Neuntes Kapitel).

XXV. Die Rechtsprechung geht bei einer erstmaligen Verfolgungsgefahr – ohne

Zusammenfassung in Thesen

Begründung, im Ergebnis aber unter Anwendung der Normentheorie – von einer objektiven Beweislast des Asylbewerbers aus. Es bestehen erhebliche Anhaltspunkte, daß sie in den Fällen der Vorverfolgung die objektive Beweislast zu Lasten der Behördenseite wendet, wobei sie sich – zumindest vordergründig – auf eine am Zumutbarkeitsgedanken orientierten Folgenabwägung stützt (Siebtes Kapitel II 2, Zehntes Kapitel A.I.).

Diese kumulative Anwendung verschiedener Beweislastverteilungsprinzipien ist abzulehnen, da eine eindeutige Abgrenzung von Wiederholungs- und Erstverfolgung nicht möglich ist (Zehntes Kapitel A. II).

XXVI. Die Ungewißheit der tatsächlichen Vorausetzungen für eine Wiederholungsgefahr geht zu Lasten des Asylbewerbers (Zehntes Kapitel A.).

XXVII. Die anderweitige Verfolgungssicherheit des Asylbewerbers ist ein Asylausschlußgrund, für dessen tatsächliche Voraussetzungen nach der Normentheorie der Staat die Beweislast trägt.

Die Vermutungen des § 2 II und § 7 III AsylVfG kehren die Beweislast zum Nachteil des Asylsuchenden um (Siebtes Kapitel I.). Dies ist verfassungsrechtlich bedenklich, weil hierdurch eine beweisrechtliche Schutzlücke erzeugt wird (Zehntes Kapitel B.).

XXVIII. Für die tatsächlichen Voraussetzungen einer inländischen Fluchtalternative trägt die Behörde die materielle Beweislast (Zehntes Kapitel C.).

XXIX. Im Rahmen des § 1 a AsylVfG trägt die Behörde die materielle Beweislast für das Vorliegen der Tatsachen, die die Berücksichtigung der grundsätzlich asylrelevanten Nachfluchtgründe ausschließen. Damit bleibt der Gesetzgeber hinter der Rechtsprechung des Bundesverfassungsgerichts zurück, wonach der Asylbewerber die Beweislast für die tatsächlichen Voraussetzungen der Beachtlichkeit eines Nachfluchtgrundes trägt (Kapitel D.)

XXX. Für die tatsächlichen Voraussetzungen der Rücknahme der Asylanerkennung, der Schranken und der Verwirkung des Asylrechts liegt die materielle Beweislast bei der Behörde (Zehntes Kapitel E., F., G.).

Literaturverzeichnis

Gesetzgebungsmaterialien wie Bundestags- oder Bundesrats-Drucksachen sind in das Verzeichnis nicht aufgenommen

ai (amnesty international) (Hrsg.): Bewährungsprobe für ein Grundrecht, Baden-Baden 1978.
Alternativkommentar: Kommentar zum Grundgesetz für die Bundesrepublik Deutschland bearbeitet von Richard Bäumlin u.a., Reihe Alternativkommentare, Band I: Art. 1–20, Neuwied, Darmstadt 1984.
Arndt, Adolf: Beweislast für die Kriegsdienstverweigerung, JZ 1960, 273.
Auer, Wolfgang: Die Verteilung der Beweislast im Verwaltungsstreitverfahren, Mainz 1963.

Bachof, Otto: Verfassungsrecht, Verwaltungsrecht, Verfahrensrecht in der Rechtsprechung des Bundesverwaltungsgerichts, Band II Tübingen 1967.
Badura, Peter: Staatsrecht, München 1986.
Baumbach, Adolf/*Lauterbach*, Wolfgang/*Albers*, Jan/*Hartmann*, Peter: Zivilprozeßordnung mit Gerichtsverfassungsgesetz und Nebengesetzen, 45. Auflage München 1987.
Baumüller, Peter: Art. 16 Abs. 2 S. 2 GG als Grundrecht des status negativus, NVwZ 1982, 222.
Becker, Hans-Joachim: Aus der neueren Rechtsprechung des BVerwG zum Recht der Kriegsdienstverweigerung, DVBl 1981, 105.
Beitz, Wolfgang G./*Wollenschläger*, Michael (Hrsg.): Handbuch des Asylrechts – unter Einschluß des Rechtes der Kontingentflüchtlinge, Band I: Grundlagen, Baden-Baden 1980, Band II: Verfahren, Rechtsstellung und Reformen, Baden-Baden 1981.
Berg, Wilfried: Anmerkung zu BVerwG, Urt. v. 18.10.1972, NJW 1973, 1093.
– Die Gewissensfrage – Entwicklung der Judikatur zu den Beweisschwierigkeiten in Anerkennungsverfahren nach Art. 4 Abs. 3 GG, §§ 25f. WPflG, MDR 1974, 793.
– Die verwaltungsrechtliche Entscheidung bei ungewissem Sachverhalt, Berlin 1980.
Bernhardt, Wolfgang: Beweislast und Beweiswürdigung im Zivil- und Verwaltungsprozeß, JR 1966, 322.
Bertrams, Michael: Die Rechtsprechung des Bundesverwaltungsgerichts zu den Beweisgrundsätzen und Wahrscheinlichkeitsmaßstäben im Asylverfahren vor dem Hintergrund der allgemeinen Asylproblematik, DVBl 1987, 1181.
– Aus der neueren höchstrichterlichen Asylrechtsprechung, DVBl 1988, 559ff.
Bethäuser, Franz: Der anderweitige Schutz vor Verfolgung im Asylrecht, Frankfurt a.M. 1983.
– Zur Frage des anderweitigen Verfolgungsschutzes – Die neuere Rechtsprechung des Bundesverwaltungsgerichts, DÖV 1985, 437.
– Zur erneuten Novellierung des schweizerischen Asylrechts sowie ergänzend zur geplanten Änderung des deutschen Asylverfahrensgesetzes, ZRP 1986, 129.
– Die neueste Rechtsprechung des BVerwG zur anderweitigen Verfolgungsicherheit – insbesondere zur Frage des sog. Fluchtzusammenhangs, NVwZ 1989, 728.
Bethge, Herbert: Grundrechtsverwirklichung und Grundrechtssicherung durch Organisation und Verfahren, NJW 1982, 1.
Bettermann, Karl August: Beweislast und Beweiswürdigung im Zivil- und Verwaltungsprozeß, Referat, in: Verhandlungen des Sechsundvierzigsten Deutschen Juristentages, Essen 1966, Band II: Sitzungsprotokolle, Teil E, Berlin 1967, 26, a.a.O. Diskussionsbeitrag, S. E 124.
Bierwirth, Christoph, Zugang zum Asylverfahren, ZAR 1987, 64.
Blomeyer, Arwed: Beweislast und Beweiswürdigung im Zivil- und Verwaltungsprozeß, Gut-

achten für den 46. Deutschen Juristentag, in: Verhandlungen des Sechsundvierzigsten Deutschen Juristentages, Essen 1966, Band I: Gutachten, Teil 2 A, Berlin 1966.
— Zivilprozeßrecht, Erkenntnisverfahren, 2. Auflage Berlin, Göttingen, Heidelberg 1985.
Böckenförde, Ernst-Wolfgang: Grundrechtstheorie und Grundrechtsinterpretation, NJW 1974, 1529.
Bonner Kommentar zum Grundgesetz von H.J. Abraham u.a. (Loseblattwerk), Hamburg 1950 ff. (Stand 53. Lieferung 1987).
Bräutigam, Horst: Aspekte der Grundrechtsverwirklichung im Wehrpflichtrecht, in: Festgabe aus Anlaß des 25jährigen Bestehens des Bundesverwaltungsgerichts, München 1978, 77.
Breuer, Rüdiger: Legislative und administrative Prognoseentscheidungen, Der Staat 1977, 21.
Brunn, Bernd: Nachfluchtgründe und Asylgrundrecht in der Bundesrepublik Deutschland, NVwZ 1987, 301.
Bruns, Rudolf: Zivilprozeßrecht: Eine systematische Darstellung, 2. Auflage München 1979.
Buchholz, Karl: Sammel- und Nachschlagewerk der Rechtsprechung des Bundesverwaltungsgerichts (Loseblattwerk), Folge 2 bis 4, Köln, Berlin, Bonn, München 1970 ff.
Buss, Walter: Beweislast und Beweiswürdigung im Verwaltungsprozeß, DRiZ 1966, 291.

Dahlinger, Erich: Die Beweislast im Verwaltungsprozeß, NJW 1957, 7.
de Clerk, Hans: Zur Beweislast bei in Kriegsdienstverweigerungsfällen, Bemerkungen zum Urteil des BVerwG vom 24.7.1959 – VII C 129.59, JZ 1960, 13.
Deibel, Klaus: Beweisanträge im verwaltungsgerichtlichen Asylverfahren, InfAuslR 1984, 114.
Deppe, Günter: Die Beweislast im Verwaltungsverfahren und im Verwaltungsprozeß, Münster 1961.
Doehring, Karl: Staatsräson, Legalität und Widerstandsrecht, in: Festschrift für Carstens, Band II: Staatsrecht, Köln, Berlin, Bonn, München 1984, 527.
Dohse, Knut/*Groth*, Klaus: Ausländerverdrängung – Zur Verschärfung des Ausländerrechts, Krit. Justiz 1983, 231.
Dolde, Klaus-Peter: Grundrechtsschutz durch einfaches Verfahrensrecht?, NVwZ 1982, 65.
Drews, Bill/*Wacke*, Gerhard/*Vogel*, Klaus/*Martens*, Wolfgang: Gefahrenabwehr, 9. Auflage Köln, Berlin, Bonn, München 1986.
Dubischar, Roland: Grundsätze der Beweislastverteilung im Zivil- und Verwaltungsprozeß, JuS 1971, 385.
Dürig, Günter: Freizügigkeit, in: Franz L. Neumann/ Hans Carl Nipperdey/ Ulrich Scheuner (Hrsg.), Die Grundrechte, Handbuch der Theorie und Praxis der Grundrechte Band II: Die Freiheitsrechte in Deutschland, Berlin 1954, 507.
— Diskussionsbeitrag, in: VVDStRL 30 (1972), 154, auch erschienen in: Walter Schmitt Glaeser/Peter Häberle (Hrsg.), Günter Dürig – Gesammelte Schriften 1952–1983, Berlin 1984, 358.
Dusch: Diskussionsbeitrag, in: *Köfner/Nicolaus*, Probleme, 192.
Eckertz, Rainer: Maßstab und Verfahren der „Gewissensprüfung" im neuen Kriegsdienstverweigerungsrecht, NVwZ 1984, 563.

Ehlers, Helga: Asylverfahrensrecht, Wie man ein Grundrecht wegverwaltet, Frankfurter Hefte 1981, Heft 10, 32.
Ekelöf, Per Olof: Beweiswürdigung, Beweislast und Beweis des ersten Anscheins, ZZP 75 (1962) 289.
Engisch, Karl: Logische Studien zur Gesetzesanwendung, 3. Auflage Heidelberg 1963.
Erichsen, Hans-Uwe/*Hoffmann Becking*, Michael: Der praktische Fall: Öffentliches Recht, Jus 1971, 144.
Esser, Josef: Vorverständnis und Methodenwahl in der Rechtsfindung, 2. Auflage Frankfurt a.M. 1972.

Evers, Andreas: Begriff und Bedeutung der Wahrscheinlichkeit für die richterliche Beweiswürdigung, Freiburg 1979.
Eyermann, Erich/*Fröhler*, Ludwig: Verwaltungsgerichtsordnung, Kommentar, 8. Auflage München 1980.

Finkelnburg/Jank, Vorläufiger Rechtsschutz im Verwaltungsstreitverfahren, 3. Auflage München 1986.
Forgách, Andreas: Die Grenzen des von Art. 16 GG gewährten Asylrechts, Regensburg 1969.
Franke, Dietmar: Politisches Delikt und Asylrecht, Königstein 1979.
Franz, Fritz: Asyl-Colloquium 1964, DVBl 1964, 580.
– Das strikte Verbot der Ausweisung und Abschiebung politisch Verfolgter, NJW 1968, 1556 ff.
– Die Krise des Asylrechts – Wege zu ihrer Überwindung, in: *Beitz/Wollenschläger*, Handbuch II, 775 ff.
Friauf, Karl Heinrich: Polizei- und Ordnungsrecht, in: Ingo v. Münch (Hrsg.), Besonderes Verwaltungsrecht, 7. Auflage Berlin, New York 1985, 181.
Fritz, Roland: Verfahrensrechtliche Anforderungen für das behördliche und gerichtliche Verfahren bei offensichtlich unbegründetem Asylantrag, NVwZ 1984, 697.

Gallwas, Hans-Ulrich: Die grundrechtswidrige Beweislastregelung, BayVBl 1966, 310.
Gemeinschaftskommentar zum Asylverfahrensgesetz von Peter Baumüller u.a. (Loseblattwerk), 2. Auflage Neuwied, Darmstadt 1983 ff. (Soweit nicht anders vermerkt: Stand Ergänzungslieferung vom 9.7.1987).
Gottwald, Peter: Schadenszurechnung und Schadensschätzung, München 1979.
– Grundprobleme der Beweislastverteilung, Jura 1980, 225.
– Sonderprobleme der Beweislastverteilung, Jura 1980, 303.
Grabitz, Eberhard: Der Grundsatz der Verhältnismäßigkeit in der Rechtsprechung des Bundesverfassungsgericht, AöR 98 (1973) 568.
– Freiheit und Verfassungsrecht, Tübingen 1976.
Greger, Reinhard: Beweis und Wahrscheinlichkeit, Köln, Berlin, Bonn, München 1978.
Grunsky, Wolfgang: Grundlagen des Verfahrensrechts, 2. Auflage Bielefeld 1974.
Grützner, Heinrich: Auslieferungsverbot und Asylrecht, in: Franz L. Neumann/Hans Carl Nipperdey/Ulrich Scheuner (Hrsg.), Die Grundrechte, Handbuch der Theorie und Praxis der Grundrechte, Band II: Die Freiheitsrechte in Deutschland, Berlin 1954, 583.
Gusy, Christoph: Asylrecht und Asylverfahren in der Bundesrepublik Deutschland, Königstein 1980.
– Grenzen des Asylrechts, in: *Beitz/Wollenschläger*, Handbuch I, 247.
– Das Asylrecht in der Rechtsprechung des Bundesverfassungsgerichts, hrsg. v. der Zentralen Dokumentationsstelle der Freien Wohlfahrtspflege für Flüchtlinge e.V., ZDWF – Schriftenreihe Nr. 3, Bonn 1983.

Häberle, Peter: Die Grundrechte im Leistungsstaat, VVDStRL 30 (1972), 43.
– Verfassung als öffentlicher Prozeß, Materialien zu einer Verfassungstheorie der offenen Gesellschaft, Berlin 1978.
Hahnenfeld, Günter: Fünf Jahre Recht auf Kriegsdienstverweigerung, DVBl 1962, 284.
Hailbronner, Kay: Ausländerrecht, Ein Handbuch, Heidelberg 1984.
Hainmüller, Dietmar: Der Anscheinsbeweis und die Fährlässigkeitstat im heutigen deutschen Schadensersatzprozeß, Tübingen 1966.
Hannover, Heinrich: Zur Beweislast im Verfahren auf Anerkennung als Kriegsdienstverweigerer, DVBl 1960, 381.
Heine, Regina: Ein Grundrecht wird verwaltet, in: *ai*, Bewährungsprobe, 407.
Held, Jürgen: Der Grundrechtsbezug des Verwaltungsverfahrens, Berlin 1984.

Hernekamp, Karl-Andreas: Gewillkürte Nachfluchtgründe – eine offene Flanke des Asylrechtes?, NVwZ 1984, 24.
Herrmann, Helmut: Probleme des Asylrechts in der richterlichen Praxis, ZAR 1981, 111.
Hesse, Konrad: Grundzüge des Verfassungsrechts der Bundesrepublik Deutschland, 14.Auflage Heidelberg 1984.
Hildner, Guido: Der Ausschluß der Asylanerkennung bei anderweitigem Schutz vor Verfolgung, ZAR 1983, 132.
Hoffmann, Heinrich: Die Beweislast im Verwaltungsprozeß, DVBl 1957, 603.
Hoffmann-Riem, Wolfgang: „Anscheinsgefahr" und Anscheinsverursachung im Polizeirecht, in: Festschrift für Wacke, Köln, Marienburg 1972, 327.
Hofmann, Rainer: Nachfluchtgründe und Flüchtlingsvölkerrecht, NVwZ 1987, 299.
Hofmann, Jochen: Anmerkung zu BVerfG, B. v. 26. 11. 1986, DÖV 1987, 491.
– Nachfluchtgründe, Rechtsmißbrauch und Asyl – zugleich ein Beitrag zur verfassungsrechtlichen Methodik, ZAR 1987, 115.
Huber, Bertold: Ausländer- und Asylrecht, München 1983.
– Die Legitimation der Folter nach der Rechtsprechung zum Asylrecht, Krit. Justiz 1983, 164.
– „Folterrechtsprechung" und Standesrecht, Krit. Justiz 1984, 212.
– Das Gesetz zur Änderung asylverfahrensrechtlicher, arbeitserlaubnisrechtlicher und ausländerrechtlicher Vorschriften, NVwZ 1987, 391.

Isensee, Josef: Die staatsrechtliche Stellung der Ausländer in der Bundesrepublik Deutschland, VVDStRL 32 (1972), 49.

Jellinek, Georg: Das System der subjektiven öffentlichen Rechte, 2. Auflage Tübingen 1919, Neudruck Aalen 1964.

Kanein, Werner: Asylrecht und anderweitiger Verfolgungsschutz, NVwZ 1983, 377.
– *Renner*, Günter: Ausländerrecht, 4. Auflage München 1988.
Kegel, Gerhard: Der Individualanscheinsbeweis und die Verteilung der Beweislast nach Überwindung der Wahrscheinlichkeit, in: Festgabe für Kronstein, Karlsruhe 1967, 321.
Kilian, Michael: Asylverfahren und Grundrechtsgewährleistung, in: Hans-Joachim Konrad (Hrsg.), Grundrechtsschutz und Verfahren unter besonderer Berücksichtigung des Asylverfahrens, Internationaler Menschenrechtsschutz, Berlin 1985, 71.
Kimminich, Otto: Zur Theorie der immanenten Schranken des Asylrechts, JZ 1965. 739ff.
– Asyl und Ausländer-Aufenthalt, in: Festgabe aus Anlaß des 25jährigen Bestehens des Bundesverwaltungsgerichts, München 1978, 371.
– Grundprobleme des Asylrechts, Neuwied, Darmstadt 1983.
– Anmerkung zu BVerwG, Urt. v. 1. 10. 1985, VBlBW 1986, 60.
– Die Behandlung der selbstgeschaffenen Nachfluchtgründe in der Asylrechtsprechung, in: Festschrift für Zeidler, Band I Berlin, New York 1987, 939.
Kleine, Hanns-Peter: Der Asylerwerb in der Bundesrepublik Deutschland, Würzburg 1973.
Knack, Hans Joachim (Hrsg.): Verwaltungsverfahrensgesetz, Kommentar, 2. Auflage Köln, Berlin, Bonn, München 1982.
Köbl, Ursula: Allgemeine Rechtstheorie – Aspekte der Gesetzesbindung, in: Festschrift zum 25jährigen Bestehen des Bundessozialgerichts, Köln, Berlin, Bonn, München 1979, 1005.
Köfner, Gottfried: Politik und Asylrecht, in: *Köfner/Nicolaus*, Probleme, 52.
– *Nicolaus*, Peter (Hrsg.): Probleme des Asylrechts in der Bundesrepublik Deutschland, Dokumentation einer wissenschaftlichen Konferenz, München, Mainz 1983.
– Grundlagen des Asylrechts in der Bundesrepublik Deutschland, Band I Mainz, München 1986.
Kopp, Ferdinand O.: Verwaltungsgerichtsordnung, 7. Auflage München 1986.
– Verwaltungsverfahrensgesetz, 4.Auflage München 1986.

Korbmacher, Günter: Besteht auf dem Gebiet des Asyl- und Flüchtlingsrechts ein Bedarf an gesetzlicher Regelung?, in: Festschrift für Zeidler, Band I Berlin, New York 1987, 901.

Kreßel, Eckhard, Sichtvermerkspflicht und Asylrecht, DÖV 1988, 501.

Kriele, Martin: Recht und Politik in der Verfassungsrechtsprechung, NJW 1976, 777.

Kropshofer, Birger: Untersuchungsgrundsatz und anwaltliche Vertretung im Verwaltungsprozeßrecht, Berlin 1981.

Larenz, Karl: Methodenlehre der Rechtswissenschaft, 5. Auflage Berlin, Heidelberg, New York, Tokyo 1983.

Laubinger, Hans-Werner: Grundrechtsschutz durch Gestaltung des Verwaltungsverfahrens, VerwArch 73 (1982) 60.

Leipold, Dieter: Beweislastregel und gesetzliche Vermutungen, insbesondere bei Verweisungen zwischen verschiedenen Rechtsgebieten, Berlin 1966.

Leonhard, Franz: Die Beweislast, 2. Auflage Berlin 1926.

Lerche, Peter: Das Asylrecht ist unverwirkbar, in: Festschrift für Arndt, Frankfurt a. M. 1969, 199.

– Vorbereitung grundrechtlichen Ausgleichs durch gesetzgeberisches Verfahren, in: Peter Lerche/ Walter Schmitt Glaeser/ Eberhard Schmidt Aßmann (Hrsg.), Verfahren als staats- und verwaltungsrechtliche Kategorie, Heidelberg 1984, 97.

– „Systemverschiebung" und verwandte verfassungsgerichtliche Argumentationsformeln, in: Festschrift für Zeidler, Band I Berlin, New York 1987, 557.

Lüke, Gerhard: Über die Beweislast im Zivil- und Verwaltungsprozeß, JZ 1966, 587.

Maassen, Bernhard M.: Beweismaßprobleme im Schadensersatzprozeß, Köln, Berlin, Bonn, München 1975.

Maetzel, Wolf Bogumil: Beweislast und Beweiswürdigung im Verwaltungsprozeß, DÖV 1966, 520.

Mangoldt, Hermann v./*Klein*, Friedrich: Das Bonner Grundgesetz, Band I, 2. Auflage Berlin und Frankfurt a. M. 1957.

Martens, Wolfgang: Die Grundrechte im Leistungsstaat, VVDStRL 30 (1972) 7.

Marx, Reinhard: Plädoyer für ein liberales Asylrecht, in: *ai*, Bewährungsprobe, 111.

– Das Asylrecht auf dem Prüfstand, in: *ai*, Bewährungsprobe, 189.

– Anmerkung zu VG Köln, Urt. 22. 4. 1980, InfAuslR 1981, 49.

– Asylrecht, Band I: Rechtsprechungssammlung mit Erläuterungen, 4. Auflage Baden-Baden 1984.

– *Strate*, Gerhard/*Pfaff*, Victor: Asylverfahrensgesetz, 2. Auflage Frankfurt a. M. 1987.

Marxen, Walter: Deutsches Ausländerrecht, München 1967.

Maunz, Theodor/*Dürig*, Günter: Grundgesetz, Loseblatt-Kommentar, 6. Auflage 1983 ff. (Stand 26. Lieferung Januar 1987).

Michael, Alexander R.: Die Verteilung der objektiven Beweislast im Verwaltungsprozeß, Heidelberg 1976.

Motsch, Richard: Vom rechtsgenügenden Beweis, Berlin 1983.

Müller, Gert: Probleme der Rechtsberatung und Betreuung asylbegehrender Ausländer, in: *Köfner/Nicolaus*, Probleme, 195.

– Was wird aus dem Asylrecht? Zu den Gesetzesentwürfen zur Änderung des Asylverfahrensrechtes, ZRP 1985, 223.

– Das Verfahren in Asylsachen, in: *Beitz/Wollenschläger*, Handbuch II, 339.

Münch, Ingo v. (Hrsg.): Grundgesetz-Kommentar, Band I: Präambel bis Art. 20, 3. Auflage München 1985, Band II und III 2. Auflage München 1983.

Musielak, Hans-Joachim: Die Grundlagen der Beweislast im Zivilprozeß, Berlin, New York 1975.

– Das Överviktsprincip, Zum Verhältnis von richterlicher Überzeugung und Wahrscheinlichkeit, in: Festschrift für Kegel, Frankfurt a. M. 1977, 451.

- *Stadler*, Max: Grundfragen des Beweisrechtes, München 1984.
- *Mutius*, Albert v.: Grundrechtsschutz contra Verwaltungseffizienz im Verwaltungsverfahren?, NJW 1982, 2150.

Nell, Ernst-Ludwig: Wahrscheinlichkeitsurteile in juristischen Entscheidungen, Berlin 1983.
Nierhaus, Michael: Zur gerichtlichen Kontrolle von Prognoseentscheidungen der Verwaltung, DVBl 1977, 19.
- Die Verteilung der Beweislast im Verwaltungsprozeß - Dargestellt am Beispiel von Erstattungsfällen im Beamtenrecht, BayVBl 1978, 745.

Ossenbühl, Fritz: Probleme und Wege der Verfassunsgauslegung, DÖV 1965, 649.
- Die Kontrolle von Tatsachenfeststellung und Prognoseentscheidung durch das Bundesverfassungsgericht, in: Festgabe aus Anlaß des 25jährigen Bestehens des Bundesverfassungsgerichts, Band I: Verfassungsgerichtsbarkeit, Tübingen 1976, 459.
- Kernenergie im Spiegel des Verfassungsrechts, DÖV 1981, 1.
- Verwaltungsverfahren zwischen Verwaltungseffizienz und Rechtsschutzauftrag, NVwZ 1982, 465.

Otto-Benecke-Stiftung (Hrsg.): Grenzfragen des Asylrechts in der Bundesrepublik Deutschland, 4. Auflage Baden-Baden 1987.

Peschau, Hans-Hermann: Die Beweislast im Verwaltungsrecht, Zur Verteilung des Aufklärungsrisiko im Verwaltungsprozeß, Berlin 1983.
Pestalozza, Christian: Der Untersuchungsgrundsatz im Verwaltungsverfahren, in: Festschrift zum 50jährigen Bestehen des Richard Borberg Verlags, Stuttgart, München, Hannover 1977, 185.
Peters, C.: Die Beweislast, MDR 1949, 66.
Philippi, Klaus-Jürgen: Tatsachenfeststellungen des Bundesverfassungsgerichtes, Saarbrücken 1981.
Pieroth, Bodo/*Schlink*, Bernhard: Grundrechte, Staatsrecht II, 2. Auflage Heidelberg 1986.
Pollern, Hans-Ingo v.: Die immanenten Schranken des Grundrechts auf Asyl, Zugleich eine kritische Auseinandersetzung mit der Rechtsprechung des Bundesverwaltungsgerichts zur Einschränkbarkeit des Asylrechts, BayVBl 1979, 200.
- Das moderne Asylrecht, Völkerrecht und Verfassungsrecht der Bundesrepublik Deutschland, Berlin, München 1980.
- Die Entwicklung der Asylbewerberzahlen im Jahr 1986, ZAR 1987, 28.
- Die Entwicklung der Asylbewerberzahlen im Jahr 1987, ZAR 1988, 61.
- Die Entwicklung der Asylbewerberzahlen im Jahr 1988, ZAR 1989, 23.
Prölss, Jürgen: Beweiserleichterungen im Schadensersatzprozeß, Karlsruhe 1966.
Prütting, Hanns: Gegenwartsprobleme der Beweislast, München 1983.

Quaritsch, Helmut: Recht auf Asyl, Studien zu einem mißdeuteten Grundrecht, Berlin 1985.
- Anmerkung zu BVerfG, B.v. 26. 11. 1986, DVBl 1987, 360.

Redeker, Konrad: Beweislast und Beweiswürdigung im Zivil- und Verwaltungsprozeß, NJW 1966, 1777.
- Grundgesetzliche Rechte auf Verfahrensteilhabe, Bemerkungen zu einem status activus processualis, NJW 1980, 1593.
- *v.Oertzen*, Hans-Joachim: Verwaltungsgerichtsordnung, Kommentar, 7. Auflage München 1981.
Reermann, Olaf: Das Asylverfahrensgesetz vom 16. Juli 1982, ZAR 1982, 127.
Reichel, Ernst: Das staatliche Asylrecht im Rahmen des Völkerrechts, Zur Bedeutung des Völkerrechts für die Interpretation des deutschen Asylrechts, Berlin 1987.

Reinecke, Gerhard: Die Beweislastverteilung im Bürgerlichen Recht und im Arbeitsrecht als rechtspolitische Regelungsaufgabe, Berlin 1976.
Renner, Günter: Anmerkung zu BVerfG, B. v. 2. 7. 1980 und 30. 6. 1981, ZAR 1981, 51.
– Grenzfragen des Asylrechts und Ausländerrechts, NVwZ 1983, 649.
– Asylanerkennung oder Abschiebung und Auslieferung bei Menschenrechtsverletzungen, NJW 1984, 1257.
– Rechtsschutz im Aslverfahren, ZAR 1985, 62.
Ress, Georg: Der mißbräuchliche Asylantrag und Probleme der Reform des Asylrechts, in: Wolfgang Rüfner (Hrsg.), Recht und Gesetz im Dialog Band II, Köln, Berlin, Bonn, München 1984, 131.
Ritter, Manfred: Beweiskraft von Briefen aus der Heimat des Asylbewerbers, NVwZ 1986, 29.
Rittstieg, Helmut: Stand und Entwicklung des Asylrechts, ZRP 1981, 153 ff.
Rosenberg, Leo: Die Beweislast auf der Grundlage des Bürgerlichen Gesetzbuchs und der Zivilprozeßordnung, 4. Auflage München, Berlin 1956 bzw. 5. Auflage 1965.
– *Schwab*, Karl Heinz: Zivilprozeßrecht, 14. Auflage München 1986.
Rottmann, Frank: Das Asylrecht des Art. 16 GG als liberal-rechtsstaatliches Abwehrrecht, Der Staat 1984, 337.
Rühmann, Jürgen: Nochmals: Art 16 II 2 GG als Grundrecht des status negativus?, NVwZ 1982, 609.
– Die inländische und die ausländische Fluchtalternative, ZAR 1984, 30.
– Anmerkung zu BVerwG, Urt. v. 24. 3. 1987, DVBl 1987, 790.
Ruidisch, Peter: Einreise, Aufenthalt und Ausweisung im Recht der Bundesrepublik Deutschland, München 1975.
Rupp, Hans Heinrich: Zur neuen VwGO: Gelöste und ungelöste Probleme, AöR 85 (1960) 301.
– Wandel der Grundrechte, AöR 101 (1976) 161.
Ruppel, Peter: Der Grundrechtsschutz der Ausländer im deutschen Verfassungsrecht, Würzburg 1969.

Säcker, Horst, Das materielle Asylrecht in der neueren Rechtsprechung des Bundesverwaltungsgerichts, DÖV 1988, 158.
Schaeffer, Klaus: Asylberechtigung, Politische Verfolgung nach Art. 16 GG, Köln, Berlin, Bonn, München 1980.
Schiedermair, Rudolf/*Wollenschläger*, Michael: Handbuch des Ausländerrechts in der Bundesrepublik Deutschland (Loseblattwerk), 2. Auflage Frankfurt a. M. 1985 ff. (Stand 2. Lieferung September 1986).
Schlink, Bernhard/*Wieland*, Joachim: Klagebegehren und Spruchreife im Asylverfahren, DÖV 1982, 426.
Schmitt, Lothar: Aktuelle Fragen des Asylprozeßrechts, BayVBl 1981, 225.
Schnapp, Friedrich E.: Verfassungswidrigkeit ohne Grundrechtsverletzung?, DÖV 1973, 593.
Schneider, Peter: In dubio pro libertate, in: Hundert Jahre deutsches Rechtsleben, Festschrift zum hundertjährigen Bestehen des Deutschen Juristentages 1860–1960, Band II Karlsruhe 1960, 263.
Schreiber, Rupert: Theorie des Beweiswertes für Beweismittel im Zivilprozeß, Berlin, Heidelberg, New York 1968.
Schulz, Burkhard: ZRP-Gesetzgebungsreport, ZRP 1987, 297.
Schumacher, Franz J.: Probleme der neuen Asylverfahrensgesetze, DÖV 1982, 806.
Schunck, Egon/*de Clerk*, Hans: Verwaltungsgerichtsordnung, Kommentar, 3. Auflage Siegburg 1977.
Schwab, Karl Heinz: Zur Abkehr moderner Beweislastlehren von der Normentheorie, in: Festschrift für Bruns, Köln, Berlin, Bonn, München 1978, 505.

Schwäble, Ulrich: Zum Inhalt des Grundrechts auf Asyl – Anmerkung zur neueren höchstrichterlichen Rechtsprechung, DÖV 1987, 183.
– Zum Zustand des materiellen Asylrechts, DÖV 1989, 419.
Schwerdtfeger, Gunther: Welche rechtlichen Vorkehrungen empfehlen sich, um die Rechtsstellung von Ausländern in der Bundesrepublik Deutschland angemessen zu gestalten? (Teilgutachten Ausländerintegration), Gutachten A für den 53. Deutschen Juristentag, in: Verhandlungen des Dreiundfünfzigsten Deutschen Juristentages Berlin 1980, Band I: Gutachten-Gesamtband, München 1980.
Sonntag, Andreas: Beweislast bei Drittbetroffenenklagen, Frankfurt a. M. 1986.
Spaich, H. (Hrsg.): Asyl bei den Deutschen, Reinbeck 1982.
Stein, Friedrich/*Jonas*, Martin: Kommentar zur Zivilprozeßordnung, bearbeitet von Wolfgang Grunsky u. a., 20. Auflage Tübingen 1977 ff.
Stelkens, Paul: Grundsätze des Verwaltungsverfahrens im Asylverfahren, ZAR 1985, 15.
– *Bonk*, Heinz Joachim/*Leonhardt*, Klaus: Verwaltungsverfahrensgesetz, Kommentar, 2. Auflage München 1983.
Stern, Klaus: Verwaltungsprozessuale Probleme in der öffentlichrechtlichen Arbeit, 5. Auflage München 1981.
Stree, Walter: In dubio pro reo, Tübingen 1962.
Stürner, Rolf: Die Einwirkungen der Verfassung auf das Zivilrecht und den Zivilprozeß, NJW 1979, 2334.

Theis, Horst E.: Der Mißbrauch des Asylrechts und der Rechtsstatus der Asylbewerber, BayVBl 1977, 651.
Thomas, Heinz/*Putzo*, Hans: Zivilprozeßordnung mit Gerichtsverfassungsgesetz und Einführungsgesetzen, Kommentar, 15. Auflage München 1987.
Tietgen, Walter: Anmerkung zu BVerwG, Urt. v. 18. 4. 1956, DVBl 1956, 683.
– Beweislast und Beweiswürdigung im Zivil- und Verwaltungsprozeß, Gutachten in Bezug auf den Verwaltungsprozeß für den 46. Deutschen Juristentag, in: Verhandlungen des Sechsundvierzigsten Deutschen Juristentages Essen 1966, Band I: Gutachten, Teil 2 B, Berlin 1966.
Tompert, Roland: Zur Verteilung der materiellen Beweislast im Anfechtungsprozeß des Kriegsdienstverweigerers, NJW 1962, 2046.
Tomuschat, Christian: Zur Reform des Ausländerrechts, NJW 1980, 1073.
Treiber, Wilhelm: Das Ende der Nachfluchtgründe?, ZAR 1987, 151.
Tschira, Oskar/ *Schmitt Glaeser*, Walter: Verwaltungsprozeßrecht, 7. Auflage Stuttgart, München, Hannover 1985.

Ule, Carl Hermann: Verwaltungsprozeßrecht, 9. Auflage München 1987.
– *Laubinger*, Hans-Werner: Verwaltungsverfahrensrecht, 3. Auflage Köln, Berlin, Bonn, München 1986.

Ventzke, Klaus-Ulrich: Anmerkung zu BVerwG, Urt. v. 24. 3. 1987, InfAuslR 1987, 226.

Walter, Gerhard: Freie Beweiswürdigung, Tübingen 1979.
Weber-Grellet, Heinrich: Beweis- und Argumentationslast im Verfassungsrecht unter besonderer Berücksichtigung der Rechtsprechung des Bundesverfassungsgerichts, Münster 1978.
Weitnauer, Hermann: Wahrscheinlichkeit und Tatsachenfeststellung, Beiheft Karlsruher Forum 1966, VersR 1966, 3.
Wolf, Helmut: Anmerkung zu BVerfG, B. v. 26. 11. 1986, InfAuslR 1987, 60.
Wolff, Hans J./*Bachof*, Otto: Verwaltungsrecht Band I, 9. Auflage München 1974.
Wollenschläger, Michael: Immanente Schranken des Asylrechtes (Art. 16 II 2 GG), Zugleich ein Beitrag zur Lehre der Einschränkbarkeit von Grundrechten ohne Gesetzesvorbehalt, Würzburg 1971.

- Das Asylrecht politisch verfolgter Ausländer, BayVBl 1973, 460.
- Anmerkung zu BVerwG, Urt. v. 7. 10. 1975, BayVBl 1976, 408.
- *Becker*, Ulrich: Änderung des Grundrechts auf Asyl (Art. 16II 2 GG)?, ZRP 1987, 326.

Zeidler, Wolfgang: Asylgewährung in Deutschland: Versuche einer Standortbestimmung, ZAR 1983, 52.
Zezschwitz, Friedrich v.: Das Gewissen als Gegenstand des Beweises, Zugleich Besprechung von BVerwG VII C 97.67 – Urt. v. 31. 10. 1968 – BVerwGE 30, S. 358 ff., JZ 1970, 233.
Zuleeg, Manfred: Zur staatsrechtlichen Stellung des Ausländers in der Bundesrepublik Deutschland, Menschen zweiter Klasse?, DÖV 1973, 361.
- Freizügigkeit für Ausländer?, RdA 1975, 221.